Pillole per la memoria – 13

Isbn 978-88-96576-15-1

Prima edizione: 2012
Seconda edizione: 2021
Edizioni Trabant – Brindisi
www.edizionitrabant.it
redazione@edizionitrabant.it

Giuseppe Buttà

I Borboni di Napoli
al cospetto di due secoli

VOLUME III

**Edizioni
Trabant**

BORBONI ULTIMO ATTO

Un *tristo officio*: basta il titolo del primo paragrafo per dipingere l'atmosfera di questo tomo conclusivo della storia dei Borboni di Giuseppe Buttà.

Alla fine del secondo volume, il sacerdote messinese ci aveva lasciati descrivendoci la conclusione dei turbolenti avvenimenti del binomio 1848-49. La ribellione siciliana era sedata, frenati i trambusti interni al Regno *al qua del faro*, la rivoluzione pareva insomma sconfitta e ripristinato lo status quo precedente. Eppure restavano delle crepe, di cui non solo l'autore ma anche ogni lettore è per forza di cose consapevole. Nel momento in cui riprende il racconto, Buttà è conscio che la pace descritta è un equilibrio precario destinato presto a rompersi. Questo per un solo, semplicissimo motivo: tanto l'autore che il lettore conoscono già la fine di questa storia. Il racconto riprende dagli anni '50 del XIX secolo, chiunque si accosta al volume sa già che di lì a dieci anni il Regno delle Due Sicilie si sfalderà in pochi mesi come un castello di carte, e sa anche – probabilmente – che ciò non sarà raccontato nell'opera che ha in mano, perché materia già oggetto di un precedente libro.[1]

È dunque in questo che consiste il *tristo officio dell'autore*: Buttà si assume il compito di condurre il lettore per mano fino alla vigilia della catastrofe, raccontando tutti gli avvenimenti che l'hanno annunciata e favorita; e tuttavia non racconterà la catastrofe. Sotto questo aspetto il terzo volume assume dei toni degni di una tragedia antica.

Il secondo volume era dominato dalla figura di Ferdinando II, il sovrano più amato dall'autore. Ne avevamo parlato come di una personalità ingombrante, un omaccione con atteggiamento da pater familias in casa e sul trono, instancabile viaggiatore nel suo regno, amministratore tanto appassionato quanto accen-

---

[1] Giuseppe Buttà, *Un viaggio da Boccadifalco a Gaeta*, Edizioni Trabant 2009.

tratore. Per la sua possanza fisica e spirituale, Ferdinando appare nei racconti, dei suoi sostenitori e non, come l'autentica chiave di volta che ha tenuto insieme il regno per decenni, venuta a mancare la quale l'edificio è crollato in un battere di ciglia. E difatti Buttà spende gran parte dell'ultimo tomo a descrivere, in un turbine di avvenimenti uno seguente all'altro, tutto quello che i suoi nemici hanno fatto per rimuovere questa chiave di volta. In meno di dieci anni, l'elenco è sorprendente: già all'indomani della domata rivolta del 48-49, l'intero universo sembra complottare contro il monarca e il suo regno. Una guerra innanzitutto psicologica – screditare quanto più i Borboni, presentando il loro regno come una mistura letale di oppressione, superstizione e sadismo – e in seguito anche fisica – i vari tentativi falliti di suscitare nuove rivolte. Già all'alba degli anni '50 abbiamo dunque le famigerate lettere di lord Gladstone, famose per aver definito le Due Sicilie come *la negazione di Dio eretta a sistema di governo*; una sequela più o meno fortunata di calunnie sparse per il mondo, fra le quali i fantasiosi strumenti di tortura che si diceva fossero in uso alla polizia borbonica; e poi si passa all'azione, con il soldato Agesilao Milano che attenta alla vita del re e l'esule Carlo Pisacane che fallisce una sorta di spedizione dei mille ante litteram. Entrambi subito canonizzati dalla religione unitaria come santi e martiri della lotta alla tirannia.

In mezzo a tutto questo, un Ferdinando che prova ad arginare la crisi, ora con decisione, più spesso con la stanchezza di chi ha combattuto troppo a lungo (come dice lo stesso Buttà, adagiandosi su "un letto di rose"), mentre attorno a lui l'Europa intera pare essersi davvero convinta che nel suo regno ogni giorno si condanna, si tortura, si fucila. Al culmine della lotta, il re si ammala e muore, degna conclusione di questa sorta di *Passione di Ferdinando*.

E qui entra in scena la figura forse più enigmatica dell'intera dinastia borbonica: Francesco II. Un sovrano che non ha nemmeno ricevuto l'onore di essere odiato dai suoi nemici. No, si preferiva ridicolizzarlo, dipingerlo come un incapace pure un po' idiota. Se il padre era il temibile Re Bomba, a lui non toccava di meglio che essere il Re Bombino; se Ferdinando era un orco, Francesco era semplicemente il Lasagna, con un crudele riutilizzo del nomignolo che, bambino, aveva ricevuto per la sua golosità. Personaggio storico a cui i manuali scolastici, dopo pagine e pagine di stampe ottocentesche piene di ribelli con mantello svolazzante e capelli al vento, non dedicavano che una sola illustrazione, una figura minuscola di cui appena si intravvedevano i baffetti impomatati e la pettinatura con la scrima in mezzo, e in generale ti lasciava un sensazione di mediocrità e indecisione.

Molte delle critiche rivoltegli sono, a essere onesti, esatte. Era una personalità tormentata, schiacciato da un lato dalle dimensioni ingombrante della figura paterna e dall'altro dalla pesante responsabilità di essere *figlio di un santa* e averne involontariamente causato, con il parto, la morte. Non ricordo chi lo definì un sacerdote con la corona; e difatti, probabilmente, il suo sogno proibito sarebbe stato intraprendere la carriera ecclesiastica. Ma non poteva, e fu fatto re. Salito al trono all'improvviso, senza esperienza e senza troppa voglia, in un momento storico delicatissimo e per giunta avendo intorno una miriade di serpi in seno, commise forse ogni errore immaginabile, in più di un'occasione aiutando i suoi stessi nemici a detronizzarlo.

Eppure, nel momento del massimo pericolo, quando il regno gli crollava attorno e i Mille si avvicinavano pericolosamente a Napoli, seppe dimostrare una grinta insospettabile e lottò allo stremo delle forze fino all'ultimo secondo, guadagnandosi l'affetto dei suoi sostenitori e il rispetto di molti suoi avversari, se è vero, com'è vero, che molti testimoni ricordano di avere sentito Garibaldi spendere parole benevole nei suoi confronti.

Ma questa è un'altra storia e, come detto, appartiene a un altro libro. Don Buttà, che pure provava simpatia e stima per Francesco II, in quest'opera non ne approfondisce più di tanto la figura e assolve il suo compito di storico fermandosi alle soglie dello sbarco garibaldino. Il seguito è contenuto nelle sue altre opere: fatte le somme, messe insieme ci raccontano 150 anni di storia del Sud, dal 1730 al 1880, da un punto di vista controverso, opinabile per molta gente, ma appassionato e, secondo noi, di incalcolabile utilità.

Nel presentare questo volume che conclude la pubblicazione, da parte della nostra casa editrice, dell'opera omnia di Giuseppe Buttà, mi sia concessa qualche riflessione di carattere personale.

Nell'autunno 2007 inauguravamo le Edizioni Trabant, all'epoca un portale dedicato alla produzione e diffusione di volumi in formato esclusivamente digitale. Il primo titolo era *Un viaggio da Boccadifalco a Gaeta* di Giuseppe Buttà. Troppe volte il nome di questo autore era comparso nella bibliografia di opere dedicate all'argomento; in più, gli ampi estratti riportati da Carlo Alianello ne *La conquista del Sud* ci avevano particolarmente incuriosito. Se si aggiunge la scoperta che l'opera fosse non facile da reperire e ristampata raramente nella storia, tutto ciò ci aveva portato alla decisione di proporla nuovamente al pubblico. Ricordo le giornate passate in biblioteca nell'estate del 2007, quando lavoravo su una copia dell'edizione originale e mi sembrava quasi di sentire i rumori della battaglia nel silenzio della sala. Quando la gente mi chiedeva se avessi programmato le vacanze, rispondevo: "le passerò a Gaeta nel 1861".

Nel frattempo sono passati gli anni, le Edizioni Trabant si sono evolute in una casa editrice che offre sia il cartaceo che diversi formati digitali, e il sacerdote messinese ha continuato a segnare la nostra produzione. Al *Viaggio* sono seguiti nel 2011 il semisconosciuto romanzo-pamphlet *Edoardo e Rosolina o le conseguenze del 1861*, e in questo 2012 la presente e più conosciuta opera storica *I Borboni di Napoli al cospetto di due secoli.*

A Giuseppe Buttà sono personalmente affezionato. Non si passa tanto tempo a lavorare sui testi di un autore senza in qualche modo sentirselo vicino. Più volte ho cercato di immaginarmelo. Non è facile, con scrittori, come lui, a suo tempo condannati all'oblio. Per altri, dopo la morte, è stata conservata minuziosamente ogni reliquia, gli scartafacci, le brutte copie, le lettere private, e legioni di critici si sono affannati a ricostruire quasi giorno per giorno la loro vita. Per conoscere gli autori dimenticati, invece, non abbiamo che le loro pubblicazioni, e di quelle ci dobbiamo accontentare se vogliamo farci un'idea di chi fossero. Devi lavorare di fantasia.

Io Giuseppe Buttà lo immagino come una specie di Don Camillo. Uno di quei sacerdoti sanguigni di cui è piena la nostra tradizione: il confessore che, invece di prescrivere tre pater noster, mena sberle; il prete da cortile più che da sagrestia. D'altra parte, lui stesso ha raccontato di sé alcuni aneddoti che lo raffigurano come un prete molto *sui generis*. Basta pensarlo quando faceva il cappellano militare e indossava una divisa a metà tra il religioso e il militare; e nel mezzo della battaglia, mentre attorno schizzavano le pallottole, prendeva appunti appoggiandosi a mo' di scrivania sulla schiena del suo attendente.
Ed è curioso perché l'unica fotografia che ho trovato di lui lo presenta molto diverso dal personaggio – massiccio, muscoloso – di Guareschi. Al contrario, don Buttà appare una figura smilza, con gli occhialini e un'espressione placida. Eppure quell'uomo aveva davvero una penna che uccideva più di una spada.

Più volte, nel corso di questi anni, mi sono chiesto il motivo per cui suscitasse tanto interesse, in noi e nei lettori, la rivisitazione di quel periodo travagliato che ha portato al passaggio dal Regno delle Due Sicilie al Regno d'Italia. Eravamo consapevoli, nel proporre opere di questo tipo, di addentrarci in una sorta di campo minato. Il nostro insistere su questo filone ha portato, nel tempo, diversi attestati di stima e incoraggiamenti, i più pacati, alcuni improntati a un certo fanatismo; e, com'è giusto che sia, anche qualche critica. Ricordo una conoscente che, con l'aria di chi fa un'affermazione scontata, un giorno mi ha detto: "Voi continuate a pubblicare libri *di destra*?". Sono rimasto stupito, perché mai avrei pensato di etichettare questo progetto culturale in tali termini. Ma nemmeno posso atteggiarmi a finta ingenuità e negare che non avessi messo in conto il rischio di simili semplificazioni.

Un ringraziamento va dunque a chi, attraverso vari canali (stampa, internet, corrispondenza privata) ha dimostrato di avere ben compreso lo spirito dell'iniziativa. Che è quello – riprendendo quanto già scritto anni fa nella prima prefazione per le ET – di contribuire a costruire non una *storia condivisa*, intesa come un compromesso a tavolino tra fazioni opposte, ma un *storia completa*, in tutte le sue sfaccettature, spesso contraddittorie. Una storia senza necessariamente buoni e cattivi, ma fatta essenzialmente da uomini.

Un'utopia? Forse. O magari una forma di incoscienza. Dopotutto, una volta siamo stati definiti "un editore temerario".[2] Una definizione che ho accolto con un largo sorriso.

La fortuna aiuta dunque gli audaci? Non saprei. Di certo so che la fortuna aiuta i *curiosi*. Perché solo finché manterremo la curiosità di conoscere, e approfondire, e vedere il mondo e la storia sempre da prospettive diverse, solo fino a quel momento potremo dirci vivi.

---

[2] *Italia contro Italia*, articolo di Ruggero Guarini comparso su *La Stampa* del 08/05/2011.

I BORBONI DI NAPOLI
AL COSPETTO DI DUE SECOLI

Vol. III

Nota del curatore

Il presente testo si rifà all'edizione originale stampata a Napoli nel 1877. Nel riprodurlo, si è deciso di restare quanto più possibile fedeli alla sua forma originaria, rispettando l'accentazione, la punteggiatura e le numerose incongruenze lessicali e onomastiche (Vaterlo/Waterloo, sètta/sêtta etc.), anche a costo di riportare i refusi dell'epoca; e intervenendo unicamente in quei pochi casi in cui siamo stati certi di individuare un errore o un'imprecisione del compositore.

CAPITOLO I

SOMMARIO

Tristo officio dell'autore. Ultimi mesi del soggiorno di Pio IX in questo Regno. Egli parte per Roma. La Costituzione del 1848 non fu abolita ma sospesa, e perchè. La *Civiltà Cattolica*. Condanne e grazie.

La falsa storia si scrive facilmente, ma per la vera ci vuol mente pacata, lunga fatica e costanza, non disgiunta dal coraggio, specialmente quando si debbono svelare non poche inique magagne ed infamie perpetrate da' contemporanei. Di già siam giunti ad un periodo di storia patria che mi costringe a parlar di coloro che oggi si atteggiano a nostri dispotici padroni, ed a difendere gli uomini del dritto e dell'ordine. Buon numero di quelli che fecero la rivoluzione del 1848, e che furono causa di tanti disastri, sibbene non ebbero condegno castigo, nonpertanto patirono esilio e carcere, per esser poi messi in libertà da Colui, che non cessaron mai di chiamar tiranno; proseguendo a congiurare, per ridurci in quello stato in cui oggi ci troviamo, pessimo per noi, ottimo per pochi gaudenti.

Per ottenere il loro scopo non isdegnarono usar mezzi i più riprovevoli e nefandi: menzogne, calunnie e tentati regicidii furono le leve impiegate a rovesciar questo e gli altri troni d'Italia. Dippiù, fecero lega co' nemici della patria, cioè con quelli che più invidiavano la sempre crescente sua prosperità, e con gli altri a cui era venuta meno la speranza di spogliarla per mezzo di un esiziale commercio. Però, prima di svelare le arti inique usate da' così detti liberali per ridurre questo Regno ad una abbietta provincia, facendolo spogliare di tutto quel che avea di bello e di utile, è necessario, per serbar l'ordine negli avvenimenti, dir qualche cosa sul ritorno del S. Padre in Roma, secondo qual fu la causa per cui la Costituzione, largita il 29 gennaio 1848, venne sospesa, e la sorte dei ribelli di questo Regno, dopo vinta la rivoluzione.

Come già si è detto altrove, il nostro Santo Padre Pio IX avea preso stanza nel real palazzo di Portici, donde spesso si recava a visitar conventi, monasteri, chiese e Santuarii, recando da per tutto la gioia e la consolazione. Il 14 marzo, Egli fece coniare una medaglia di bronzo per decorare le milizie delle quattro potenze cattoliche, che concorsero a restaurare il trono pontificio. Di quella medaglia si fregiarono eziandio i generali napoletani, i principi reali e lo stesso re Ferdinando II.

Pio IX volle lasciare dolci e pie ricordanze alla cattolica Napoli; difatti in tutti i conventi, monasteri e chiese che visitò, vi si trovano le auguste orme della sua benefica ed autorevole presenza, che oggi gli uomini attempati e pii ci descrivono con gioia e venerazione verso quel gran Pontefice. Tra tante ricordanze mi piace segnalar quella del 2 febbraio 1850, quando si recò nel vetusto Duomo di questa città, con l'intervento del re, della real famiglia, di molti cardinali, e di un immenso popolo accorso anche da' vicini paesi, ed ivi eseguì la solenne incoronazione della Beatissima Vergine de' sette dolori, appartenente alla parrocchiale chiesa di S. Maria di Ognibene. Quella solenne cerimonia fu anche festeggiata col suono di tutte le campane di questa capitale e con replicate salve di artiglieria. Finita la sacra funzione, il S. Padre si recò a visitare il Seminario urbano; ove gli alunni lessero de' bei componimenti, adatti a quella straordinaria e felice circostanza.

Pio IX, com'è ben da supporsi, avea gran premura di ritornare nella sua diletta Roma, ove dovea riparare tanti danni, retaggio lasciatogli da' *redentori de' popoli;* ma Egli si trattenne più a lungo in questo Regno a causa delle pretensioni di Luigi Bonaparte, presidente della repubblica francese. Costui volea imporre allo Stato romano il codice napoleonico, governo secolaresco in tutt'i rami dell'amministrazione, e parte di quelle riforme che aveano fatto tanto cattiva riuscita a causa delle intemperanze rivoluzionarie. Il Sommo Pontefice, che sapea essere quelle riforme un lievito di futuri guai, rispose al Bonaparte, che volea di tutto cuore perdonare i suoi nemici – che erano quelli dell'ordine pubblico e della giustizia – ma volea eziandio governar da sè, conoscendo meglio degli altri i desiderii ed i bisogni del suo popolo. A questa risposta dignitosa e recisa del Santo Padre, quella trista volpe di Luigi Bonaparte, siccome in quel tempo congiurava per farsi imperatore, temendo di suscitare altri nemici, per allora tacque, riserbandosi di tribolare a tempo più opportuno la sua vittima: e quindi non si parlò più di riforme. Per la qual cosa Pio IX il 20 marzo, potè annunziare a' ministri esteri, accreditati presso di Lui, il prossimo suo ritorno in Roma; e costoro lo precessero, avviandosi all'eterna città.

Ricorrendo in quell'anno la domenica delle Palme il 24 marzo, il S. Padre, trovandosi in Portici, fece la funzione delle palme, ed il Mercoledì Santo si recò a Caserta, ove il giorno seguente celebrò la S. Messa, dispensando il pane eucaristico alla famiglia reale e ad altri personaggi. Intervenne alla processione quando si condusse il SANTISSIMO al sepolcro; indi fece la lavanda de' piedi a dodici sacerdoti poveri di varie nazioni, e li servì a mensa, insieme co' cardinali.

La sera del Giovedì Santo fece ritorno a Portici; ed ivi il giorno di Pasqua fu visitato dal re, dalla regina e dal principe ereditario, pranzando tutti uniti. Quello stesso giorno decorò varii individui, della milizia e di Casa reale, degli ordini cavallereschi di *S. Gregorio Magno, di S. Silvestro e dell'Ordine Piano;* nominando, taluni meritevoli, camerieri segreti di *Cappa e Spada.* Alla cattedrale di Caserta mandò in dono un'ostensorio tutto di oro, con orlatura di perle e brillanti.

Il 5 aprile 1850, l'augusto Pontefice lasciò la residenza di Portici, tra gli evviva e le lagrime di una immensa popolazione ivi accorsa, affin di vederlo per l'ultima volta, ed esser benedetta. Accompagnato dalla real famiglia, si diresse a Caserta; passò in S. Leucio, sempre in carrozza col re e col principe ereditario; quivi visitò il Santuario della Madonna delle Grazie; la sera di quello stesso giorno pernottò nell'Episcopio di Capua, e il dì seguente prese la via di Gaeta.

Ovunque passava il S. Padre, le popolazioni affollavansi sul suo cammino, per acclamarlo e riceverne l'apostolica benedizione. Le vie erano parate a festa, archi trionfali, drappi alle finestre ed a' balconi, iscrizioni, fiori, lagrime e saluti teneri e filiali. Nelle ore pomeridiane del 6 aprile, continuò il viaggio per la via d'Itri e di Fondi; alle quattro giunse a Portella, indi al così detto *Epitaffio*, ov'è il limite, posto da Filippo II di Spagna, tra gli Stati napoletani e quelli della Chiesa. Ivi gli augusti viaggiatori doveano dividersi, e Pio IX era assai commosso; il re e il principe ereditario scesero dalla carrozza, s'inginocchiarono, volendo baciargli il piede; ma Quegli invece abbracciò Ferdinando, che umile gli chiese l'apostolica benedizione. Il Santo Pontefice gli disse: " Il cielo pel mio labbro vi benedica. Non ho parole di esprimere tutta la gratitudine della Cristianità per l'accoglienza splendida che deste in tempo di pericolo al Vicario di Cristo; abbiatevi i ringraziamenti miei e di tutt'i fedeli, per l'atto generoso e pio, CHE SARÀ LA PIÙ' BELLA PAGINA DELLA STORIA VOSTRA. " Il re rispose: " Santo Padre, io feci quanto era debito di cattolico; ringrazio Iddio che mi diè l'opportunità di adempiere a tale dovere. " Il Papa lo riabbracciò; indi avvicinatosi al giovinetto principe ereditario Francesco, gli poggiò le mani sul capo e lo baciò, implorando su quella testa le benedizioni celesti. Oh!... la mia penna, in questo momento, è spinta da pensieri teneri ed insieme terribili; vorrebbe scorrer rapida, ma è suprema necessità fermarla, contentandomi dir soltanto: Se la prece di Colui, che ha potestà di aprire e chiudere i cieli, non ha recato fin'oggi apparente felicità terrena a quel magnanimo e sventurato principe, al certo lo rese tanto simpatico e grande nelle sue stesse sventure da essere invidiato da' suoi medesimi sleali nemici; a quello sorride l'avvenire, e costoro son minacciati dall'abisso e dalle maledizioni della gran maggioranza degl'italiani.

Pio IX ebbe la triste sì, ma propizia occasione di rendere largamente, dal 1861 al 68, quanto avea ricevuto da' Borboni di Napoli. Egli ebbe pe' reali suoi ospiti paterne sollecitudini, proteggendoli e difendendoli dai loro potenti nemici, non curando nè pressioni nè minacce. Egli fu egida secura agli orfani esuli, figli del suo amico Ferdinando II; e l'iniquo Bonaparte fu costretto a desistere da ogni suo truce e vile intendimento. Oh! Pio IX era l'uomo dal cuore angelico, il gran cittadino che più di tutti amava questa misera Italia, il Sacerdote secondo il cuore del Signore, il grande ed impavido Pontefice. Anima benedetta! noi ti supplichiamo di proteggerci ancora di lassù, ove ti trovi in compenso delle tue straordinarie virtù e del tuo grande martirio di trentadue anni; più di tutto protegga l'unico e solo nostro conforto e speranza, l'Immacolata sposa dell'uomo-Dio, l'infallibile Cattedra del tuo gran Successore.

Il Papa fu accompagnato fino a Genzano dalla Guardia reale e dagli usseri; giunto in Roma, ivi venne accolto con isplendide feste; ma la festa più cara al suo gran cuore fu la gioia de' romani pel suo ritorno, e gli applausi del mondo cattolico pel trionfo del principio di autorità. Nel Concistoro del 20 maggio di quell'anno, il sensibilissimo Pio, con eloquente Allocuzione, encomiò la pietà e la generosità di Ferdinando II. Lodò Francia, Austria e Spagna, volgendo un paterno rimprovero al governo del Piemonte. Questo fremette, e con esso tutta la setta che capitanava; l'uno e l'altra si prepararono con più energia ad abbeverarlo di nuove e più terribili amarezze.

Ferdinando II non abolì la Costituzione che avea largita il 29 gennaio 1848, la sospese soltanto, per quelle ragioni che ho dette altrove; cioè che avendo per ben due volte riaperto il Parlamento, dopo i fatti cruenti di quell'anno, per altre tante, i deputati settarii tentarono distruggere il patto fondamentale di quella Costituzione. Nonpertanto avrebbe egli voluto riaprire le Camere legislative, dopo la conquista della Sicilia, ma fu supplicato con efficacia da tutte le classi sociali de' suoi soggetti ad astenersene. In effetti gli si fecero giungere 2283 indirizzi, 1599 soltanto da' comuni – un vero plebiscito! – co' quali lo si pregava di non funestar più davantaggio il Regno, riunendo in Parlamento coloro, che si diceano rappresentanti della nazione, ed altro non erano che i più pericolosi nemici di lui e del popolo. Non si potrà dire che quegl'indirizzi fossero stati opera de' preti, dappoichè si sa che varii arcivescovi e vescovi, a capo de' quali il cardinale di Napoli, interrogati da' parrochi, se il clero avesse dovuto firmare le petizioni dirette al sovrano per sospendere la Costituzione, risposero negativamente; dichiarando che il clero non dovea immischiarsi in affari di politica, alzar però franca la voce, quando si fosse manomessa la giustizia o inceppata la libertà della Chiesa.

Non pochi, che si fecero caldi promotori di quegl'indirizzi, da vili e bugiardi, nel 1860, gridavano contro Ferdinando II, perchè costui sospese la Costituzione, proclamandolo spergiuro e peggio. Sarebbe qui il caso di ripetere quel che dissi in difesa di Ferdinando I per la soppressa Costituzione del 1820. I rivoluzionarii son sempre gli stessi; le loro impudenti pretensioni sono una conseguenza di quel principio, cioè che ad essi è lecito stracciar qualunque solenne trattato, infrangere qualunque giuramento, abolire i Concordati fatti con la S. Sede, ritenendo poi quel ch'è utile a loro, sciogliere financo i voti religiosi, e de' benefizii de' re farne pugnali per detronizzarli prima ed assassinarli poi. Al contrario i sovrani, secondo essi, debbono adempiere le loro promesse o giuramenti, anche se strappati col pugnale alla gola e contrarii agl'interessi del popolo. Infine sono obbligati adempiere quelle promesse e quei giuramenti, anche quando i settarii han dichiarato pubblicamente, che attuandosi dovranno servire a depauperare le nazioni e trascinare i re al patibolo. I rivoluzionarii giudicano ed agiscono, come se il resto degli uomini fossero cose e non avessero personalità, facendo uso di una logica e praticando una morale degna di chi ha perduto il ben dell'intelletto e si è dichiarato adoratore di Satana.

Ferdinando II largì la Costituzione, supponendo che la stessa afforzasse lo Stato; invece scoperse che divideva gli animi, indeboliva i poteri costituiti e tendeva a rovesciare il trono. Sperava che fosse apportatrice di pace e creò le barricate, la guerra civile, causa di sangue e di debiti. Egli diè e giurò quella Costituzione, credendo che fosse desiderata dal vero popolo; ma quando questo reagì in tutti i modi, volerla mantenere a forza ed a dispetto della vera opinione pubblica, sarebbe stata una truce tirannia, e quindi fu suo assoluto dovere sospenderla.

Sospesa la Costituzione, per conseguenza venne infrenata la stampa, che predicava apertamente la rivoluzione, calunniando tutto ciò che vi è di santo in terra ed in cielo; quindi fu provvidenziale assoggettarla alla revisione preventiva. Perchè questo Regno era calunniato dalla stampa estera e settaria, sarebbe stato molto a proposito la pubblicazione d'altri giornali per ribatterla e smascherarla; ma disgraziatamente, come ho detto altrove, Ferdinando II avea il falso convincimento, che le offese settarie vale meglio sprezzarle, anzi che combatterle con polemica giornalistica. Difatti eravi un ottimo giornale, il *Tempo*, redatto da notissimi e valorosissimi scrittori, che propugnava i dritti del trono borbonico e smascherava le calunnie lanciate contro il governo del re; e nondimeno quel sovrano lo volle soppresso. In seguito toccò la stessa sorte al tanto benemerito periodico la *Civiltà Cattolica*, fondato dal P. Carlo Maria Curci, redattori i dottissimi PP. gesuiti, Piccirilli, Liberatore, Berardinelli ed altri. Fu un enorme errore non proteggere quel valoroso periodico, che sin dal suo nascere mostrò quanto valeva, essendo destinato a restaurare le idee del dritto sociale sulla scienza cattolica e sulla educazione giovanile: in poco tempo si diffuse in tutta Europa, e passò l'Atlantico; nel nuovo e vecchio mondo si ebbe lodi e non meno di quattordicimila associati.

Il direttore di polizia, il celebre Peccheneda, ex chierico, ex massone e murattiano, ed il volteriano ministro presidente Giustino Fortunato fecero una guerra accanita contro la *Civiltà Cattolica*. Nè valse la protezione di Monsignor Francesco Saverio d'Apuzzo, allora presidente della pubblica istruzione, oggi emerito cardinale della Santa Chiesa, quel periodico fu costretto ad emigrare in Roma[1]; ove lodevolmente si sostenne fino al 1870, cioè fino a che non entrò, dalla breccia di Porta Pia, in quella città, *il progresso, la tolleranza e la restaurazione dell'ordine morale.*

La *Civiltà Cattolica* facea conoscere nel Regno delle Due Sicilie tutto quello che avveniva in Europa, e senza mistificazione; e dopo che fu costretta lasciar Napoli, si rimase perfettamente privi di notizie e di quanto si dicea e si oprava contro il medesimo Regno e contro Ferdinando II; essendo stato, con iniquo ed improvvido consiglio, proibito in questo Stato l'introduzione di quel valoroso e benemerito periodico. Da allora si cominciarono a leggere con avidità, anche da' realisti puro sangue, i giornali rivoluzionarii esteri, che clandestinamente introducevansi in questa capitale ed in altre città. Quella lettura, fatta allo scopo di attinger notizie, divenne esiziale, perchè ingannò non pochi buoni cittadini.

Costoro apprendevano le terribili accuse contro il governo del re, spiattellate con una sicumera, che avea tutte le apparenze della verità; siccome non tutti conoscevano lo stato vero della nostra amministrazione governativa, cominciarono dapprima a sospettare, poi a credere, che questo Regno fosse il più povero, il più oppresso di tasse e che davvero eravamo un popolo d'iloti, bistrattati e tiranneggiati da' Borboni. Oggi, però, che siamo stati *redenti* ed abbiamo gustato il frutto della scienza del bene e del male, i nostri occhi si sono aperti, e tutti conosciamo quanto valeva il governo borbonico, e che cosa valeano e valgono i suoi vili detrattori ed i *governi modelli.*

Una delle non ultime cagioni della catastrofe del 1860 fu la bonarietà di Ferdinando II, cioè di aver messo al potere non pochi personaggi, il di cui passato non era nè una guarentigia per la dinastia nè per l'ordine pubblico. Il ministro Fortunato, capo del ministero, col mostrar troppo ed inopportuno zelo, fece apparire quel che in realtà non era il sovrano che avealo innalzato a quel posto. Egli ad arte protrasse a lungo i processi degli accusati di reati politici, cioè per farli condannare quando nel popolo l'ira avea dato luogo alla pietà; dando così al re l'aria di tiranno ed a' giudici quello di crudeli; mentre il primo era disposto alla clemenza, costoro circospettissimi e scrupolosi nell'istruire quei processi, cercando più le prove attenuanti anzi che quelle aggravanti.

Dopo abbattuta la rivoluzione, i primi ad essere condannati furono i rei di Stato scoperti il 6 marzo 1849 nella cospirazione detta di *Gragnano*, avente lo

---

[1] Intanto si dovea gridare, perchè così voleano i settarii, che questo Regno era dominato da' preti e da' frati; mentre è troppo doloroso il rammentare le condizioni che si volevano imporre a' redattori della *Civiltà Cattolica*, per farla rimanere in Napoli. Del pari è dolorosissima rimembranza, che due conosciuti settarii, in apparenza convertiti, la vinsero a fronte della giustizia, sostenuta da un Monsignor d'Apuzzo, da tanti altri benemeriti ecclesiastici e da' PP. Gesuiti, benefattori di questa città.

scopo di rovesciare la dinastia e il trono. Gl'imputati erano molti, il 10 febbraio 1850, la Gran Corte ne condannò quattro a 24 anni di ferri, uno a 22 e due a 20, gli altri vennero messi in libertà. Il re ridusse quelle pene, ed il 30 maggio, suo onomastico, fece grazia a 1273 carcerati, oltre di tante altre grazie particolari che avea largite.

Sul finire dell'anno 1849, si era cominciata la compilazione del processo contro Faucitano, per l'attentato del 16 settembre dello stesso anno, e per la scoperta che ne seguì della setta degli *unitarii*; i quali aveano per compito del loro programma, l'assassinio della *tigre borbonica*, cioè di Ferdinando II. Il procuratore generale accusò 42 rei, e la pubblica discussione cominciò il 1° giugno 1850. Furono intesi 126 testimoni, durando l'udienze per 74 giorni; indi il medesimo procuratore generale fece le sue conclusioni. Gli avvocati e gli accusati ebbero 25 giorni per preparare le arringhe e le difese. La Corte speciale rimase 24 ore in seduta permanente, per emanare la decisione, che fu resa pubblica il 1° febbraio 1851. Faucitano fu condannato a morte, la stessa pena venne inflitta a Settembrini ed Agresti; Bilia e Mazza si ebbero l'ergastolo, Nisco e Margherita trent'anni di ferri – quest'ultimo era stato l'accusatore dei suoi complici – Braico, Vellucci e Catalano venticinque anni, e ventiquattro Poerio, Romeo e Pironti. Altri diciannove rei furono condannati a pene minori, tra' quali uno a 15 giorni di detenzione, ed un altro alla multa di 50 ducati: otto uscirono a libertà. Questa gradazione di pena dimostra la grande scrupolosità ed indipendenza della magistratura.

Faucitano e Settembrini patirono la *cappella;* ma il re, con decreto del 3 febbraio, da Caserta, commutò la condanna di morte in quella dell'ergastolo, ed anche per Agresti. Poerio[2], Pironti ed altri condannati ebbero diminuita la pena; e dopo di essere stati mandati prima ad Ischia e poi a S. Stefano, furono in ultimo condotti a Montesarchio. Settembrini, Agresti, Faucitano e Braico vennero destinati in S. Stefano; ove occuparono il piano detto de' detenuti politici, che è il più arieggiato, avendo financo le finestre sul mare dalla parte di Gaeta.

---

[2] A costui si è innalzata statua nel largo della Carità a Toledo, qui in Napoli, in atteggiamento poco decente per presentarla al culto pubblico. Quali sono i meriti di Carlo Poerio per aver meritato l'onore di un monumento, ed in un sito tanto interessante? Sentitelo dal suo amico cav. Mazza Dulcini, che fece il seguente discorso quando si eresse quella statua: " Signori! Quest'uomo, le cui sembianze evocate dal marmo, noi guardiamo con animo commosso, non fu *nè un re, nè un genio, nè un eroe,* eppure il suo simulacro sorge inaugurato nel centro di questa bella Napoli, e gentile riverenza ne circonda il monumento. E perche? *Perchè portò catene!* " Se si dovessero alzare statue a tutti coloro che non furono *nè re, nè genii, nè eroi,* tutti i volgari condannati politici di questo Regno avrebbero il dritto di avere un monumento simile a quello di Carlo Poerio, per la ragione che anche essi *portarono catene.* E allora cosa diverrebbe Napoli? la città delle statue di coloro che non furono *nè re, nè genii, nè eroi,* ma che, moralmente parlando, non furono mai vivi. La società moderna perchè vuole apparire atea , ha financo prostituita la pagana apoteosi!

S'istruì l'altro processo pe' fatti del 15 maggio 1848; si compilarono niente-meno 250 volumi per 326 imputati, che per soli 37 fu ritenuta l'accusa. La discussione di quest'altro processo cominciò il 9 dicembre 1851, e finì l'8 otto-bre 52. La Gran Corte finalizzò i suoi lavori in 71 tornate; 14 giorni soltanto furono occupati per l'arringhe degli avvocati, ed i giudici rimasero eziandio 24 ore riuniti in permanenza per pronunziare la sentenza. Dei 27 imputati, sei furono condannati a morte, cioè Silvio Spaventa, Giuseppe Dardano, Saverio Barbarisi, Luigi ed Emmanuele Laezza e Girolamo Palumbo; ventuno vennero condannati a pene minori.

Il re, trovandosi in Tiriolo, con decreto del 12 ottobre, ridusse a tutti la pena; cioè Spaventa, Barbarisi e Dardano furono mandati all'ergastolo, i due Laezza e Palumbo a trent'anni di ferri; per gli altri condannati alla galera la pena fu ridot-ta a semplice prigionia, da sei ad otto anni. L'arcidiacono Cagnazzi, presidente del così detto Parlamento del 15 maggio, fu condannato alla sola pena di as-sistere alla condanna de' suoi complici; e venne trattato così benignamente, per-chè molto vecchio. Scialoia, ch'era stato condannato alla reclusione, se l'ebbe commutata con l'esilio. E questo *grand'uomo* fu quello che poi ci regalò, a noi *redenti italiani*, la delizia della carta-moneta, cioè quando potè afferrare il pote-re e mettere in esecuzione le sue teorie, e così beatificarci con la miseria.

Dopo le terribili rivoluzioni del 1848 e 49, nè in Sicilia, nè al di qui del Faro si eseguì una sola pena capitale[3]; in Piemonte, per un simulacro di rivoluzione, si fucilò un distinto generale, Ramorino, e senza misericordia. Intanto giovava gridare a' *disinteressati* patrioti, che Ferdinando II fosse un re sanguinario, gli altri galantuomini! Il curioso poi si è, che gli storiografi della rivoluzione, men-tre esaltano i condannati per la causa dell'*unità italiana* e pe' fatti del 15 mag-gio, encomiandoli perchè fecero di tutto affin di detronizzare Ferdinando II ed ucciderlo, dichiarano poi costui tiranno, perchè permise che quelli fossero giu-dicati, ed i giudici ingiusti e venduti, perchè pronunziarono le sentenze di sopra accennate.

Le deposizioni de' testimoni ed il dibattimento di quello cause si fecero in

---

[3] Quelli stessi che allora furono giudicati con forme tanto libere, e che impudentemente le dichiararono tiranniche e barbare, quando poi divennero ministri del " Regno d'Italia " abolirono quelle guarentigie che gl'imputati aveano sotto il governo dei Borboni. Il già 1° ministro detto " progressista " faciente parte un Nicotera ed un Mancini, proibì agli avvocati di parlare co' loro clienti detenuti; soltanto ne accorda il per-messo, quando gl'imputati son chiamati all'ultimo costituto che precede la Corte di Assise; dimodochè il difensore non può consigliare il suo cliente a tempo opportuno, come costuma vasi ne' tempi di *oscurantismo borbonico*. Oh, quante maschere ha fatto cadere quel grande e vero galantuomo che si addimanda il tempo!

[4] Ad eccezione di sei ribelli nel 1847, cinque in Calabria uno in Messina, e senza che il re l'avesse saputo, perchè così piacque a del Carretto.

pubblico; gl'imputati ebbero libertà di difendersi, ed anche d'insultare i giudici e lo stesso sovrano.[4] Trovavansi eziandio presenti a que' dibattimenti i ministri esteri, ve ne erano dei prevenuti contro le forme, del processo e contro i giudici; nonpertanto furono costretti dichiarare, non solo che il codice penale napoletano fosse il più liberale che avesse la civile Europa, ma che re Ferdinando volea che si usassero tutt'i riguardi possibili agli imputati politici, non escluso quello di essere anche egli da costoro insultato bassamente e pubblicamente. Que' tre processi furono poi pubblicati con le stampe.

Quando que' rei di Stato trovavansi nelle galere e negli ergastoli, a sentirli parlare ti si spezzava il cuore; essi si dichiaravano tutti innocenti, vittime di false accuse. Silvio Spaventa mi raccontava, in S. Stefano nel 1857, che quando intese esserci il mandato di arresto contro di lui, stranizzò, e credette che fosse uno sbaglio, tanto che non volle mettersi in salvo. Nondimeno nel 1860, tutti quei condannati politici, si vantarono assai più di quanto di turpe aveano fatto contro la dinastia e contro l'ordine pubblico. La *tigre borbonica* – Ferdinando II – in cambio di sbranarli, fece loro grazia assoluta nel 1859, in occasione del matrimonio del principe ereditario, poi Francesco II.

CAPITOLO II

SOMMARIO

Leghe settarie contro l'Italia. Persecuzione in Piemonte contro la Chiesa cattolica. Digressione sul governo inglese. Perchè questo odiava i Borboni di Napoli. Congreghe demagogiche in Londra. Pretensioni inglesi a danno di alcuni Stati italiani. Lettere di lord Gladstone contro il governo di Ferdinando II. Confutazioni e ritrattazioni. Secondo impero napoleonico.

Inghilterra e Francia, in ogni tempo, hanno avuto or l'interesse, or la smania di padroneggiare nel Regno delle Due Sicilie; la prima con renderlo tributario per mezzo del commercio, la seconda per assoggettarlo con le armi e farne un dipartimento francese, come a' tempi del 1° impero napoleonico. Dacchè regnarono i Borboni, l'una e l'altra nazione, se riuscirono nel loro intento, lo fu per poco, e dovettero sostenere contrasti e guerre; ma sotto la dominazione del secondo Ferdinando rimasero sempre frustrate. Fu questa la ragione principale dell'odio contro questo sovrano, fatto più palese e ributtante dal 1847 in poi; maggiormente nel tempo che Palmerston governò l'Inghilterra, e Luigi Napoleone la Francia, tutti e due nemici accaniti e personali di re Ferdinando. Perlocchè tutto quello che si facea in questo Regno era da que' due prepotenti proclamato ingiusto, tirannico ed anche *negazione di Dio*. Palmerston e Bonaparte, dopo il 1849, si collegarono per contrariare in tutto il re di Napoli, avvalendosi della sètta rivoluzionaria cosmopolita; dalla quale lo faceano calunniare spudoratamente, mentre essi lo contrariavano diplomaticamente, financo nell'amministrazione della giustizia.

Palmerston e Bonaparte aveano deciso di detronizzare i Borboni di Napoli, ed in questo erano di accordo, come i ladri quando rubano. Però l'imbroglio per essi stava in questo, che tutti e due voleano intiera la preda, ossia l'eredità strappata alla legittima dinastia; il nobile lord per farne un Regno mancipio, come l'isole Ionie ecc., il Sire francese per farne una prefettura o con un Murat o con un principe Napoleone. Eravi inoltre un altro cane di preda, niente forte, ma molto astuto, a cui questo ricco Reame faceva venire l'acquolina in bocca, ed era il conte Camillo Benso di Cavour, capo del governo di Piemonte. Costui, non ignorando gl'intendimenti di que' due formidabili settarii, uno coronato, si pose in mezzo per aiutarli nella parte esecutiva, poco curando la dignità che rappresentava e di esser nato meno italiano. Egli fece conoscere a que' due suoi protettori, che li avrebbe serviti in tutto e per tutto, e che, a conti fatti, per sua mercede si sarebbe contentato anche di un *pour boire,* come per esempio della Lombardia, o di qualche ritaglio d'altro Stato italiano. Nel medesimo tempo, protestava all'Inghilterra che l'avrebbe fatta padrona del commercio ed industria degli Stati da lui governati e beatificati, con addivenire al libero scambio; alla Francia poi, oltre del libero scambio, sapendola vanitosa, si offriva umilissimo servitore, insieme con tutt'i suoi amministrati; promettendo di chiederle financo il permesso, se avesse dovuto cambiare qualche bidello o portalettere.

Stabilite le condizioni di sopra accennate, i tre galantuomini cominciarono a lavorare alacremente contro il re ed il Regno delle Due Sicilie, contro il Papa e contro gli altri principi italiani; vi era una gara, a chi di loro avesse potuto farla più marchiana. È da avvertire però ch'eglino opravano in quelle faccende con *l'arrière pensée* di corbellarsi l'un l'altro, quando sarebbe stato il tempo di agguantare l'agognata preda. Ed accadde tutto il contrario della favola del leone, il pigmeo vinse il gigante; Cavour corbellò i suoi complici, non già per virtù propria, ma per quel noto adagio: *Inter duos litigantes tertius gaudet;* ma non anticipiamo gli avvenimenti.

Ho detto altrove che i rivoluzionarii napoletani si rifugiarono in Piemonte, insieme a quelli degli altri Stati d'Italia, essendo quella una terra adatta alle congiure; perchè quel piccolo Stato, quando in tutta la penisola si sospendevano i nefasti statuti costituzionali, esso li conservava per farsi nucleo di tutte le forze ed aderenze della setta rivoluzionaria, e così impossessarsi a tempo opportuno degli agognati Stati italiani. Per la qual cosa il conte Cavour, ministro di una illustre e cattolica dinastia, non isdegnò stender la mano a' settarii di tutte le gradazioni, affin di mettere in rivoluzione gli Stati da lui agognati, congiurando anche contro il capo del Cattolicismo, ch'è la più grande gloria d'Italia. Si fece egli dunque protettore della *Giovine Italia;* trasformata in *Gran Consiglio degli unitarii,* e cominciò a lavorare secondo i consigli di Mazzini ed a nome degl'italiani, però col proponimento di fare il gambetto anche a costui al momento opportuno: è stata sempre questa la storia de' connubii poco onesti. Il Piemonte fu dunque aperto a tutti gli emigrati della penisola; i quali trovarono colà protezione e mezzi per coadiuvare l'opera de' Palmerston e Bonaparte, e de' due capisetta italiani, avendo tutti e quattro lo scopo di far serva l'Italia a proprio vantaggio, cacciando dapprima i principi italiani; corbellarsi tra loro, schiacciar poi gli aderenti e gli stessi cooperatori.

Cavour diè i mezzi per fondarsi due giornali rivoluzionarii, redatti la maggior parte da napoletani, già decaduti chi da ministro e chi da altre cariche. Costoro, che aveano gustate le delizie della potestà sovrana senza controllo, erano esasperati ed irreconciliabili, maggiormente che ve ne erano de' disgraziati, che dovevano vivere con cento lire al mese, che lor passava il governo sardo. Nel vedersi in quello stato, esuli e maledetti da' loro concittadini, a cui aveano lasciata una eredità di debiti, oltrepassarono qualunque limite, scrivendo e pubblicando catilinarie e calunniando alla impazzata. Eglino, dicentisi patrioti, sviscerati amatori del loro paese, non isdegnarono deridere, oltraggiare e vituperare il luogo che sventuratamente li vide nascere. Non inveirono no, contro i principi soltanto, ma contro i proprii concittadini, dichiarandoli ignoranti e vili; citando fatti, alcuni veri, molti alterati, la maggior parte inventati; e ciò nell'istesso tempo che faceano l'apologia di quegli Stati e di quegl'individui, diretti e governati dalla setta, nemici acerrimi della loro patria. Io l'ho detto, e giova ripeterlo, i rivoluzionarii non han patria; Dio e patria è per essi il lauto vivere e la tirannica potestà su' popoli innocenti.

Dall'altra parte Mazzini e Cavour opravano energicamente, ognuno co' mezzi proprii; il primo con mettere in moto i suoi adepti, spargendo il malcontento nelle popolazioni, facendoli financo tiranneggiare da' suoi aderenti occulti, già al potere, per la troppo bonarietà de' sovrani d'Italia. Cavour, avvalendosi della diplomazia, vituperava e scalzava i troni di questa misera Italia, rivelando a' gabinetti stranieri le occulte piaghe della stessa, ed aggiungendone altre cancrenose che non esistevano, se non in quella parte appunto ov'egli era ministro responsabile.

Questo poco scrupoloso e poco leale uomo politico, a cui non si può negare una mente diabolica, conobbe a meraviglia, che i troni non si possono scardinare fino a che son sorretti dal principio di quell'autorità, che la sola Chiesa cattolica può dare agli stessi; perlocchè si argomentò perseguitar questa, per quanto i suoi mezzi e la protezione straniera glielo permisero. Ciò facendo sperava riuscire nei suoi propositi, cioè, o farsi imitare dagli altri governi italiani, facendoli così abbominare dai cattolici, che formano la gran maggioranza della popolazione della nostra penisola; o in caso contrario accusarli all'opinione *pubblica*, cioè alla setta protestante e rivoluzionaria, di retrogradi, reazionarii e sanfedisti.

Avea egli intrigato, come ho già detto, per concorrere alla restaurazione del Papa-re, e quindi per combattere contro i consettarii; avendo dippoi stretta intima alleanza con costoro, trovò doppia forza per inveire contro la S. Sede Apostolica. In effetti il 25 febbraio 1850, esordì con la legge detta *Siccardi*, perchè proposta dal ministro di giustizia Siccardi; legge che distruggeva il Concordato fatto con Papa Gregorio XVI nel 1841. Fu quello il primo passo per annullar poi da sè i patti sanciti con gli altri Stati, sconoscendo trattati, alleanze, amicizie e parentele; giungendo infine al punto d'invadere gli altrui regni in piena pace e proditoriamente. Pio IX trovandosi, ancora in Portici, protestò contro la legge *Siccardi*, la quale, non solo distruggeva il Concordato del 1841, ma gli altri antecedenti. Cavour però, appoggiato sempre da Palmerston e Bonaparte, volle mostrare di aver coraggio con un povero vecchio profugo ed inerme, dichiarando che la legge *Siccardi* era una decisione *immutabile*. La risposta del ministro sardo manca pure di quelle forme necessarie, che si debbono usare in simili circostanze; ma i vili, quando si atteggiano a spavaldi, son simili a' fanciulli maleducati, che insultano chicchessia, avendo dietro la spalle chi li protegge.

In seguito il governo sardo fece e pubblicò altre leggi draconiane contro il clero e gli Ordini religiosi. Propose l'indispensabile legge rivoluzionaria sul *concubinato civile*, detta matrimonio civile, approvata da' deputati, respinta da' senatori. Quando poi la legge *Siccardi* fu sanzionata dal re Vittorio Emmanuele, varii vescovi del Regno sardo protestarono contro la stessa, e con più risolutezza ed energia lo praticò il tanto benemerito monsignor Franzoni, arcivescovo di Torino, pubblicando un'Enciclica, con la quale inculcava al suo clero di stare a' canoni ed a' Concordati fatti con la S. Sede Apostolica. Allora cominciarono le persecuzioni in Piemonte contro tutto il clero, arrestandosi preti, vescovi e lo stesso arcivescovo Franzoni, che fu condannato alla multa ed al carcere da pochi audaci e sacrileghi, dicentisi *giurì*.

Mentre in Piemonte perseguitavasi il clero e la stessa religione cattolica, anche per ingraziarsi gl'inglesi, si fabbricarono templi protestanti, fino allora ignoti agl'italiani. Si aprivano pure scuole di protestantesimo, con la diffusione gratuita di bibbie anglicane, ed altri libercolacci corruttori delle vere credenze e della morale cattolica e cittadina. Tutta quella *sapienza* settaria, ci fu poi regalata, a *noi redenti* con l'aggiunta, che ancor non è finita!

I giornali della setta encomiavano ed alzavano alle stelle il governo sardo; quindi catilinarie contro il clero cattolico e contro gli altri governi italiani, perchè questi non imitavano quello del Piemonte, in tutto ciò che vi è di più turpe e scellerato contro il Papa. Era questi designato come invasore dei dritti degli Stati altrui, e come perturbatore della pace europea; si erano scambiate le parti, la vittima in carnefice e viceversa; proprio come han fatto poi i ministri italiani e con maggiore impudenza.[1]

Que' giornali settarii erano introdotti nel resto dell'Italia, facendo propaganda rivoluzionaria a danno della morale cittadina, della S. Sede e degli altri governi della penisola; chiamando costoro, abbietti servi di un potere autocratico e *straniero*, già ripudiato dal progresso de' tempi e dalla coscienza dei popoli civili, e dichiarando *governo modello* quello soltanto del Piemonte. Tutto ciò si pubblicava quando quell'*encomiato* governo calpestava anche l'apparenza d'ogni

---

[1] In conferma di ciò fra tanti documenti di simil risma basta leggere la circolare del ministro guardasigilli Stanislao Mancini a' procuratori generali, data in Roma il 17 marzo 1877, e riportata dal giornale la *Discussione*, il dì 20 marzo dello stesso anno.

legalità, multando, esiliando ed incarcerando i ministri della religione dello Stato, che sotto i governi più barbari sono stati sempre rispettati, per lo meno come i più distinti cittadini; tutto ciò si facea, perchè que' ministri del Santuario erano conseguenti a' loro principii e giuramenti nei difendere i dritti manomessi della Chiesa di Cristo: insomma perchè non fuggivano all'avvicinarsi del lupo rapace!

Il *governo modello* non si vergognò far condurre nella fortezza di Fenestrelle, in mezzo ad otto carabinieri, il primo prelato del Regno sardo, l'arcivescovo monsignor Franzoni, con incatenargli contro una turpe marmaglia; la quale lo accompagnò con fischi ed urli d'imprecazione; consuete sceniche rappresentazioni, organizzate col denaro de' contribuenti, da' commedianti di libertà.

Si proclamava, da' giornali faziosi, *governo modello* quella congrega di settarii, che sussidiava gli stranieri felloni, cacciati dalla loro patria, trascurando i proprii connazionali bisognosi; che largiva grosse somme a' giornali esteri, per aver lodi del mal fatto; che dava all'Inghilterra e alla Francia libero il campo d'impossessarsi del commercio e dell'industria del proprio paese, che accollava sempre nuovi debiti alla popolazione già dissanguata; ed imponeva alla stessa altre e più gravose tasse, sconosciute negli altri Stati d'Italia. Si dichiarava *governo modello* uno Stato della nostra penisola, che leccava i piedi ad un Bonaparte, nemico e spoliatore per tradizione di famiglia della nostra patria comune, e che si preparava a renderla sua schiava, regalandoci i proprii parenti per governarla da suoi prefetti. Davasi l'ampollosa caratteristica di *governo modello* a chi proteggeva e sussidiava i ministri anglicani, per far propaganda di protestantesimo, elevando a virtù la menzogna e la corruzione. Quel governo, oprando in quel modo, credeva distruggere il Papato, senza curarsi esser questa la più stupenda gloria italiana, come la chiamano tanti scrittori protestanti: stupenda gloria, che ancor fa grande e rispettata la patria nostra!

Il male maggiore che arrecò il ministro Cavour agli Stati italiani, non lo fece con la setta mazziniana, coadiuvata da tutt'i rivoluzionarii d'ogni gradazione raccolti in Torino, ma per mezzo della Francia e dell'Inghilterra. Prima che Luigi Bonaparte gli avesse apprestate le armi per cacciare i tedeschi dalla Lombardia ed i principi italiani da' loro Stati, era stato dallo stesso potentemente coadiuvato con le menzogne e le pressioni diplomatiche, e con particolarità a danno di Ferdinando II. Però il Bonaparte, ad onta della potenza della Francia, non avrebbe potuto mettere a soqquadro l'Italia, se non avesse ottenuto il permesso da' governanti della superba Albione. Finchè ivi governarono i conservatori, detti del partito de' *Tory*, egli non volle romperla apertamente nè con l'Austria, nè co' principi italiani; quando poi salì al potere il partito rivoluzionario, detto de' *Whigs*, di cui era capo lord Palmerston, oprò apertamente, or con pressioni diplomatiche, or con menzogne, ed infine rompendo guerra all'Austria ed allo stesso Papa, perchè coadiuvato da quel nobile lord. È necessario che i miei lettori sappiano che cosa rappresenti in Inghilterra il partito de' *Tory* e quello de' *Whigs*, per conoscer meglio donde hanno origine le continue evoluzioni del governo inglese, mostrandosi or conservatore ed or rivoluzionario; si è perciò che ne faccio un rapido cenno per quanto basti.

In Inghilterra i due partiti detti uno dei *Whigs* e l'altro de' *Tory*, rappresentano una politica opposta, il primo rivoluzionario, il secondo moderato e conservatore; l'un l'altro si combattono ad oltranza, scendendo e salendo al potere, secondo i bisogni di quella nazione. A dirvela chiara, lettori miei, mi sembrano come i ladri di Pisa, o i *beati paoli* di Palermo; del resto decidetelo voi, io potrei ingannarmi: il certo si è che tutti e due i partiti hanno l'interesse nazionale di mantenere il continente europeo ora in rivoluzione, ora in reazione, cioè in perpetua guerra. Sembra che sia questa un supremo e fatale bisogno della superba Albione, in caso diverso gli affari commerciali ed industriali della medesima andrebbero in rovina. Supponete per poco che gli Stati continentali di Europa godessero una lunga pace, commercio ed industria inglese andrebbero alla malora; dappoichè quasi tutti gli Stati europei hanno i mezzi, e la maggior parte, le così dette materie prime, per isviluppare il loro commercio e la loro industria, forse superiore alla commerciante ed industriante Inghilterra. Questa nazione, non essendo agricola, e non trovando a chi vendere le sue manifatture, ne morrebbe di fame, peggio della sua umile e sventurata ancella, l'Irlanda. Si è perciò che la pace del continente è guerra per lei; e di qui hanno origine tutti que' finti garbugli tra *Whigs* e *Tory*; a' quali giova tener sempre accesa la face della discordia in Europa ed altrove, or con le rivoluzioni ed or con le reazioni, affin di vendere armi, munizioni, navi da guerra, abbigliamenti, di novelli eserciti, e quel ch'è più avere il facile mezzo di distruggere gli opificii continentali.

Interroghiamo la storia, senza salire a' tempi molto remoti, e vediamo se il mio asserto può reggere. Un ministero *Whig* aiutò la rivoluzione francese del 1789, col pretesto che il governo di Luigi XIV avesse favorita la emancipazione degli Stati Uniti di America, ed un ministero *Tory* rovesciò il gran colosso di Napoleone I, perchè costui avea imbrigliata la rivoluzione, e non ne volea sapere di commercio inglese, anzi l'avversò col blocco continentale.

Restituiti i Borboni in Francia, il commercio e l'industria di questa nazione rifiorirono, agevolati dalla pace; ed eccoti un ministero *Whig* che fa rovesciare Carlo X, ed innalzare al trono il rivoluzionario Luigi Filippo d'Orléans. Siccome questi volea fare il gambetto all'Inghilterra, alla sua volta venne rovesciato e sostituito da Luigi Bonaparte, anche per quelle ragioni che dirò qui appresso. Ho voluto accennar soltanto i cambiamenti avvenuti in Francia, a causa delle mene inglesi, perchè dalla Senna, insieme con le mode, parte sempre il motto d'ordine per isconvolgere il resto dell'Europa, or con le rivoluzioni ed or con le reazioni.

Lord Palmerston, del ministero *Whig*, ci regalò l'attuale stato di cose, e, morendo, lasciava a suo continuatore lord Gladstone. Oggi, mentre scrivo, vi è un ministero *Tory*, avversato da questo nobile lord, e tutto tenero pe' trattati; son tutte lustre, a parer mio; basta, vedremo i risultati di tanta tenerezza. Però aspettatevi un ministero Gladstone, acclamatissimo, se l'Inghilterra non potrà far la guerra contro la Russia.

Palmerston, e per esso la nazione da lui governata, avea fatto i suoi buoni affari con le rivoluzioni suscitate in Europa nel 1848; e dopo tante lagrime e sangue versato dai popoli innocenti, avea ottenuto il principale suo scopo, di far cioè cacciare dalla Francia Luigi Filippo d'Orléans, perchè questi non volle coadiuvare l'Inghilterra a far la guerra contro la Russia. Fu questa la principale ragione di aver egli contribuito a far giungere al potere Luigi Bonaparte, avviandolo al trono francese; questo avventuriere settario, non ebbe alcuno scrupolo sacrificare i tesori ed il sangue de' suoi concittadini, per far gl'interessi inglesi. Dopo questa breve, ma necessaria digressione, torno al mio assunto.

Comincio dall'Inghilterra, o meglio da lord Palmerston e consorti, per dimostrare di quali mezzi si servì quest'uomo fatale, affin di compiere la rivoluzione del 1860, e specialmente quella del Regno delle Due Sicilie. Come ho già detto altrove, il nobile lord odiava personalmente Ferdinando II, perchè questi non volle riconoscere il matrimonio di suo fratello Carlo con la Smith. Eravi però un altro motivo d'odio nazionale, ed era quello che l'Inghilterra volea padroneggiare in questo Regno; e quel sovrano, non soffrendo tutela, trattavala al pari dell'altre nazioni di Europa, togliendole quelle preferenze che i tempi vicereali le aveano accordato.

Il Regno delle Due Sicilie era l'emporio più lucroso della Gran Brettagna, dal quale questa commerciante nazione ritraeva fiumi di oro, essendo allora bisognoso di tutte le manifatture, e costretto a farle venire dall'estero. Però dalla venuta di Carlo III, cambiò la scena e progredì gradatamente fino a Ferdinando II; il quale si cooperò in modo da far che i suoi Stati non avessero più bisogno delle manifatture straniere ad eccezione di qualche gingillo di puro lusso. Questo sovrano avea migliorati gli opificii fondati dai suoi maggiori, aggiungendone altri più importanti; attuando tutto quello che trovava di utile e di bello nelle novelle scoperte e nel vero progresso de' tempi. In effetti, tra noi si fabbricavano panni che emulavano quelli di Francia e d'Inghilterra; lo stesso per le seterie, per le tele, cotone, cuoi, feltri, unguenti, dolciumi, mobili, ferri, armi ed altro. Avea altresì fatto fabbricare bacini, cantieri ed opificii di vario genere; onde che si costruivano qui grossi vascelli e macchine d'ogni ragione, tanto da riceversi commissioni anche dall'estero. Tutta questa prosperità nazionale non poteva andare a sangue al mercante governo inglese; e si fu perciò che lo stesso si argomentò di rovesciare tanto benessere, e ridurre questo Regno come nei tempi vicereali.

Siccome il governo inglese ospita e protegge tutti i rivoluzionarii ed i felloni cacciati dalla loro patria, quando si decide rovinare una florida nazione, se ne serve per avventarli contro la stessa; e si è perciò che costoro trovino sempre protezioni ed aiuti in Inghilterra. Lord Palmerston si servì de' medesimi napoletani, emigrati a Londra, per distruggere il benessere di questo Regno riducendolo quale oggi lo vediamo, come eziandio d'altri felloni per subissare altri regni. Affinchè i miei lettori meglio conoscessero di quali persone si servisse quel nobile lord, quando decidevasi assassinare i sovrani ed i regni che non faceano gl'interessi inglesi, è necessario che io dicessi qualche cosa circa i principii e le opere delle medesime.

Egli, già capo della massoneria, diè incoraggiamenti e mezzi per costituirsi in Londra un *Comitato centrale democratico europeo*, qual rappresentante di duecento milioni di popoli. Quel Comitato era preseduto or da Mazzini, or dal francese Ledru-Rollin, e diviso in varie sezioni con un capo che corrispondeva co' settarii della propria nazione. Avea giornalismo, corrispondenze, soccorsi ed erario; i *fratelli* rimasti in patria ed i gonzi erano i tributarii.

Da quella orribile congrega si emanavano circolari segrete, si spedivano spioni e sicarii, per eseguirsi assassinii e delitti spaventevoli. Uno de' capi, il tedesco Carlo Heingen, nell'ammaestrare i suoi adepti a far le rivoluzioni, ecco quel che scriveva a' medesimi: " Questa (la rivoluzione) costerà all'Europa *due milioni di teste*; ma esse sono olocausto LIEVE pel bene di dugento milioni. Essa, con ispada sterminatrice, deve guizzare in ogni canto della terra, *e far sue vendette* su *monti di cadaveri*; in ogni paese un dittatore, il cui principale officio *sarà l'esterminio de' retrogradi*; legarsi con tutti i governi rivoluzionarii, e pattuire de' reazionarii fuggitivi, pe' quali non debba esservi asilo. Per costoro nulla debba restare sulla terra fuorchè la tomba. " Altro che Robespierre e Marat! Un autore, col quale non divido i principii nè religiosi nè politici, dice: " Se le bestie avessero un barlume di ragione, nel volersi vituperare si direbbero: *tu sei un uomo!* " ed io soggiungo che dovrebbero dire: tu *sei un settario*.

I sentimenti del tedesco Heingen fan fremere di orrore; egli vuole esterminati i *retrogradi*; retrogrado nel linguaggio di simile gente s'intende un uomo innocuo che pensa all'antica: dunque i strombazzatori di libertà neppure il pensiero vogliono libero?! Heingen e con esso la setta rivoluzionaria, reputano *lieve olocausto due milioni di teste* per intronizzarsi tiranni sulle ruine dell'umanità? Io mi taccio a fronte di si spaventevoli principii e pretese; soltanto osservo, che il nobile lord Palmerston e la *civile ed umanitaria* Inghilterra, in pieno secolo XIX, ascondevano nel loro seno e proteggevano una cospirazione contro l'umanità.

I ministri inglesi, non solo ospitavano e proteggevano in tutt'i modi quel *Comitato centrale democratico europeo*, peggiore di una orda di cannibali, ma non davano ascolto ai reclami di varie potenze. Difatti, nel 1853, quando sbarcò

Tungaro Kossuth a Southampton, permisero che fosse festeggiato con bandiere, concioni sediziose, banchetti, brindisi e grida di *viva e di morte*. Kossuth, espulso dalla Turchia e dalla Francia, riceveva quell'ospitalità in Inghilterra; e lord Russel si vantò in Parlamento, che egli ed il suo amico Palmerston aveano invitato quel caposetta di recarsi a Londra: oggi poi governo inglese va mendicando l'appoggio dell'Austria contro la Russia.

Il presidente Ledru-Rollin, non tanto feroce quanto il suo collega Heingen, pensava agli affari più interessanti, che alla fin fine son l'alto scopo della rivoluzione. Egli, dopo di aver dato a' suoi adepti delle lezioni per far bene le rivoluzioni ed i colpi di mano, pubblicava nel *Corriere Batavo* che: " I re si uniscono, i popoli per liberarsi debbono unirsi; i re han la lista civile, e la democrazia deve anche avere la lista civile. "

Mazzini facea progetti di un grosso impresto per la causa della rivoluzione: mandava proclamazioni in Italia, proponendo di sopire le disparità de' rivoluzionarii, per discuterle dopo la vittoria, ed invitava tutti a distruggere qualunque autorità, per riconoscer soltanto quella della rivoluzione, cioè la sua. Infine di accordo con Heingen e Ledru-Rollin cacciò fuori una proclamazione, minacciando esterminio a' popoli di Europa, se i medesimi non avessero operato secondo gli ordini del *Comitato centrale democratico europeo* di Londra. Tutti quegli scritti e proclamazioni erano introdotte negli Stati italiani da' cagnotti della setta, guarentiti dagli agenti diplomatici e consolari inglesi. I sovrani si credevano sicuri perchè li aveano proibiti; e disgraziatamente re Ferdinando II credeva di avere bene arginato a quel torrente di propaganda settaria, con la sola proibizione di quegli scritti e proclamazioni. Per la qual cosa la rivoluzione del 1860 piombò come un fulmine a ciel sereno sopra la gente onesta e tranquilla, che poco curavasi di politica: e fu la causa prima di quello sbalordimento, che molti dissero viltà.

Lord Palmerston, non contento di sparger fuoco in quel modo in tutta Europa e specialmente in Italia, si argomentò agire diplomaticamente contro i sovrani della medesima, per imbrogliarli sempre più. Siccome il governo inglese, in ogni questione mette innanzi il *Dio scellino,* quel nobile lord si rivolse a' governi di Toscana e di Napoli, pretendendo che fossero indennizzati i mercanti brittannici de' danni sofferti nelle rivoluzioni del 1848 e 49: egli, causa di quelle rivoluzioni, volea altresì esser pagato dalle sue vittime! Ferdinando II si negò risolutamente di soddisfare i soliti ricatti di Palmerston, adducendo la ragione che avea denunziato le ostilità a tempo opportuno; e che non avea alcun diritto di far pagare a' suoi derelitti popoli la noncuranza de' mercanti inglesi, di non aver messo in salvo le loro mercanzie. Dichiarava inoltre, che la perdita fatta da que' mercanti era stata pochissima; e l'aveano essi voluta, per aver poi il pretesto di pretender molto.

Il granduca di Toscana, per le stesse pretensioni di Palmerston, fece arbitro il governo russo, cioè se avesse dovuto o no indennizzare le perdite de' sudditi inglesi, fatte nel tempo della rivoluzione. Il ministro di Russia, Nesselrode, dichiarò, che le pretese del governo brittannico, di voler creare pei suoi soggetti una condizione eccezionale superiore a quella delle altre nazioni, non potea tollerarsi da nessun governo indipendente; quindi la disapprovava, dichiarando di non accettare un simile arbitrato. Questa risposta di un ministro cosacco spiacque al civilissimo e progressista Palmerston, che facea professione di uguaglianza a modo suo; ma bisognò ingoiarsela, trattandosi della Russia, che avea un formidabile esercito ed assai cannoni. Per dare a questo colosso una legione alla *Whig*, si sarebbero dovuto sciupare non pochi scellini e soldati, e quel nobile lord era soltanto forte nel dir menzogne diplomatiche, ordir congiure e fare il gradasso con le piccole nazioni.

Venutogli meno questo mezzo in sè lucrativo, ne immaginò ed eseguì un altro, novissimo nella storia internazionale. Non contento di aver fatto dichiarare Ferdinando II il peggior de' tiranni dalla caterva rivoluzionaria da lui protetta, volle anch'esso farlo diplomaticamente. Nel dicembre 1850, mandò a Napoli lord W. E. Gladstone, sua creatura, per osservare ciò che si trovasse di censurabile in questo Reame, affin di esagerarlo, travisarlo ed eziandio inventare spudoratamente de' mali che qui non esistevano; nel medesimo tempo chiuder gli occhi alla vista delle cose belle ed utili di cui abbondavano le Due Sicilie.

Gladstone giunse in questa città da *touriste*, non vide il re, nè avvicinò i ministri, nè costoro si curarono di lui, invece si circondò de' nemici della dinastia e del Regno. Non vide nulla, perchè nulla dovea vedere in realtà, avendo la missione di tutto calunniare essendo un pretesto il suo viaggio; quindi dopo breve soggiorno in questa capitale ritornò a Londra. Appena giunto, avvicinò il principe di Castelcicala, nostro ministro presso quel governo, e gli significò, che avea scritto contro il governo di Napoli; ma che nulla avrebbe pubblicato, quante volte il re avesse iniziato delle riforme. Già, nel linguaggio de' politici inglesi, s'intende per riforme anche qualche trattato di libero scambio con la Gran Brettagna, e forse ancora qualche indennizzo a' mercanti brittannici. Castelcicala scrisse al presidente de' ministri Fortunato e gli svelò gl'intendimenti di Gladstone; e quel presidente, a cui forse non dispiaceva che fosse infamata quella dinastia che serviva, nè rispose, nè diè notizia di ciò al suo sovrano.

Gladstone, reputandosi non curato, consigliato e diretto da Palmerston, fabbro di quell'intrigo, con ira cieca, pubblicò due lettere, dirette al conte Aberdeen, nelle quali disse cose degne delle *Mille ed una notte* contro il governo di Ferdinando II. Perchè suddito inglese, ed avente voce nel Consiglio di una grande e possente nazione, si credette eziandio nel diritto di slogicare, asserendo fatti che costavano in contrario a tutt'i ministri esteri, residenti in Napoli, in opposizione con gli atti officiali ed anche contro il più volgare buonsenso.

Tra le altre cose dicea in quelle lettere: " Non descrivo severità accidentali, ma la violazione incessante, sistematica, premeditata dalle leggi umane e divine; la persecuzione della virtù quand'è congiunta all'intelligenza; la profanazione della religione, la violazione di ogni morale, spinte da paure e vendette; la prostituzione della magistratura per condannare uomini i più virtuosi ed elevati ed intelligenti e distinti e colti; un vile servaggio, sistema di torture fisiche e morali. Effetto di tutto questo è il rovesciamento d'ogni idea sociale, *è la negazione di Dio eretta a sistema di governo.* "

In conseguenza di questo preambolo, il nobile Gladstone affermò essere orribili le prigioni di Napoli, assicurando di aver vedute le migliori, e tra queste nominava la Vicaria, ch'è, come si sà, la peggiore. Di Poerio e Settembrini, senza averli veduti, ne faceva due martiri immaginarii; e, senza conoscere il nostro Codice penale, spifferò che il governo, per meglio martirizzare que' due condannati, avesse inventato il sistema d'incatenarli a due. Assicurò che in Napoli si facesse il processo a tutti i costituzionali; e che di costoro se ne trovassero circa ventimila in prigione. Faceva le meraviglie, perchè la polizia, nelle visite domiciliari leggesse le lettere private, dirette agl'inquisiti per reati politici. Infine malignò condanne, grazie sovrane, scontorse e falsificò tutto. Intanto nell'asserire sì terribili accuse, per trovar subito la scappatoia in qualsiasi circostanza, e per non ricevere il solenne diploma di bugiardo e calunniatore, usava frasi incerte: cioè *odo dire, mi si assicura, so da fonte rispettabile ma non sicura*; *come si dice,* ecc. Notate quanti strafalcioni in queste ultime parole! Ed un nobile lord inglese, avente voce nel Consiglio del governo della *civilissima* Inghilterra, scaglia sì terribili accuse contro un governo, basandosi soltanto sulle notizie ricevute da *fonte rispettabile, ma non sicura!* Oh! il dritto della forza e la certezza dell'impunità, quante infamie non fa eruttare agli uomini di poco cuore e senza alcuna morale, non dico religiosa, ma cittadina! E quel ch'è peggio, gli autori di simili infamie, perchè potenti, in cambio di ricevere il meritato castigo, son proclamati, da' settarii e da' gonzi, per cime di sapienza, per onesti e filantropi!

Lord Gladstone, nel descrivere lo stato delle prigioni di Napoli, altro non fece che dipingere al vivo le case degli operai di Liverpool, di Birmingham e le cave di Manchester, che avea sotto gli occhi, nella *civilissima ed umanitaria* sua Inghilterra. Lo stesso anno, il suo compatriota lord Cohcrane visitò le prigioni di questa città, e perchè non avea il mandato di calunniare re Ferdinando, le trovò in uno stato regolarissimo. I martirii di Poerio e Settembrini furono favolette di cattivo genere, smentite anche da quest'ultimo, che rappresentava il martirizzato. Gladstone, per la smania di calunniare alla impazzata, neppure badò, che Settembrini, essendo condannato all'ergastolo, per legge, non portava catene nè vestiva da galeotto. Quando trionfò la rivoluzione, Petruccelli della Gattina se ne rideva, nel Parlamento di Torino, di tutto quello che si scrisse circa le torture di Poerio e compagni; asserendo che di costui ne fecero un martire immaginario, per vituperate il governo di Ferdinando II.

Falsissimo che vi fossero ventimila carcerati per causa politica; se avesse letto i documenti officiali, ne avrebbe trovati soltanto duemila in tutto il Regno, e soli ventisette condannati per la rivoluzione del 15 maggio 1848. Ciò serve anche di risposta alla spudorata calunnia, avendo asserito, che la magistratura napoletana si era prostituita al potere esecutivo, perchè condannò i rei di Stato *virtuosi, intelligenti e colti,* ecc.

Il nobile lord meravigliò perchè la polizia borbonica, nelle visite domiciliari, leggeva le lettere private. Cosa dunque dovea leggere, dovendo scoprire la reità o l'innocenza dell'inquisito politico? Forse che in simili casi la polizia de' governi liberali va in cerca di diplomi, o di strumenti stipulati per man del notaio? Lettori, avete mai avuta la fortuna di simili visite, fatte dalla polizia de' nostri *rigeneratori?* son sicuro che non pochi di voi risponderete affermativamente; ebbene, ditelo voi, se vi han lette le lettere private. In quanto a me, già ve l'ho detto altrove, che in una visita domiciliare, la polizia del Regno d'Italia, *rigeneratore dell'ordine morale, della giustizia e della dignità umana,* mi lesse e si prese financo le ultime lettere, che mi avea scritte il quasi moribondo mio genitore; il quale d'altro non mi parlava, che del suo dolore per non vedermi presso di lui negli ultimi suoi momenti, affin d'impartirmi l'ultima benedizione paterna; nè quelle lettere mi furono più restituite!...

Alle accuse lanciate da Gladstone contro il governo di Ferdinando II, la setta gongolò di gioia satanica e con lamentazioni ed invettive, ne aggravò le tinte ne' suoi diarii. Cavour fece gran festa alla pubblicazione delle lettere del nobile lord; e diè l'imbeccata ai giornali da lui sussidiati, di comentarle a modo suo, e di aggiungere altre accuse e calunnie, se pur se ne avessero potuto inventare più madornali. In effetti il medico Farini, che avea abbandonati i suoi ammalati di Romagna, non potendola tirare avanti con una lira a visita, si era recato a Torino, adescato dall'odor della pagnotta, ed ivi elevato a direttore di un giornale cavourriano, col titolo di *Risorgimento,* assunse l'incarico di fulminar filippiche contro il re di Napoli. Fra le tante geremiadi deplorava lo stato delle prigioni di questa città; ma egli e il suo ispiratore Cavour, dopo un anno furono rimproverati dal deputato Salmour, essere in realtà le carceri del Piemonte come Gladstone calunniosamente avea descritte queste di Napoli. Difatti quel deputato deplorò, in pubblico Parlamento, la grande mortalità de' detenuti; rivelando che nelle sole prigioni di Alessandria erano morti, nel 1853 centoquattro individui, cioè il 15 per cento di prigionieri, *a causa dell'angustia* del casamento in ragion diretta de' reclusi. Al Salmour fece eco il ministro Bastogi, il quale, l'8 giugno 1854, dichiarò in Parlamento: " Le nostre carceri sono anguste, *quelle di Torino son capaci di 500 detenuti e ne hanno più di 900!* "

I mali e le torture de' prigionieri piemontesi non erano veduti dal nobile lord Gladstone, perchè costui ed il suo protettore Palmerston guardavano quel Regno col prisma de' trattati di libero scambio.

Nel Parlamento francese i deputati Arago e Favre interpellarono il ministro Baroche, e vollero sapere, perchè si permettea che in Napoli esistesse un governo che era *la negazione di Dio.* Quel ministro rispose, che le accuse inglesi, scagliate contro il governo del re Ferdinando II, erano in parte esagerate. Baroche era un napoleonista, quindi nemico de' Borboni; nonpertanto si mostrò assai meno disonesto de' nobili lords Gladstone e Palmerston.

Alle accuse di Gladstone risposero varii pubblicisti di questo Regno, e le confutò trionfalmente l'intendente Mandarini, il quale dimostrò con documenti inappuntabili le fallacie e gli errori di quel nobile lord. Anche la valorosa *Civiltà Cattolica* rispose vittoriosamente con articoli dotti e caustici, da mettere vergogna a chi calunniava con tanta spudoratezza.

Degli stranieri scrissero in questo senso un Giulio Goudon, un visconte Lemercier, deputato al Parlamento francese; e per non nominarli tutti, che sarebbe troppo lungo, rammento l'ultimo, il pubblicista inglese Macfarlane. Il quale diresse delle lettere al conte d'Aberdeen, a cui erano state dedicate le accuse di Gladstone contro il governo delle Due Sicilie; dimostrando gli errori appassionati e la malafede di costui nel pubblicare que' libelli famosi.[2]

Lord Palmerston, poco curandosi di quelle autorevoli smentite, con fronte adamantina, per dar più importanza alle lettere di Gladstone, comunicò varii esemplari delle stesse a' governi europei; perlocchè si svelò il principale fabbro di quelle premeditate calunnie. Nessun ministro gli rispose, soltanto quello tedesco, dicendogli, che ogni Stato indipendente ha il diritto di punire i rei, e che a nessun governo è lecito sindacar gli altri in quel modo. Palmerston per dar più pubblicità alle lettere del suo amico, il 9 agosto 1851, diresse una nota insultante al nostro ministro in Londra, principe di Castelcicala; ed avendosi fatto interpellare in Parlamento da sir Lacy Evans, circa i fatti che si addebita-

---

[2] Fra le altre cose, ecco quel che diceva l'onorevole Macfarlane al conte d'Alberdeen: " Des personnes dignes de foi assurent que H. Gladstone craignant de ne pas être réélu par l'Université d'Oxford, et prévoyant une prochaine dissolution du parlement, et des électìons, cherche à se ménager les suffrages populaires. Pour se captiver, ajoutent-elles, les suffrages des radicaux, il a adressé à votre Seigneurie ces deux lettres singulières, par les quelles *il calomnie un Roi et un gouvernement qui ont arrêté la marche de la revolution et de l'anarchie dans le midi de l'Italie*, et par là même ont attireé sur eux la haîne du parti soi-disant libéral de l'Europe " *Patrie* du 16, 17 aoùt 1851, N.228, 229.

vano al governo di Napoli, rispose: esser questo *oltraggioso alla religione, all'umanità, alla civiltà e alla decenza.*[3]

Una feroce forza il mondo possiede e fa chiamarsi dritto: si. lettori miei, è questa una grande verità! Qual differenza voi fate tra lord Palmerston ed un brigante, il quale, mentre vi assale per derubarvi, vi dà del ladro? Sì, egli accusava il governo di Napoli di tutte quelle iniquità di cui quello inglese era donno e maestro, perchè da lui diretto o da' suoi amici; ed ecconc le prove. Dichiarava il regime di Ferdinando II *oltraggioso alla religione*: ed egli a capo di un governo cristiano permettea che in Bristol si portassero in giro i ritratti del cardinal Wisemann, del Papa e della SS.ª Vergine in modo grottesco, e fossero frustati come tre infami. Altri simili fatti potrei qui rammentare, ricavati da' giornali inglesi, per far conoscere la *religiosità* inglese; ma giova tacere sopra questo argomento, affin di non fare inorridire di più i miei benevoli lettori.

Palmerston proclamava *oltraggioso* all'umanità il governo di Napoli; riscontrando le statistiche officiali inglesi, trovo che sotto il suo governo, cioè dal 1841 al 1851, morirono di fame in Inghilterra ed in Irlanda 21770 individui! orrori sconosciuti sotto la Signoria de' Borboni di Napoli. Gli espatriati dell'Irlanda, per cercar pane in estranee e spesso malefiche contrade, in quel medesimo decennio, furono tre milioni. Beaumont assicura che, dal 1841 al 1862, tra morti di fame ed espatriati irlandesi, se ne contarono cinque milioni: ecco il vero oltraggio all'umanità. In questo Regno cominciò la emigrazione de' cittadini bisognosi, per estere contrade, affin di trovar pane, dopo il 1860, dopo che cessò di regnare la Borbonica dinastia: cioè dopo che ci fu regalata dagli stranieri la libertà di morir di fame.

Mentre Palmerston si atteggiava ad umanitario per le condanne de' rei di Stato napoletani, nell'isoletta di Cefalonia, nel mare Ionio, protetta dall'Inghilterra, per le rivolture del 1848 facea punire di morte 25 persone, ne mandava 19 a' ferri, ed a 180 faceva dar le battiture sopra i cavalletti, situati nelle pubbliche piazze. In quell'isoletta e nelle altre del medesimo mare Jonio, permise che si bruciassero le case della povera gente *per temperamento di polizia*, facendo scomunicare i ribelli da' preti suoi cagnotti. Dippiù sancì la pena di flagellare a

---

[3] Ecco quello che il medesimo Macfarlane dice a questo proposito al conte d'Alberdeen: " Pour notre compte, pous reconoaissons que la brochure de Gladstone adressée par le Foreign office a tous les agens diplomatiques de l'Angleterre, ne fera que rendre plus trasparente encore la manoeuvre politique à la quelle lord Palmerston a recours. Il y a quelque jour, quand interpellé par un membre évidemment chargé de l'appeler à la tribune, il est venu avec bienveillance confirmer les alligations contenues dans un *factum*, que s'il n'etait pas commandè par sa Seigneurie, servait du moins merveilleusemcnt ses dèsseins, et justifiait la longue convoitise de l'Angleterre à l'endroìt de la Sicile. Pour enlever la Sicile au Roi Ferdinand, il faut, c'est naturel, révolutionner son peuple et depopulariser son gouvernement; or, qui desaffectionne mieux un peuple et deconsidère mieux un souverain que la calomnie? " (Al luogo di sopra citato).

carni nude i giovanetti e le giovanette minorenni: e tutto ciò mentre proclamava *oltraggioso all'umanità* il governo di Ferdinando II! Sarebbe poi troppo lungo il narrare tutte le efferatezze che facea perpetrare nelle Indie inglesi; ove i ribelli alla Gran Brettagna si fucilavano in massa col cannone, o si sgozzavano con la ghigliottina a vapore. Sembrano cose create da mente inferma quelle che si raccontano di sevizie o di martirii, che gl'inglesi esercitavano sugl'infelici abitanti della tribù de' Tughs!

Or dirò qual'era *la civiltà e la decenza* inglese sotto il governo di lord Palmerston. Un Kart, nel 1847, in Notthingam, mettea la moglie all'incanto per uno scellino; ed il 5 dicembre di quello stesso anno, un cittadino di Lancastre dichiarò di cedere la sua donna al miglior offerente, mettendo per primo prezzo tre *pences* (30 cent.) e si ebbe tre scellini (7 lire e cent. 30!) Un Tommaso Middleton vendette la moglie a Filippo Rossini per uno scellino ed una misura di birra, e ciò *per man del notaio!* Era questa la religiosità, l'umanità, la civiltà e la decenza di que' governanti inglesi, che proclamavano *negazione di Dio* il governo di Ferdinando II, palesata a noi, *barbari e selvaggi*, dagli stessi giornali, che si pubblicavano nella civilissima Inghilterra. Avendo detto che i mariti si vendevano le mogli *per man del notaio*, ch'è tutto dire circa la morale e la decenza inglese, mi sembra superfluo ragionare sugli scandali ed abbominazioni di cui è insozzata quella nazione a causa della irreligiosissima ed antisociale legge sul divorzio. Nonpertanto il nebuloso filosofo Vincenzo Gioberti stampò con grande sicumera: " L'Inghilterra essere il paese del mondo dov'è più in pregio la dignità dell'uomo. " Sì, ove il marito vende la moglie per uno scellino ed una misura di birra, e con *atto stipulato dal notaio!*

La verità è la luce divina che irradia l'uomo dopo la sua deplorevole caduta; e se Iddio, per poco, permette, pe' suoi adorabili fini, che sia offuscata dalla malizia e dall'infamia de' malvagi, a suo tempo ce la mostra assai più smagliante e sempre benefica; servendosi in ciò degli stessi nemici della verità medesima. Le confutazioni inappuntabili e trionfali, contro le lettere di Gladstone, schiacciarono tutta la calunnia ordita da due possenti settarii; dimostrando inoltre qual credito si può prestare a coloro che si atteggiano a filantropi e redentori de' popoli schiavi.

La setta vide con dolore che di quelle calunnie, lanciate contro il governo di Ferdinando II nulla restava, ad onta del precetto di Voltaire, che dicea a' suoi adepti: *Calunniate, calunniate, che qualche cosa sempre resta*; quindi si argomentò sorreggerne qualcheduna, dichiarando le altre alterate ed anche false. Il primo a smentire in parte quelle accuse fu il *Times*, magno giornale di Londra, sostenitore or de' *Tory* ma più de' *Whigs*; dopo di avere raccolte le accuse di Gladstone, comentandole contro l'accusato, fu costretto a dichiarar poi: *Non potersi negare le colpe,* (di Ferdinando II) DOVERSENE PERÒ SOSPENDERE IL GIUDIZIO.

Il conte d'Aberdeen, a cui erano state dirette e dedicate le lettere in parola, dopo di avere accettata la dedica, visto l'inganno, respinse sdegnosamente la solidarietà, e si dichiarò ingannato dal suo nobile amico. Lo stesso Gladstone, in aprile del 1852, confessò di essere stato *in parte* ingannato; e nel medesimo tempo scagliava altre accuse contro il governo di Napoli: non riflettendo, che colui che si fa ingannare o mentisce una volta, non ha più credito presso i suoi uditori.

Fu questa una di quelle tante sleali manovre di cui si servì lord Palmerston e consorti per discreditare e poi rovesciare la nazionale dinastia di questo Regno. Oggi però, che la luce si è fatta, ognun conosce di qual valore fossero quelle spudorate accuse, e qual'era il vero scopo delle stesse; servisse almeno questa fatale esperienza a far rinsavire gl'illusi per l'avvenire!

Non riuscita la diffamazione in forma diplomatica, si ricominciò l'altra sistematica, e fatta con più impudenza, per parte dei settarii di piazza; ognuno di costoro dicea la sua, e quanto più grossa ed inverosimile tanto più encomiata. Si ricorse a' tempi delle vere barbarie, cioè a martirologi cristiani, e senza alcun buonsenso si descrissero sevizie e torture della polizia borbonica fantasiose ed incoerenti; nondimeno erano creduti dagli sciocchi e da coloro che amavano di essere ingannati per ispirito partigiano. In Inghilterra, in Francia ed in Piemonte si stamparono e si diffusero per tutta Europa giornali ed opuscoli, co' quali si narravano e si deploravano le crudeltà mai intese del *re bomba*. Si descrivevano sevizie spaventevoli ed orribili strumenti di tortura usati a danno de' detenuti politici; inventandosi ordini, preparativi e discorsi tra direttori di prigioni ed aguzzini, da far fremere di orrore un Nerone, un Diocleziano, un Massimino. Un ostetrico Giovanni Raffaele, immaginava e descriveva *la cuffia del silenzio,* altri la *sedia angelica*, il *trapano ardente*. Siccome i gonzi rimaneano a bocca aperta al sentire o leggere quelle fantastiche invenzioni, un dottor Nani, per far danari, eseguì quegl'immaginati ordegni di tortura, e li espose in Londra, facendo credere che si fossero trovati, nel 1848, nelle carceri di Palermo ed in altri luoghi di pena; ma chi volea vederli, dovea pagare uno scellino.

Tutte quelle fole furono smentite dal signor Moreau Christophe, direttore delle prigioni di Francia; il quale, essendosi recato tra noi, volle visitare le carceri e parlare co' detenuti politici; lo stesso praticarono due gentiluomini polacchi ed un colonnello prussiano. Il medesimo ostetrico Giovanni Raffaele, quando poi, nel 1860, fu mal retribuito dal Piemonte, ed arrestato come mazziniano, pubblicò la sua difesa sul *Corriere mercantile di Genova*; e tra le altre rivelazioni eravi quella, che egli avea INVENTATA *la cuffia del silenzio* per infamare i Borboni.

Mentre si vituperava re Ferdinando II, che reggeva i suoi popoli a modo patriarcale, soltanto *reo*, secondo la setta, di non essersi fatto detronizzare e di non avere impedito la giustizia di condannare i rei di stato recidivi, i suoi calunniatori inneggiavano ad un attentato pubblico il più fedifrago, il più rivoltante, che perpetravasi sulle rive della Senna. Per la qual cosa credo necessario far qui conoscere, con quali mezzi afferrò il potere della nobile e cavalleresca Francia, uno della triade nefasta, congiurata a' danni de' Borboni e di questo Regno. Luigi Bonaparte, cacciato dalla Francia, perchè volea detronizzare il re eletto e cittadino, Luigi Filippo d'Orléans, affin di ripristinare la propria stirpe, sebbene questi lo perdonasse per ben due volte; pure, rinnovando il ridicolo tentativo a Strasburgo, venne condannato a perpetua prigionia nel castello di Ham. Evaso da quel forte, con l'aiuto di un medico suo amico, si rifugiò in Londra in mezzo a' più spinti settarii socialisti e comunisti, tra' quali fe' pompa di teorie ultra rivoluzionarie e dissolventi la civile società. Quando intese trionfante la rivoluzione francese del 1848, corse a Parigi, come i corvi al putrido carnaggio: varii collegi elettorali, non avendo ancor dimenticato le *glorie* del 1° impero, lo elessero deputato al Parlamento. Ottenuto quel posto, sedette all'estrema sinistra, protestandosi e riprotestandosi repubblicano puro sangue; e si camuffava in quella guisa affin di meglio ingannare i suoi concittadini. I quali ebbero la imperdonabile leggerezza di elevarlo a presidente della repubblica, preferendolo al generale Cavaignac, onesto repubblicano. Salito a quell'alta magistratura, protestava ed inveiva contro coloro che avessero fatto qualche allusione alla restaurazione dell'impero napoleonico; tanto che si dimostrò adirato contro Adolfo Thiers, perchè questi gli suggerì di non compromettersi co' suoi discorsi repubblicani, circa la sua probabile elevazione ad imperatore dei francesi.

Mentre però rappresentava quella commedia, di soppiatto lavorava ad abbattere la repubblica, e farsi egli dittatore e tiranno della Francia. Aiutato da temerarii e interessati complici, ed un poco dal clero francese, che temea la riproduzione delle selvagge scene del 1792 e 93, fece quell'ardito colpo di Stato del 2 dicembre 1851. In una notte fece arrestare deputati, senatori e persone rispettabilissime, da cui potea temere qualche opposizione; sciolse il Parlamento, creò nuovi ministri a sè ligi, dichiarò lo stato di assedio in Parigi, schierando soldati in tutte le piazze e vie di quella città, ed eziandio nella stessa Assemblea parlamentare; proibì giornali, stampe, poste, strade ferrate e telegrafi. La mattina del 3 dicembre, Parigi sembrava un campo di battaglia; il terrore, anzi lo spavento stava sul viso di tutti i cittadini; purtuttavia costoro, vedendosi traditi in quel modo tanto sleale ed infame, alzarono le barricate.

Il Bonaparte, freddo calcolatore e tiranno, non fece impedire la costruzione di quelle barricate, mentre ne avea il potere; quando poi seppe che tutti i suoi oppositori si erano riuniti nel quartiere S. Martin, li fece assalire dalla soldatesca, guidata dal generale Magnan, e ne fece fare un macello. Dopo quella cruenta scena, ed altre avvenute in varii luoghi della città, montò a cavallo, e percorse le vie lorde di sangue fraterno, *per farsi applaudire di aver salvata la Francia*. Dichiarò poi, che il popolo votasse *con tutta libertà* quella forma di governo di suo pieno compiacimento; e che egli sarebbe pronto a dimettersi, quante volte non fosse stato rieletto presidente della repubblica: al tradimento ed a' massacri univa lo scherno ed il cinismo! Parigi era libera di sceglersi un governo, che non fosse quello del Bonaparte, mentre trovavasi sotto la pressione di seicentomila baionette lorde ancora di fraterno sangue!!

I tumulti delle province, a causa del colpo di Stato, furono repressi con gli stati di assedio, con le deportazioni in Algeria ed in Caienna, con prigionie e fucilazioni. Quando egli non ebbe più nemici risoluti e liberi da combattere, proclamò il suffragio universale, da lui manipolato; e se questo potea essere l'espressione della volontà popolare, come tutti gli altri manipolati in Francia ed altrove, lo lascio alla considerazione de' miei lettori, che adesso conoscono il valore de' plebisciti. Luigi Bonaparte, dopo di aver tradito e massacrato il popolo francese, si *ebbe* dallo stesso sette milioni e mezzo di voti sopra otto milioni, e così venne confermato presidente della repubblica, cioè dittatore della Francia.

I settarii, quelli così detti moderati, trovarono regolare e legale, che un avventuriere, innalzato dalla rivoluzione, avesse schiacciato questa per farsi dittatore della medesima. Al contrario proclamarono fedifrago e tiranno re Ferdinando II, perchè questi, assalito proditoriamente dalla rivoluzione, che avea intronizzata, si difese, togliendole dalle mani quelle armi che offendevano eziandio gli onesti e tranquilli cittadini.

Il Bonaparte, vista quella Francia, che ha la smania di largire agli altri popoli una libertà che essa mai ha goduto, umiliata ed a lui sottomessa, si dedicò alla restaurazione dell'impero. Prima di tutto fece sparire i segni repubblicani, sostituendoli con le aquile imperiali; rimise in vigore il codice detto napoleonico, che nessuno violò tanto, quanto Napoleone I, e tutto ridusse come a' tempi succeduti al colpo di Stato di S. Cloud del 18 *brumaire*. Una caterva di soffioni salariali consigliavano l'esercito e la Guardia nazionale a gridare: *viva l'imperatore!* ed egli, umile in *tanta gloria*, avea ancora la sfrontatezza di protestare a favore della repubblica; mentre che a questa avea messo il laccio al collo, ed aveala strangolata; non restandogli altro, che far cancellare il nome della stessa dagli atti officiali, come non tardò a praticare.

Dovendo farsi eleggere imperatore sulle stampo di suo zio, cioè da un Senatoconsulto, cominciò a creare senatori flessibili di schiena, e per avvincerli al suo carro li dotò di un assegno di trentamila franchi annui. Così, notate sapienza de' sistemi politici moderni, Luigi Bonaparte, presidente, o meglio dittatore, della repubblica francese, creava, senatori, per essere da costoro creato imperatore; vero circolo vizioso del potere, peggio di quello logico! Il 7 novembre del 1852. a proposta del presidente del Senato, Girolamo Bonaparte, fratello del 1° Napoleone, Luigi Bonaparte fu eletto imperatore de' francesi con 87 voti de' senatori; e dopo un altro plebiscito, come san farne simile gente al potere, se ne ebbe altri otto milioni. Il 2 dicembre, cioè dopo un anno del felice colpo di Stato, si proclamò *Napoleone III*, che non ebbe il II per non avere il IV!

I sovrani di Europa, chi più chi meno, applaudirono alla restaurazione dell'impero francese; non riflettendo che la terribile spada della Francia era stata ghermita da un settario, che dovea lacerare il solenne trattato del 1815 e vendicare tante sue sofferte umiliazioni. Essi s'illusero, e rimasero contentissimi, quando il nuovo imperiale fratello proclamò: l'*Impero è la pace:* poveretti! non sapeano che quando *tacea, congiurava,* e quando *parlava, mentiva.*[4] Ferdinando II fu il primo de' sovrani a riconoscere Luigi Bonaparte imperatore de' francesi, ed ebbe applausi da' suoi cortigiani. Il solo duca di Modena, Ferdinando V, non volle mai riconoscerlo; almeno, dopo 7 anni, quando fu detronizzato dalle schiere di quell'imperatore, si portò questa gran consolazione nel suo immeritato esilio.

Non è mio compito scrivere i fasti ed i tristi del 2° impero napoleonico; ho detto quanto basti sull'origine di questo e sulla moralità di Luigi Bonaparte, essendo stato costui uno degli acerrimi nemici degli ultimi due re di Napoli. Dovendo ancor narrare altri fatti, avvenuti in questo Regno, accennerò all'uopo gli avvenimenti francesi, che son connessi col mio racconto. Per ora basti sapere, che se Napoleone I portò sul trono di Francia lo spirito belligero ed il costume soldatesco, suo nipote Luigi arrecò quello settario e volpino, che in risultato fu: *a Dio spiacente ed a' nemici sui.*

[4] Victor Hugo.

CAPITOLO III

SOMMARIO

Come Ferdinando II soccorrea i suoi popoli nei disastri. Cadono alcune vôlte nel quartiere de' Granili di Napoli. Uragani in Palermo. Tremuoti di Melfi, Cosenza e Potenza. Carestia. Colèra asiatico. Uragani in Messina. Opere pubbliche. Nuovo ministero. Necrologia, bibliografia ed invenzioni.

Gli ultimi dieci anni del glorioso Regno di Ferdinando II arrecarono infinite amarezze a questo sovrano, ed una iliade di calamità al popolo delle Due Sicilie; non solo a causa delle calunnie e delle persecuzioni settarie di potenti stranieri, ma perchè la stessa natura si unì a costoro per aumentare i mali che ci opprimevano. Era voce terribile del cielo, che avvertiva gl'illusi a ritrarre il piede dal precipizio in cui i medesimi voleano gittarsi, trascinando seco loro nell'abisso i popoli innocenti. Nonpertanto se in quel tempo fummo flagellati da varii mali, questi però fecero sempre più sperimentare alle Due Sicilie le amorevoli cure e la generosità di quel monarca, che la Provvvidenza ci avea largito.

Dopo il 1849 svariati disastri afflissero l'Europa, e nessun sovrano seppe lenirli e ripararli al pari di Ferdinando II, dichiarato, dai settarii stranieri al potere e da quelli di piazza, tiranno e peggio. Si è perciò, che prima di narrare, secondo l'ordine de' tempi, altre congiure ed ingiustizie diplomatiche, perpetrate in Italia da coloro che indegnamente stavano al timone delle due prime nazioni del mondo, voglio far conoscere a' miei lettori come fummo noi soccorsi ne' mali che ci afflissero da quel governo detto *la negazione di Dio*; per farne un confronto del come siamo stati trattati in casi simili dal *governo modello*, quale si proclamava fin d'allora il Piemonte. E comincio dal 1850.

Il 16 giugno di quell'anno, repentinamente crollarono alcune ampie vôlte del maestoso quartiere de' Granili; ove perirono 43 soldati del 3° battaglione del 1° di linea, divenuto poi 9° battaglione cacciatori, tredici servi di pena, una fanciulla ed il garzone dell'oste di quel quartiere. Le vittime sarebbero state a centinaia, se un fortuito caso di un ordine non avesse ad altro punto riuniti uffiziali e soldati, e se il re Ferdinando non fosse subito corso con pionieri e zappatori, per far togliere da sotto le macerie tanti infelici sepolti vivi. Quella disgrazia avvenne a causa di coloro che doveano fare taluni accomodi al detto quartiere; sia perchè poco avessero da guadagnare, sia per incuria, trasandarono di eseguirli; ed il re fu severo co' medesimi. So che il direttore del genio locale, allora colonnello d'Escamard, proveniente dagl'impieghi beneficiati, ma intelligente ed onesto, avea rapportato in tempo quella possibile rovina, e negava permettere che là si fosse ricoverata truppa. Però gl'invidi di quel colonnello, i cortigiani, i superiori che putivano di setta, e gli oppositori per sistema, accusarono Escamard di visionario; anzi indussero il re a visitare i Granili, giusta otto giorni prima che avvenisse quella catastrofe, e lo persuasero in contrario di quanto asseriva quel colonnello; il quale ebbe la triste soddisfazione di vedere realizzate le sue previsioni, e meno male che Iddio protesse il re!

Altro maggiore disastro accadde in Palermo ne' giorni 12 e 13 marzo 1851; orribili uragani si scatenarono nelle vicinanze di quella città, arrecando devastazioni e rovine inestimabili; ruppero ponti e strade, allagarono le campagne e franarono i monti: la piena limacciosa invase le vie di Palermo, riempiendo i magazzini e le case terrene, dette *catoji*, fino a sette palmi. Non vi furono perdite di persone, molte però di animali, ed un gran numero di famiglie rimase senza roba e senza alloggio. Si raccolsero immediatamente onze cinquemila – circa sessantaquattromila lire – per soccorrere i più bisognosi. Il re, appena seppe il disastro, ordinò che la tesoreria desse dodicimila ducati, altri tanti ne diè egli dalla sua borsa particolare, ed altri seimila ne mandò in altri paesi della Sicilia, devastati dal medesimo uragano. Il clero, le case religiose, l'arcivescovo ed i ricchi di Palermo gareggiarono in generosità ad esempio del sovrano; i soldati e gli uffiziali, di guarnigione in quella città, concorsero in tutti i modi a lenire i mali di quelle afflitte popolazioni, lasciando financo un giorno di paga a beneficio de' danneggiati. Simili atti di generosità sono rarissimi; è pur vero che i patrioti, qualche volta, si arrovellino per soccorrere a qualche pubblica disgrazia, facendo collette, ma il prodotto delle stesse se ne va per via, e qualche volta.... serve ad altro uso. Circa poi il governo *rigeneratore*, in cambio d'imitare quello della *negazione di Dio*, esso pretende la " ricchezza mobile " sulle somme questuate; e se transige su di questa, è però inesorabile nell'imporre la tassa della successione a carico di coloro, che in simili disastri, provarono il dolore di perdere i loro più cari congiunti.

Nel medesimo anno 1851, questo Regno venne funestato da' continui tremuoti, e la Basilicata specialmente soffrì danni immensi. La piccola città di Melfi, tanto celebre pei concilii e per le famose costituzioni di Federico Svevo, compilate da Pier delle Vigne, il 23 agosto, crollò tutta al suolo, a causa di un tremuoto ondulatorio e sussultorio; e con essa furono eziandio distrutti i comuni di Rionero, Barile, Muro, Forenza, Maschito, Rapolla, Atella, Venosa, Ripacandida, Lavello, Bella, S. Fele ed altri. Melfi soffrì più danni degli altri comuni, forse perchè non trovasi molto lungi dal Vulture, cratere estinto di antico vulcano. In questa città cadde il campanile sulla cattedrale e la schiacciò; tutte le case divennero un mucchio di rovine; e vi perirono in quel distretto più

di cinquemila persone; in Melfi soltanto settecento, oltre di altre duecento che
rimasero malconce. Gli altri paesi che soffrirono più danni furono Barile,
Venosa e Rionero. Siccome il tremuoto del 13 agosto avvenne nelle ore vespertine, sorprese le persone agiate in casa, la maggior parte a letto; e quindi
rimasero quasi tutte sotto le macerie; mentre la gente del popolo minuto ebbe
relativamente poco danno, trovandosi ne' campi a lavorare.

Quando giunse a Napoli la notizia de' disastri di Basilicata e Capitanata, il re
fece spedir subito vestimenta, biancherie, letti, coperte, medicinali, ingegneri e
fabbri. Mandò, per riparare i primi e più urgenti bisogni di quelle infelici popolazioni, quattromila ducati dalla sua borsa particolare, altri mille ne mandò la
regina Maria Teresa; ed ordinò che le regie finanze mandassero cinquemila ducati, altrettanti i fondi provinciali, mille il fondo delle opere pubbliche ed ottocen-
to il Consiglio degli Ospizii.

La carità de' napoletani non venne meno in quella fatale circostanza, anzi si
mostrò operosa e splendida; oltre delle offerte particolari, ne' teatri, nelle accademie e ne' circoli si fecero rappresentanze e musiche a prò de' danneggiati del tremuoto; i soli soccorsi particolari ammontarono alla somma di ottantamila ducati! Oh, quanti miracoli di carità fa fare a' ricchi il bello esempio de' sovrani.

Difatti re Ferdinando, con l'esempio e con la sua infatigabile operosità esorta-
va ed animava tutti a quelle opere tanto caritatevoli; malgrado che avesse un
figlio moribondo– che poi morì – si affrettò a recarsi in Melfi, in compagnia del
principe ereditario, del fratello conte di Trapani e del ministro de' lavori pubblici. La notte del 15 agosto giunse in quella piccola città a cavallo, mentre pioveva
dirottamente. Ivi visitò tutt'i feriti ed i moribondi; diè tutti gli ordini opportuni alla circostanza; destituì il sottintendente e l'intendente di quella provincia,
perchè non furono solleciti accorrere in aiuto de' danneggiati; viceversa dispensò danaro, onori ed incoraggiamenti a tutti coloro che si erano affrettati a salvare i sepolti vivi da sotto le macerie. A' carcerati di Melfi e di altri paesi danneggiati, ridusse la pena di due anni, ed a molti diè libertà assoluta; perchè i medesimi, usciti dalle prigioni, invece di fuggire, si dedicarono a dissotterrare i cadu-
ti sotto le rovine. Quella notte, re Ferdinando ed il suo seguito alloggiarono in
mezzo alle macerie, sotto una baracca improvvisata.

Quel benefico e pio sovrano istituì una Commissione di soccorso pe' danneggiati, sotto la presidenza di quel Vescovo, il quale avea già donati mille ducati
per soccorrere i primi bisogni de' suoi diletti filiani. Fece costruire altre baracche e più solide per alloggiare le popolazioni; ordinò, che da Napoli e da altre
città del Regno si facessero venire altri letti, biancheria, vesti ed utensili, e divise altri cinquemila ducati dalla sua particolare borsa. Visitò gli altri paesi danneggiati; dovunque egli medesimo la facea da ingegnere, ed in ciò era celebre.
Dava opportuni ordini, facea altre elemosine, raccoglieva gli orfanelli, mandan-

doli nell'Albergo de' poveri di Napoli ed in altri del Regno, ne spedì financo in quello di Palermo. Non contento di tante cure e beneficii, a tutto pensava per agevolare i paesi danneggiati; a' quali accordò varie facilitazioni per riedificare le case distrutte; e perchè si trovavano gran quantità di persone senza lavoro, diè ordine che in quella provincia si costruissero subito altre strade carreggiabili.

Questo Regno è stato sempre funestato dai tremuoti; anche nel 1853 se ne fecero sentire nella parte meridionale del continente napoletano, arrecando gravi danni a' fabbricati ed alle persone. Il 9 aprile di quell'anno, il distretto di Campagna fu assai danneggiato; e l'anno seguente ad un'ora di notte del 12 febbraio, un tremuoto, che durò 24 minuti secondi, produsse immensi danni alla città di Cosenza ed a' paesi circonvicini, cioè a' comuni di Rende, Bonici, Pietrasanta, Paterno, Cesirano, Curola; nella città di Cosenza soltanto perirono duecento persone, ed altrettante rimasero ferite. Come giunse a Napoli la notizia di quest'altro disastro, Ferdinando II, al solito, si affrettò soccorrere i suoi diletti calabri, che trovavansi bisognosi del regio aiuto. Per la qual cosa mandò in quelle provincie altri indispensabili soccorsi, come a Melfi; cioè tremila ducati dalla sua borsa particolare ed altri quattromila per riparare i danni più necessarii alle chiese, affin di non sospendersi il culto della nostra religione. La regina largì altri mille ducati in soccorso de' danneggiati, altri cinquemila ne fece dare il re da' fondi provinciali e dagli avanzi della Cassa di beneficenza; provvide per l'annona, per dissotterrare i morti e curare i feriti, per puntellar case ed erigere baracche. A tutto pensò e provvide quel caritatevole monarca, e non in quel modo che fanno tanti altri sovrani, cioè *officialmente*, ma con la premura e l'affetto di un amorevole padre a prò de' suoi figli bisognosi.

E giacchè mi trovo a ragionar di tremuoti voglio dir qui, anche dell'altro più terribile del 16 dicembre 1857, che si fece sentire in tutto il Regno, arrecando immensi danni tra il Tirreno e l'Adriatico, cioè nelle Puglie, in Basilicata, nel Salernitano ed in Calabria. La città di Potenza cadde quasi intiera; e siccome il disastro avvenne di notte, la confusione ed i mali si accrebbero a dismisura. Tanti cittadini, immersi nel sonno naturale, passarono a quello della morte! A Viggiano, Vignola, Calvello, Sanza ed Abriola toccò la stessa sorte di Potenza. In Viggiano alle rovine si aggiunse l'incendio; Polla, Pertosa, Auletta, Canosa, Traetto ed altri paesi e città soffrirono chi più chi meno danni di roba e di persone. Da' rapporti officiali si rileva che in Basilicata, a causa di quel tremuoto, perirono novemila duecento trentasette persone e mille cento ventinove furono ferite. Nel Salernitano mille duecento tredici se ne contarono tra morti e feriti; nel solo paesetto di Polla rimasero sotto le macerie settecento individui!

Ferdinando II, si mostrò addoloratissimo a causa di quest'altro terribile disastro, e fu sollecito soccorrere i suoi amati soggetti danneggiati; diè ottomila ducati di sua borsa, duemila la regina[1]: si fecero collette, e diè soccorsi anche il Papa, e varie città di Europa. Il re fece dare dal tesoro ventiquattromila ducati per la Basilicata e diecimila pel Salernitano; dal danaro delle collette, ordinò che trentamila ducati si dividessero a' poveri di que' paesi danneggiati e diciottomila fossero dati a' monti frumentarii ed a quelli dei pegni. Quelle provincie si ebbero pure, pei bisognosi, vesti, letti, coperte, biancherie e legname per erigersi le barracche. Intanto quel danaro dato dal re, dalla regina, dall'erario pubblico e dalla carità de' privati, gran parte fu rubato dagl'impiegati liberali, per servire, in congiure contro lo stesso sovrano; difatti sotto le stesse barracche e tende, erette sulle rovine della città di Potenza, si congiurava e si calunniava Ferdinando II!

Il popolo delle Due Sicilie, nel 1853, venne anche visitato dalla fame e con particolarità la Sicilia; il raccolto di quell'anno era stato scarso, ad eccezione dell'olio. Il re, in vista della carestia, ordinò che si comprasse del grano all'estero e ne approntò i mezzi; giunto nel Regno lo fece vendere con perdita, per far concorrenza a coloro che lo serbavano per smaltirlo ad alti prezzi; nel medesimo tempo proibì l'estrazione de' cereali sotto qualunque pretesto.[2] Qui, in Napoli, fece vendere le farine a ducati due il tomolo, ch'è un poco dì più di 35 kilogrammi; e volle che si distribuissero trentaseimila pani al giorno alle persone più bisognose, per la metà del prezzo corrente. In Palermo poi, nel deposito di mendicità allo Spasimo, coadiuvante il principe di Palagonia, si dava, a più di duemila poveri, un'abbondante zuppa di legumi e maccheroni ed un pane bianchissi-

---

[1] Maria Teresa d'Austria, augusta consorte di Ferdinando II, tra le altre stupide e maligne calunnie che lanciavale la setta, ed anche quelli che si diceano borbonici, era accusata di sordida avarizia. Quest'ultimi, in cambio d'imitare i pappagalli, avrebbero dovuto leggere, per lo meno i giornali di quel tempo; da' quali avrebbero rilevato quante somme la stessa largì nelle pubbliche e private disgrazie, che accaddero in questo Regno. Essi non doveano ignorare che quella sovrana largiva migliaia di soccorsi mensili a varie famiglie napoletane indigenti ed oneste, oltre di quelli straordinarii. Chi ad essa ricorreva con supplica per un soccorso pecuniario, giungendo la domanda nelle sue mani, mai supplicava invano. Nel 1856, un mio conoscente trovavasi ammalato e senza mezzi per curarsi; lo consigliai a ricorrere alla regina per avere dalla stessa un soccorso. Egli credea che io volessi celiare, ma convinto in contrario, quasi a farne prova e sbugiardarmi, mi diè l'incarico di scrivere in suo nome la supplica. Dopo pochi giorni che io la scrissi, e la imbucai nella così detta Bussola, destinata *ad hoc* nel cortile di palazzo reale, trovandomi in casa del medesimo amico, si presentò un usciere di Corte e ci consegnò una fede di credito di trenta ducati da parte della regina. L'ammalato guardavami con viso di ebete, ed io dovetti firmar per lui il ricevo della somma congegnataci. Chi si trovò in bisogno nell'esilio di Roma, dal 1860 al 1863, e ricorse a quella calunniata sovrana, potrà testimoniare se la stessa era avara o caritatevole e generosa.

[2] I moderni economisti, che allora straziavano il solo Piemonte, gridarono contro Ferdinando II per quelle opportune sovrane disposizioni; mentre essi, con le loro teorie di libero commercio, intendevano ed intendono anche oggi far morire liberamente di fame i loro governati.

mo al giorno per cadauno; molti de' medesimi erano vestiti a nuovo, e lor si dava anche il letto. Per quell'opera tanto caritatevole, che durò cinque mesi – io trovavami allora ivi impiegato – il solo principe di Palagonia erogò oltre a settantamila ducati. Re Ferdinando pagò grosse somme dalla sua borsa particolare, il resto lo fece erogare dal tesoro: e così la carestia del 1853 e 54 non arrecò tumulti, anzi gl'indigenti benedissero il loro provvido e caritatevole sovrano.

Lo stesso anno, tutt'altro avvenne in Piemonte sotto il *governo modello*. Quel popolo molestato anch'egli dalla fame, sapendo che la cagione principale era il ministro Cavour, capo di una società di monopolisti, che avea incettato il grano per venderlo ad alti prezzi, la sera del 18 novembre, corse sotto l'abitazione di quel ministro, dicendogli vituperii, e rompendogli a sassate i vetri delle finestre. Accorse la soldatesca e fece fuoco sul popolo affamato; molti ne ferì, e non pochi ne uccise. Un giornale di Torino, l'*Indipendente*, pubblicò virulenti articoli contro Cavour, consigliandolo a sfamare il popolo col grano, che immoralmente avea incettato: quel giornale fu incriminato e poi assolto dal giurì. Il deputato Angelo Brofferio, in pubblico Parlamento, accusò il Cavour qual capo di monopolisti di grano a danno del popolo; e fece palese una convenzione, stipulata per man di notaio, attestante che il medesimo Cavour entrava per novanta azioni nella società degl'incettatori di grano – Ecco la morale del gran *factotum* dell'unità italiana! In ultimo il medesimo deputato Brofferio osservò che nè a Parigi, nè a Vienna, nè a Milano, nè a Napoli la soldatesca avea fatto fuoco sul popolo affamato: ma che tanto orrida inumanità avveniva ove il medesimo popolo era proclamato sovrano, e sol perchè lagnavasi di aver fame a causa del monopolio del suo governante.

Dopo questi fatti scandalosissimi, perchè giovava agl'interessi britannici, gli *umanitarii* Palmerston e Gladstone ed i settarii di piazza non cessarono di proclamare il Piemonte *governo modello* e Cavour immacolato cittadino! Intanto, perchè non poteasi occultare il gran bene, che largiva a' suoi popoli re Ferdinando, si dovea dire che lo faceva per ipocrisia, perchè aveva paura de' suoi soggetti. Sarebbe desiderabile, pel bene della società, che tutt'i re ed i governanti usassero simili *ipocrisie* ed avessero le medesime supposte paure di quel sovrano.

Anche il colèra volle affliggere e spaventare queste popolazioni nel 1854. Appena quel feral morbo invase l'Italia, il governo di Napoli ordinò cordoni sanitarii, quarantene e simili provvedimenti; ma tutto riuscì inutile con una epidemia che s'infiltra con l'aria. I primi bollettini officiali, confermanti l'esistenza dell'asiatico morbo in questo Regno, si pubblicarono nella seconda quindicina di luglio e, il 4 agosto soltanto, morirono in questa capitale 383 colerici. Il re diè ordini opportuni per circoscrivere e neutralizzare possibilmente quel male, e per aiutare più di tutto la gente povera. Difatti in ciascuna sezione di questa città si stabilì un deposito di mille letti, con abbondante biancheria; ed in cinque conventi, situati in varii quartieri, ogni giorno si distribuivano migliaia di zuppe a' poveri. Si eressero eziandio cinque ospedali e varie farmacie vennero designate a dar *gratis* i medicinali a' medesimi poveri. Ferdinando II diè molte migliaia di ducati del suo, lo stesso praticarono gli altri membri della real famiglia; per meglio incoraggiare i medici ed i farmacisti, aumentò i soldi a' medesimi, dichiarando che, se fosse morto qualcheduno di costoro, i proprii figli e le vedove avrebbero goduto doppia pensione.

Gli ecclesiastici, in quella fatale circostanza, si mostrarono all'altezza del proprio ministero, e molti furono vittima della stessa lor carità. Essi aveano sott'occhio l'esempio del sovrano, che senza alcuna cautela, visitava tutti gli ospedali, e del cardinale arcivescovo Sisto Riario Sforza; il quale mentre largiva abbondanti elemosine, rischiava ogni momento la vita, visitando i più luridi tugurii per soccorrere gli abbondanti poverelli, a cui arrecava ogni consolazione. Il re, per mostrare la sua compiacenza all'opera tanto caritatevole di quel Porporato, gli mandò la più insigne delle onorificenze, ch'era il *Cordone di S. Gennaro*.

In Napoli furono attaccati di colèra da quattordici a quindicimila individui e ne morirono poco più di settemila.

Contemporaneamente a questa città anche Palermo fu invasa dal colèra; e la giornata più ferale fu quella del 17 agosto, in cui morirono più di trecento colerici. Re Ferdinando volle pure che anche colà si largheggiasse di cure e beneficenze al pari di Napoli, e con particolarità a vantaggio de' poveri. Intanto la sètta rivoluzionaria, com'è suo costume, si serviva di quel pubblico flagello e degli stessi benefizii del sovrano, per calunniarlo. Essa, al solito, spacciava che il colèra non fosse una epidemia, ma veleno propinato dagli agenti occulti del governo, coadiuvati dagli stessi medici e farmacisti, per la ragione che questi ultimi assistevano agl'infermi e davano *gratis* i farmachi a' poverelli. Onde che gran numero di colerici morirono, rifiutando tutti i rimedii all'uopo ordinati; avendo lor fatto credere i settarii, che il re, impensierito per la cresciuta popolazione, e temendo la rivolta, si fosse deciso decimarla col *veleno colèra*.[3] In Palermo sarebbero accadute scene di sangue, se non fossero state impedite dalla fermezza del luogotenente del re, Carlo Filangieri.

---

[3] Anche in quell'anno mi trovava nello Stabilimento di Mendicità dello Spasimo in Palermo, ove morirono la metà de' poveri, affetti dell'asiatico morbo, e quasi tutti gli assistenti; degl'impiegati io solo sopravvissi, malgrado che avessi avuto più contatto con i colerici. Molti palermitani mi guatavano torvi, supponendomi spargitor di veleno, e quindi in possesso del controveleno; perlocchè varie persone, niente dozzinali o sciocche, mi offersero grosse somme di danaro, affin di rivelar loro il mezzo sicuro per non morire di *veleno colèra*. Ad alcune potetti persuaderle del funesto errore in cui erano cadute, ma la maggior parte rimase convinta e persuasa che io nulla lor volessi rivelare, e non tralasciarono di minacciarmi!

Quando il colèra infieriva ancora in Palermo apparve eziandio in Messina; e siccome questa città era stata preservata da quello del 1837, il feral morbo fece orribili stragi; e ciò ad onta che cittadini più facoltosi si fossero rifugiati quali sulle navi prese a nolo, che bordeggiavano in alto mare, e la maggior parte avesse presa la via de' monti. Il 23 agosto fu giorno nefasto per Messina, si disse che morirono oltre a mille colerici; e moltissimi cadaveri di poveri rimasero insepolti, ingombrando perfino le vie della città. Mancò tutto; e varii cittadini de' più ricchi, si disse, che morirono di fame! Da Palermo e da Napoli accorsero ecclesiastici, medici, farmacisti e becchini, portando tutto il bisognevole, non escluso il pane, che mancava da più giorni a que' miseri cittadini; e così le premure del re e la carità di tanti sacerdoti, la maggior parte Cappuccini, lenirono d'assai i mali di quella desolata città.

Dopo i danni cagionati dal colèra, l'anno seguente se ne aggiunsero altri, e finirono di devastare l'amena regina del Faro. A causa delle dirotte pioggie, la notte dell'11 novembre 1855, l'acqua de' torrenti entrò in Messina, allagandola ed interrandola in gran parte, con grave danno di masserizie, animali ed uomini. Essendo stati rotti gli acquedotti, ed atterrati i mulini, la popolazione mancò di pane per più giorni. Il luogotenente da Palermo e il re da Napoli mandarono subito danaro, viveri e tutto il bisognevole per riparare a' primi e più urgenti bisogni. Le campagne interrate e guaste dalle acque furono esentate dalla tassa fondiaria, lo stesso si praticò pe' fabbricati.

Ad onta di tante disgrazie e spese straordinarie sofferte da questo Regno, nondimeno, mercè la ben conosciuta inappuntabile amministrazione del pubblico danaro sotto il regime di Ferdinando II, negli anni che seguirono il 1850, si fecero molte opere pubbliche. Fu compiuta l'amena strada sulla costiera di Amalfi; s'intraprese quella che da Mercogliano ascende al Santuario di Montevergine; e tutte le strade incominciate al di qua del Faro furono proseguite alacremente. Le cure del sovrano erano particolarmente dirette ad arricchire la Sicilia di strade rotabili, che in varie provincie mancavano; in effetti, con decreto del 6 aprile 1852 venne ordinato (dandosi i fondi nacessarii) che si costruissero altre strade in quell'Isola della lunghezza di 625 miglia. L'anno seguente s'inaugurò l'amenissima passeggiata che circonda Napoli dalle colline, cioè che si estende da S. Maria di Piedigrotta fino alla piazza di Salvator Rosa all'Infrascata, della lunghezza di due miglia e mezzo, e fu intitolata *Maria Teresa*.[4] Quella strada costò grandi tesori, avendosi dovuto tagliar monti, ed alzar gran numero di archi altissimi per congiungere varie colline.

Assai ponti s'innalzarono ne' primi tre anni dopo il 1850, e son molto note-

[4] Ne' delirii del 1860, la si disse *Corso Garibaldi*, più tardi *Corso Vittorio Emmanuele*.

voli quelli a battello sul fiume di Pescara e sul Volturno. Fu in quel medesimo tempo che si diè principio, qui in Napoli, alla costruzione di una strada sotterranea a foggia di *tunnel*, che dal piano di S. Francesco di Paola dovea condurre a quello della Vittoria, presso la Riviera di Chiaia.[5]

Re Ferdinando, volendosi rendere sempre più indipendente dagli stranieri, e quindi avere tutto il bisognevole nel suo Regno, nel 1852, volle che si costruisse nella Darsena di Napoli un Bacino di raddobbo che costò la somma di quattrocentomila ducati. Il curioso si è che quell'utilissima opera pubblica fu proposta dal principe Ischitella, allora ministro della guerra, e che, a dispetto de' superiori della marina militare, vi riuscì a traverso le mille opposizioni che gli si fecero. Nel medesimo anno si compì il bel porto militare di questa città, cominciato nel 1836; ergendosi alla punta dello stesso un faro di 4° ordine a rotazione, e munito di un fortino per difesa. Il re ordinò in seguito che altri porti si costruissero nelle città marittime più commercianti di questo Regno; e tra tanti furono utilissimi quello di Gallipoli e l'altro di Barletta, eseguito quest'ultimo sul disegno dell'ingegnere Ercole Lauria.

Ferdinando avea, direi quasi, la smania d'introdurre ne' suoi Stati tutte le belle ed utili invenzioni, già attuate dalle primarie potenze del mondo; e siccome fu il primo in Italia ad acquistare i battelli a vapore, per costruire strade ferrate ed usare il gas per illuminare le vie delle grandi città, così nel giugno del 1852 introdusse in questo Regno i telegrafi elettrici, quando ancora non erano conosciuti nel resto della nostra Penisola.[6] Nondimeno, di tante belle ed utili novità che quel sovrano introduceva ne' suoi Stati, la setta tutto gli attribuiva a tirannico scopo. Difatti, essa dicea, acquistò i battelli a vapore, costruì le strade ferrate e volle i telegrafi elettrici per avere celeri notizie de' suoi aderenti, circa tutto quello che si pensava di

[5] L'inizio di quella via diè un risultato che durerà nella memoria de' posteri; per l'estrazione della pietra tufo, soffrirono grandi lesioni le fabbriche soprapposte, onde che si dovete desistere da quell'impresa. Con le pietre estratte, il generale Alessandro Nunziante si costruì il suo magnifico e signorile palagio, che oggi si ammira nella Via della Pace, col disegno dell'architetto Manzella, condannato a' ferri per reato politico, e lo stesso Nunziante gli ottenne grazia dal tiranno, Ferdinando II. Il genio militare e molto materiale appartenente allo Stato coadiuvarono all'erezione di quell'imponente fabbricato; e come poi si disobbligò il proprietario, verso il suo benefattore e sovrano, è troppo noto a chi non ignora i *fasti* del maresciallo Alessandro Nunziante compiti nel 1860.

[6] Quando appena sì era letta qualche notizia sopra i giornali esteri, circa i telegrafi elettrici, il primo a farli conoscere in questo Regno fu il dotto Padre Michele Giovanetti della benemerita Compagnia di Gesù. Nel 1846 questo distinto scienziato, dimorando in Aquila, nel Liceo della provincia, diretto da' Gesuiti, dopo le sua dotte lucubrazioni sul fluide elettrico, ne volle fare un pubblico esperimento che riuscì a meraviglia. Trovandosi presente il comm. Ajossa, allora intendente di quella provincia, ne fece subito circostanziato rapporto al ministro cav. Santangelo; il quale, per ordine del re, fece le sue congratulazioni co' PP. della Com-pagnia, residenti qui in Napoli, incoraggiando il dotto padre Giovanetti, che fu poi di potente aiuto nell'attuazione de' telegrafi elettrici di questo Regno, e nella direzione di varii lavori di metallurgia.

fare nelle province, affin di scuotere il giogo della tirannide, e mandar con più celerità la soldatesca per soffogare nelle rovine e nel sangue qualunque aspirazione patriottica. – Intanto s'egli avesse trascurato d'introdurre quelle novità, lo si sarebbe detto – come poi si strombazzò da' settarii e da' gonzi – che volea lasciar questo Regno ed i suoi popoli un secolo indietro agli altri.

La nostra flotta venne arricchita d'altre due magnifiche navi; il 5 giugno 1851, si varò il vascello *Monarca* di 90 cannoni, costruito nel real cantiere di Castellammare di Stabia, e l'anno seguente la pirofregata *Ettore Fieramosca*. Fu allora che s'istituì il Consiglio dell'Ammiragliato, e si fece l'infausta scelta a presidente dello stesso in persona del real conte di Aquila.

Nel 1850 si formò in Maddaloni il 13° battaglione cacciatori, composto di svizzeri, e si costruì un gran quartiere di fanti ed un edifizio per gli allievi militari del Regno. In Caserta si eresse il magnifico ospedale militare sotto il titolo di S. Francesco di Paola, e due stupendi quartieri anche militari, cioè quello di Fulciano e l'altro di Aldifreda. Contemporaneamente, nel comune di Sparanisi, si elevò un'opificio reale per la fabbricazione delle *armi bianche*, ed un altro in Scafati per la polvere da sparo.

Sarei troppo prolisso e monotono se volessi soltanto accennare tutti gli stabilimenti di beneficenza ed i collegi d'ambo i sessi che si fondarono dal 1850 al 53. La carità di Ferdinando II era veramente operosa; sotto il suo glorioso Regno si aprirono a migliaia gli orfanotrofii pe' fanciulli abbandonati, le case di ricovero pe' poveri senza tetto, l'altre di asilo per le donne pentite, gli ospedali ed i depositi di mendicità; senza che io li nominassi, sol che voi andate in un paese di qualche considerazione, è difficile che non troviate un'opera di tal genere, fondata da quel pio sovrano. Il quale, per meglio far prosperare tutte le pie fondazioni di questo Regno, nel 1853, domandò ed ottenne, che in Napoli fosse stabilita una casa centrale delle *Figlie della Carità*, con noviziato e visitatrice.

Varii convitti, collegi e licei sursero in que' quattro anni; le Università furono arricchite di strumenti nuovi, e si fondarono altre cattedre richieste dal progresso delle scienze; tra le altre, nel 1852 in Palermo, fu istituita quella di architettura decorativa e di disegno topografico. Sursero eziandio varii istituti e convitti agrarii, tanto utili a questa gran parte d'Italia, essendo la stessa eminentemente ferace e produttiva; tra gli altri va lodato quello di Melfi, sotto il titolo di S. Maria Valleverde, e l'altro di Girgenti; ove, nel 1856, si diè anche principio ad edificazione di un *Nosocomio veterinario-zoologico*, di un ospedale, di una biblioteca pubblica ed un orto agrario.

Il 19 gennaio 1852, re Ferdinando diè il ritiro al presidente de' ministri Giustino Fortunato; costui, come già ho detto, era stato repubblicano nel 99, murattista nel decennio, borbonico dippoi per interesse e pessimo sempre. Della sua forzata dimissione non si seppe la vera causa; si disse però, perchè non fece conoscere al re la notizia comunicatagli dal principe di Castelcicala, circa la pubblicazione delle lettere di Gladstone, e perchè avesse svelato a' ministri di Francia e d'Inghilterra gli affari di Stato. Venne surrogato dal cav. Ferdinando Troja, già ministro del culto e dell'istruzione pubblica. Anche il ministero venne modificato; al culto ed istruzione pubblica fu destinato il comm. Francesco Sforza, già direttore di grazia e giustizia, dandosi i ministeri di questi due rami al Longobardi. Il comm. Luigi Garafa di Traetto fu incaricato provvisoriamente degli affari esteri, ed il barone Leopoldo Corsi, segretario particolare del re, fu promosso a consultore di Stato. Pasquale Governa, dotta ed integerrimo magistrato, già procuratore generale della Gran Corte di Terra di Lavoro venne destinato a prefetto di polizia qui in Napoli, ove si dimostrò vigile e moderato.[7]

Nel mese di ottobre di quel medesimo anno 1852, moriva il celebre Peccheneda, direttore di polizia, ed essendo stato consigliato dal confessore a sposare prima di morire una donna da lui abbandonata, dichiarò pubblicamente non poterlo praticare, perchè giovane era stato ordinato suddiacono! Fa meraviglia che Ferdinando II non avesse indagato, non dico i principii politici del Peccheneda, che erano stati sempre pessimi, ma almeno quelli morali, e ciò prima di destinarlo ad una direzione tanto importante. La direzione di polizia fu affidata al comm. Orazio Mazza, allora intendente di Cosenza, magistrato istruito, integerrimo e fedelissimo alla dinastia; lo dissero soltanto un poco impetuoso; ciò sarà vero, il certo si è che in quel tempo si voleano funzionarii fiacchi, che avessero fatto andar le cose dello Stato alla malora. Appena prese possesso della nuova sua carica, rifiutò i fondi segreti, assegnati alla polizia, che poi si prese il *buon* Bianchini. Tutelò gagliardamente l'ordine pubblico, perlocchè fu calunniato dalla setta rivoluzionaria, e specialmente da un Michitelli del Teramano; il quale scrisse una *Storia del Reame di Napoli* alla Colletta, cioè gremita di errori e calunnie partigiane, adulatrice *de rigeneratori* attuali d'Italia; ebbe perfin l'impudenza di accusar l'onestissimo Orazio Mazza di poca delicatezza, mentre io vidi costui nell'esilio di Roma, dignitoso si, ma relativamente povero[8]; come erano tutti i borbonici che allora aveano lasciato il potere.

---

[7] Governa, nel 1842, fu destinato procuratore generale in Caltanissetta, dopo pochi anni passò a Noto, lasciando dovunque desiderio di sè in quelle difficili province sicule. Nella prima città, in poco tempo, finalizzò circa 800 processi pendenti: e quindi fu benedetto dagl'inquisiti, lodato da' cittadini e dal re. Quando scoppiò la rivoluzione del 1848, trovavasi in Noto e venne acclamato anche da' rivoluzionarii; non già perchè fosse della loro pasta, ma sol perchè amministrò bene la giustizia. Quando partì da quella sua residenza, per ritornare presso il suo sovrano, fu accompagnato fino ad Aula da un gran numero di cittadini, condotti da 24 carrozze: erano questi i magistrati che calunniava un Gladstone!

[8] Mazza fu sottintendente in Calabria e poi intendente; il marchese generale Ferdinando Nunziante lo protesse molto, ma egli fu più amico del fratello Alessandro; e fa meraviglia, che col suo occhio di lince, non avesse scoperto in costui l'uomo fatale alla dinastia ed al Regno.

Nella felice ricorrenza che la regina, il 26 aprile 1851, si sgravò di un figlio, che fu nominato Vincenzo, col titolo di conte di Milazzo, morto in ottobre 1854, il re commutò la pena a molti condannati politici; lo stesso praticò il 22 gennaio 1855, nella fausta circostanza della nascita della real principessa, sua figlia, D.ª Maria Luigia, e poi quando gli nacque l'ultimo figlio, il 28 febbraio 1857, che ricevette il nome di Gennaro, col titolo di conte di Caltagirone.

Prima di chiudere questo capitolo voglio accennare un fatto straordinario compiuto in Roma, che apportò immenso giubilo in tutto l'orbe cattolico, e perchè Ferdinando II fu uno de' sovrani che molto coadiuvò e supplicò la Santa Sede Apostolica per compiersi quell'atto lieto e memorando.

Pio IX, nuovo S. Bernardo per la devozione verso la gran Madre di Dio, appena salì sul trono pontificale, cominciò ad inculcare all'Episcopato cattolico, che impetrasse, con preghiere e mortificazioni, lumi dal sommo Iddio per la solenne definizione dell'Immacolato Concepimento, cioè che la Santissima Vergine Maria, sin dal primo istante, fu concepita senza macchia di peccato originale; essendo questa verità rivelata dalle Sacre Scritture, confermata da' Santi Padri e dalla costante tradizione della Chiesa. Trovandosi Egli in Gaeta, il 2 febbraio 1849, emanò una Enciclica a tutto l'Episcopato, riguardante la definizione di quel dogma: più di cinquecento vescovi ed arcivescovi vi aderirono pienamente, pochissimi dissentirono *sulla opportunità*.

Nel novembre del 1854, si riunirono in Roma varii vescovi; di questo Regno, perchè vicinissimo alla metropoli del Cattolicesimo, intervennero due cardinali arcivescovi ed undici vescovi, tra cui l'infelice monsignor Caputo, allora vescovo di Oppido. L'8 dicembre di quell'anno 1854, il gran Pontefice Pio IX compì l'atto memorando non compìto dal Concilio di Trento, cioè proclamò solennemente nella Basilica Vaticana l'IMMACOLATO CONCEPIMENTO DI MARIA SS.ª MADRE DI DIO; ed il 4 maggio 1855, emanò la celebre Bolla *Ineffabilis Deus*, con la quale annunziava a tutti i fedeli la proclamazione di quel benefico dogma.

La definizione dell'Immacolato Concepimento di Maria SS.ª arrecò immensa gioia a tutti i cattolici, avendola festeggiata con estraordinarie pompe religiose e devozione; e come era d'aspettarsi attirò il ghigno satannico dei filosofanti e de' pagliacci che vogliono farsi credere persone d'importanza. Il Sommo Gerarca, proclamando quel dogma, combattè due errori di sostanza e di forma; affermò il peccato originale, e distrusse le false teorie di chi vuol far dell'uomo un Dio; confermò la verità della sua caduta, e la necessità della redenzione e della grazia. Compiendo sì grande atto Egli solo, senza Concilio Ecumenico, affermò la sua piena potestà ed infallibilità, che fu poi solennemente proclamata da tutto l'Episcopato cattolico nel Concilio Ecumenico Vaticano del 1869.

Anche prima di finire questo capitolo voglio rammentare gli uomini più

distinti che morirono in questo Regno dal 1849 al 1854, le opere più insigni
che si pubblicarono e le scoperte fatte nel corso di quei sei anni.

Nel 1849 morirono Giovanni Salemi di Palermo, letterato, e Pasquale
Borrelli di Chieti, letterato e giurista. Nel 1850 il can. Michele Savarese esimio
teologo e Giuseppe Cammarano distinto pittore. Nel 1851 il marchese Nicola
Santangelo di Napoli, già ministro Segretario di Stato, promotore delle scienze e belle arti, morto di anni 67; il maresciallo marchese Ferdinando
Nunziante, prode e fedelissimo soldato, morto in Napoli di anni 52; il barone
Giovanni Carlo Cosenza di Napoli, commediografo e poeta; il tenente genera-
le Florestano Pepe, egregio militare; e il cav. Giovanbattista Quadri, celebre
oculista, morto in Napoli di anni 89. Nel 1852 Salvatore Cammarano, poeta
drammatico; Conte tenente generale Giovanni Statella, fedelissimo uffiziale, e
Giuseppe Patania di Palermo distinto pittore. Nel 1853 Leonardo Santoro di
Solofra, il Nestore della Chirurgia napoletana, morto in Napoli di anni 89;
can. Bartolomeo Pessetti di Napoli, distinto archeologo; Federico Cassitto di
Bonito, economista, agronomo e letterato; maresciallo Paolo Pronio di
Antrodoco, valoroso e fedelissimo soldato, morto di anni 69 in Palermo, e il
maresciallo conte Errico Statella esimio e fedele uffiziale. Nel 1854 Raffaele
Longobardi di Castellammare di Stabia, ministro Segretario di Stato e distinto
magistrato; il cav. Benedetto Vulpes, illustre medico e direttore della clinica
medica; Antonio Prestandrea di Messina, celebre botanico; Salvatore Pontali di
Catania riputato naturalista.

Ecco le più interessanti opere che si pubblicarono dal 1849 al 1854. Nel 1849
Elementi di scienze naturali di Pietro Calcara. Nel 1850 *La Demagogia italiana e
il Papa-Re* del P. Carlo M. Curci. *Storia di Napoli dal 1641 al 1650* di Francesco
Capecelatro. *Corso di dritto amministrativo* di Giuseppe Rocco, *Storia ecclesiastica di Sicilia* di monsignor Giovanni di Giovanni, e *Prospetto degli uomini illustri
di Sicilia in 4 quadri* di Concetto Caravella. Nel 1851 *Studii sopra Dante* di F.
Torricelli, *Elementi di clinica* di Raffaele Coppa, *Istituzioni di fisiologia* di Salvatore Tommasi, *Elementi di fisica* di Michele Zannotti, e *Storia dei sistemi di
medicina* di Stanislao Zigarelli. Nel 1852 *Saggio filosofico sopra la critica della
conoscenza* del barone Pasquale Galluppi, *Arte poetica* di Francesco Prudenzano,
Teatro comico di Pasquale Altavilla, *Giovambattista Vico al cospetto del secolo XIX*
di Cesare Marini, ed *Archeologia greca* di Francesco Bruno. Nel 1853 *Trattato di
Farmacologia* di Tommaso Semmola, *Elementi di filosofia* del P. Luciano
Liberatore, *Corso di studii agrarii* dull'ab. Sante Bastiani, *Storia del Concilio di
Costanza* del P. Luigi Tosti ed *Avviamento all'arte dello scrivere* di Basilio Puoti.
Nel 1854 *Trattato di Patologia generale* del cav. Benedetto Vulpes, *Istituzioni di
logica e metafisica* dell'ab. Gaetano Sanseverino, *Corso di studii legali* di Gaetano
Arcieri e *Corso di Estetica* di Lorenzo Zaccaro.

Ed ecco infine le principali invenzioni fatte in questo Regno dal 1849 al 1854. In gennaio del 1850, il capitano Raimondo Ladrix, sibbene francese, ma qui naturalizzato per affetto a questo Regno ed alla borbonica dinastia, fu uno de' primi che perfezionasse la rigatura del fucile, affin di dargli una più lunga portata; introducendo la suddetta rigatura ad elise progressiva per due terzi della lunghezza della canna, e con l'inclinazione della medesima elise a metro 1,50. Avendo ricevuto l'incarico direttamente dal re, ne fece esperimento, che riuscì di piena soddisfazione; il primo a farne prova fu lo stesso Ferdinando II, che, con una pistola, volle tirare alla distanza di 400 metri e colpì a 15 centimetri del disco nero del bersaglio; per la qual cosa prodigò immensi elogi all'inventore capitano Ladrix. Nel 1851, Salvatore Marra inventò talune costruzioni per le carrozze a due ruote, affin di guarentirle nelle cadute delle stesse. Nel 1852, Francesco Antonio Tarsia, maggiore del genio idraulico, costruì la così detta *Campana Palombaro*, atta alla pesca delle spugne, del corallo e delle perle. Nel 1853, Leonildo Randelli migliorò i parafulmini. Nel 1854, Carlo di Lorenzo trovò un'altra forza da potersi sostituire a quella del vapore, e Raffaele Sacco inventò il *Panorama* aereo senza figure.

CAPITOLO IV

SOMMARIO

Riflessioni sul governo di Ferdinando II ed errori di questo sovrano. La setta vuol far da sè e mette mano al pugnale. Guerra di Crimea. Austria imprevidente. Congresso di Parigi. In cambio di raffermarsi la pace si gettano i semi di novelle guerre e rivoluzioni. Proteste.

Ferdinando II, il primo a battere la rivoluzione del 1848 e quindi il più odiato dalla stessa, non curandola, si addormentò sopra un letto di rose. Egli s'ingannò credendo che gl'immensi beni da lui largiti a' suoi popoli sarebbero stati sufficienti a salvarlo dalle conseguenze di tutte le calunnie, che gli lanciavano i settarii d'ogni favella. Così non volle riflettere come le rivoluzioni represse lascino un seme funesto per l'avvenire, e che la setta rivoluzionaria lavora e lavora sempre finchè trova l'opportunità di sollevar di nuovo la sua laida faccia, coperta da speciosa maschera. Non volle riflettere che i popoli son proclivi ad essere ingannati, perchè amano istintivamente le novità, essendo facili a dimenticare i beni ricevuti da' buoni sovrani ed i mali sofferti a causa delle rivoluzioni. Il bene materiale che si fa ad un popolo è commendevolissimo ma lo si dovrebbe eziandio illuminare, spiegandogli i tranelli de' suoi nemici, informandolo al vero sentimento del dritto e al santo amor di patria, spoglio di tutte quelle lustre rivoluzionarie, che tanto illudono ed entusiasmano più facilmente gli uomini di queste province meridionali. Ferdinando II pago di aver vinta la rivoluzione, godente incontrastata autorità, plaudito da' popoli, perchè nuotanti nel benessere, suppose eterno quello stato di cose precario e non pensò all'avvenire. Aggiungerò che fu una vera sventura, un'orrenda fatalità per questo Regno, l'essere stato quel sovrano poco felice nella scelta de' beneficati e l'abbandono in cui lasciava chi l'avrebbe fedelmente servito ne' supremi bisogni della patria. Furono questi gli errori di cui si giovarono i settarii stranieri, per compiere la radicale rivoluzione del 1860.

Ho detto altrove che non si vollero nel Regno giornali che avessero combattute le calunnie de' settarii, anzi che si lasciò addirittura bandire da Napoli la *Civiltà Cattolica*; or dirò che si credette salvare questo Reame, chiudendolo con puerili cancelli, per non far giungere fino a noi il veleno che smaltivano i giornali esteri e faziosi. Essendo quei giornali frutti vietati, si agognavano da tutte le classi della società, e quindi entravano clandestinamente, senza aversi riguardo a spese e compromissioni. Intanto sentivamo le terribili accuse contro il nostro

governo e le lodi sperticate a favore del Piemonte; e mancandoci i buoni giornali, ignoravamo in realtà quel che si facea di buono e di cattivo dal governo di
Napoli e da quello di Torino. Però osservando che la calunnia contro il primo e
le lodi a favore del secondo non erano nè svelate nè ribattute da chi ne avea il
dritto, si cominciò a sospettare che davvero i popoli delle Due Sicilie fossero i
più maltrattati degli altri di Europa, e che in Piemonte esistesse col fatto un
governo modello. Fu questa la ragione, che tanti ingannati in buona fede fecero
buon viso alla rivoluzione del 1860.

I rivoluzionarii, logici a loro modo nel conseguimento di un triste fine, non
erano soddisfatti del solo appoggio morale e della protezione che ricevevano
dalla Francia e dall'Inghilterra, affin di calunniare e contrariare i troni legittimi
della Penisola; essi pretendevano, da quelle due potenti nazioni, di essere coadiuvati con le armi per abbatterli. Ma lord Palmerston e Luigi Bonaparte, che
meditavano un colpo fatale contro il dritto europeo, credendo di avvantaggiare
i governi che rappresentavano, non erano ancor pronti ad uscire in campo co'
loro eserciti e con le loro flotte, per cominciare quella novella iliade di sciagure,
le cui conseguenze non sono ancor finite. La sètta però, impaziente di attendere più oltre, pose mano al pugnale; e prima di usare questo mezzo, da essa tanto
prediletto, i suoi caporioni pubblicarono vari manifesti incendiarii, diretti a
quelle nazioni che voleano mettere a soqquadro. Mazzini si diresse agl'italiani,
Lamennais agli spagnuoli e francesi, Scoelcher a tedeschi, Kossuth agli unghe-
resi; e tutti diceano che avrebbero fatto da sè, giacchè i governi liberali rimaneano nell'inerzia.

D'allora cominciarono gli attentati contro la vita di quasi tutt'i sovrani di
Europa, e si diè principio contro la stessa regina d'Inghilterra; la quale stava per
essere uccisa con arma a fuoco dall'operaio James Hamilton: indi venne battu-
ta a colpi di bastone da Roberto Pate. I tribunali di Londra dichiararono pazzi
Hamilton e Pate, ma fino allora non si erano veduti simili pazzi! Il 2 febbraio
1852, una simile *pazzia* fu perpetrata a danno d'Isabella di Borbone, regina
costituzionale di Spagna, che, come la prima, *regnava e non governava!* venne
ferita seriamente dal prete Martino y Comez. Questo *reverendo* era ascritto alla
sètta ed era apostata; avea fatto il soldato, il lenone, l'usuraio, il facchino, ed
infine discese a farla da sicario. La regina volea perdonarlo, ma vi si oppose il
popolo madrileno, che lo volle *dissacrato* e poi impiccato.

In Milano si tentò una seria rivoluzione, in cui rimasero uccisi varii soldati;
ma i ribelli furono battuti, e quelli presi con le anni alla mano vennero irremis-
sibilmente fucilati. Non riuscito il colpo, la sètta ne tentò un altro più facile,
cioè decise assassinare il giovane imperatore d'Austria, Francesco Giuseppe. Costui, il 18 febbraio 1853, dopo 12 giorni dalla tentata rivoluzione di Milano,
trovandoti a passeggiare col suo aiutante di campo, O' Donnel, indi si appog-

giò ad un parapetto. In quella un giovane spicca un salto e gli dà una pugnalata alla nuca; non l'uccise perchè la punta del pugnale incontrò la fibbia del col-
lare. L'aggredito snudò immediatamente la spada, ma O'Donnel avea di già
atterrato il sicario. Era costui un certo Libenyi di anni 21, ungherese, sarto di
professione. I giornali piemontesi lo dichiararono martire ed eroe; e più di tutti
lo encomiò un giornalaccio col titolo *La Maga*. Un complice di Libenyi, il 3
marzo, in Mantova, tentò uccidere l'arciduca Alberto, fratello dell'imperatore;
ma fu preso e giustiziato. Prima di ascendere al patibolo dichiarò di appartene-
re alle società secrete, e da queste impostogli l'ordine di uccidere quell'arciduca.

In Parma, nel marzo del 1854, si affissero cartelli minaccianti: *Morte al duca
Ferdinando Carlo III*. Questi disprezzò quell'avviso, ma il 27 di quel mese, pas-
seggiando nelle ore pomeridiane per la città, venne pugnalato da uno sconosciu-
to che trovò scampo in mezzo la folla. Il duca spirò dopo 24 ore, perdonando il
suo uccisore. Dopo quell'assassinio si trovarono rotti i telegrafi verso Piacenza,
cioè alla volta ove fuggì il sicario. I giornali del Piemonte, quelli rivoluzionarii,
perchè riuscito il colpo, dissero che il duca di Parma era stato ucciso per intrighi di donne, e non mai per vendette politiche; e così infamavano anche l'augusta vittima!

Immediatamente dopo la morte del duca, i settarii, che trovavansi in Parma,
si assembrarono, con insegne repubblicane, a' Caffè Ravazzoni e Borsellini; ma
furono dispersi dalla pubblica forza, aiutata dagli onesti cittadini. Rimase reg-
gente di quel Ducato la moglie dell'ucciso, Maria Teresa di Borbone, figlia del
duca di Berry, e sorella del conte di Chambord. La stessa ebbe ucciso il padre
dal settario Louvel nel 1820 ed il 27 marzo 1854, da un altro sicario, il marito!
Altri regicidii si tentarono in quel tempo da' settarii, anche contro il loro capo-
rione, Luigi Bonaparte: ma di ciò parlerò a suo tempo.

L'Inghilterra, come già si è detto, avea messo a soqquadro l'Europa nel 1848,
pel principale scopo di far cacciare Luigi Filippo dal trono di Francia e farlo
occupare dal Bonaparte, avendo bisogno di una nazione guerriera per combattere la Russia, che accennava a volersi impossessare dell'impero turco e quindi
del commercio di Oriente. Quella guerra era eziandio nell'interesse della sètta
cosmopolita, la quale sapea che avrebbe dato un nuovo indirizzo politico
all'Europa e al mondo intiero; perlocchè si unì con l'Inghilterra onde far pressione sul suo adepto, già imperatore dei francesi, ricordandogli le sue promesse
ed i suoi giuramenti. Costui, che facea più caso de' suoi personali interessi anzi
che di quelli della Francia, si decise ad allearsi con l'Inghilterra e con la sua
nutrice la sètta, intraprendendo una formidabile guerra e senza alcun reale vantaggio a favore di quel generoso popolo che rappresentava. Luigi Bonaparte si
mostrò parricida della sua patria, non solo quando la insanguinò e la soggiogò
il 3 dicembre 1851, salendo poi sul trono, lordo di sangue cittadino; ma più di

tutto quando la trascinò al carro della superba Albione, per far gl'interessi di questa nazione speculatrice.

Prima di ragionare sulla guerra di Crimea, è necessario far conoscere, con rapido cenno, a chi nol sapesse, le ragioni che muovono la Russia ad aggredire l'impero turco, e perchè l'Inghilterra si mostri sempre tenera nel difenderlo. È questa una questione, che mentre scrivo occupa non poco l'opinione pubblica di Europa; quindi dal passato i miei lettori potranno giudicare del presente e dell'avvenire. Si dice che i due imperi, cioè il russo ed il turco son vecchi rivali per territorio e religione – sebbene questa serve di orpello al primo per ingrandire i suoi Stati dalla parte del Mezzogiorno – e siccome i discendenti di Maometto, or sono quattro secoli, trovandosi forti, s'impossessarono proditoriamente di Costantinopoli, distruggendo l'impero greco, così la Russia vuol rendere la pariglia, ricacciandoli in Asia donde vennero, ed acquistare uno de' più bei territorii di Europa. È stato questo il programma politico di tutt'i czar, sin da Pietro I, detto il grande, avendone fatto le prime disgraziate prove a Husch sul Pruth, nel 1710. Le potenze europee, riunite in Congresso, qualunque siasi il trattato che stipuleranno per impedire alla Russia di scendere a Costantinopoli, appena questo nordico colosso troverà propizia l'occasione, correrà alla conquista della Turchia europea e se ne riderà di tutt'i solenni trattati; e principalmente oggi, che la rivoluzione dominante ha elevati i *fatti compiuti* a dritto pubblico. La Russia, trovandosi confinata in gran parte nella zona glaciale, non può svilupparsi a seconda i proprii bisogni di grande potenza e particolarmente perchè non ha un libero sbocco nel Mediterraneo; il Baltico è troppo poco per lei, gelandosi per più mesi dell'anno. Un'altra ragione la spinge ad impossessarsi di Costantinopoli, ed è quella di esercitare maggiore influenza in Europa; mentre attualmente il solo possesso dell'infelice Polonia, la fa entrare nel Consesso europeo, essendo del resto potenza asiatica. Per ottenere questi vantaggi si finge tenera de' cristiani greci scismatici, che trovansi sotto l'impero turco; e vorrebbe che fossero ben trattati a preferenza degli stessi maomettani, mentre essa tiranneggia i cattolici in Polonia; chiede eziandio a quell'impero delle forme di governo, che essa non ha voluto mai attuare in casa propria.

Or vediamo perchè l'Inghilterra ha tanto interesse di sorreggere la Turchia, difendendo e laudando financo le bestiali repressioni maomettane a danno de' cristiani. L'interesse inglese è sempre l'avido amore dell'oro, cioè il commercio; l'impero di Costantinopoli è suo mancipio, e ciò basta per essere dalla medesima difeso e laudato. D'altra parte, essendo essa tanto gelosa dell'esclusivo dominio de' mari, se le fa ombra la squadra russa del Baltico, come non deve rabbrividire al pensiero di vederla più numerosa nel Mediterraneo? Il colosso moscovita, avendo libero il passaggio de' Dardanelli, potrebbe moltiplicare le sue flotte, ed avere intiero il dominio del medesimo Mediterraneo; allora il commercio, i trattati di libero scambio, l'influenza e la supremazia inglese ne scapiterebbero; e quel che più monta si è che l'Inghilterra non potrebbe creare in Europa le rivoluzioni e le reazioni quando ad essa giovano. Oltre di che, se la Russia giungesse a dominare l'impero turco, le possessioni dell'Indie le sarebbero tolte in un tempo più o meno lontano.

Son queste le cause per cui l'Inghilterra protegge il governo turco in Costantinopoli e vorrebbe fiaccar la potenza moscovita; epperò, non potendo per terra cozzar sola con la stessa, le va suscitando nemici dovunque, e più di tutto desidera il concorso dell'Austria e della Francia. Oggi, che, per altri suoi interessi, ha fatto umiliare queste due potenze militari, se dovrà far guerra contro la Russia, sembra che non dovrebbe trovare gli alleati che si ebbe nel 1854.

Il governo della Gran Brettagna, nel 1854, trovavasi in una posizione vantaggiosa per far la guerra alla Russia; da una parte avea con sè la sètta cosmopolita, dall'altra la Francia con le sue formidabili legioni; l'Austria, in apparenza neutrale, ma in realtà avversa all'ingrandimento moscovita, ed infine una Prussia, che volendolo allora, non avrebbe potuto dare un grande appoggio alla Russia.

La prima ad alzar la voce contro l'ambizione russa fu la sètta, acquartierata in Londra.[1] Ella cominciò a strombazzare, che la guerra contro la Russia fosse civiltà cristiana, ad onta che salvasse l'Islamismo da certa rovina; quindi sfolgorò maledizioni, minacce e calunnie contro lo czar Nicolò e contro l'impero moscovita. Il suo giornalume gridò all'armi, come se il mondo fosse andato a soqquadro, mentre al far de' conti trattavasi di un interesse puramente inglese; del resto, pe' popoli, qualunque fosse stata la loro sorte, altro male non avrebbero potuto soffrire che cambiar di padrone. In Londra si tennero dei *meetings*, promossi e favoriti dal governo; i quali soffiavano il fuoco in vario modo. Mazzini, vestito da uffiziale inglese, fu spedito in Italia a far proseliti alla causa della civiltà *cristiana*; ed elevandosi a potenza costituita, volea esercitare il più prediletto potere dei settarii, cioè fece un progetto di prestito, che rimase un pio desiderio. I rivoluzionarii di tutto il mondo accorrevano sotto la bandiera della mezzaluna: americani, inglesi, francesi, spagnuoli, italiani, tirolesi, prussiani, schiavoni, ungari ed altri, tutti andavano ad ingrossare il campo d'Omer Pascià. Già le flotte inglesi e francesi, cariche di armi e di armati, dirigevano le prore alla

1 Avverto i miei lettori, che ragionando sulla guerra di Crimea, se dimostro qualche simpatia per la Russia, la ragione si è, che allora tutta la rivoluzione cosmopolita ed i governi rivoluzionari si erano collegati e scagliati contro questa grande potenza, a capo della quale eravi un imperatore che facea rispettare il dritto storico. Oggi tutto è cambiato: i rivoluzionarii di qualunque gradazione, i nemici della cattolica Chiesa, si son fatti russofili, tanto da non sentir più le *grida di dolore* della nobile e sventurata Polonia, che tanto geme sotto il bastone del cosacco.

città di Costantino, fatta schiava della più ributtante dominazione, e che la civile Europa andava a difendere e sorreggere con una crociata rivoluzionaria, in controsenso di quella capitanata da Pietro l'Eremita o dal pio Buglione. Giusto perchè era una Crociata rivoluzionaria che spingevasi sul Bosforo per difendere i discendenti di Maometto, il *governo modello*, cioè il piemontese, fu del bel numer'uno! Egli veramente volea pescare nel torbido per mezzo della rivoluzione e de' magni protettori della stessa; e quindi, senza alcun interesse nazionale, si fece trascinare sui campi di Crimea da chi avea il vero interesse, per averne poi compenso a danno di quell'Italia, che dicea di voler rigenerare. Egli, che era stato cliente della Russia, moveale guerra senza ragioni o pretesti.

Il ministro sardo degli affari esteri, Dabormida, ricusò di firmare l'alleanza con gli anglo-francesi e contro lo czar di tutte le Russie, per la qual cosa si dimise. Cavour fu sollecito ad afferrare quel portafogli degli esteri; e sapendo le segrete cose manipolate nelle congreghe della sètta e ne' consigli dei dittatori della Francia e d'Inghilterra, firmò subito il trattato di alleanza con queste due potenze e con la Turchia, mandando in Crimea quindicimila uomini per farli esterminare, allo scopo di difendere la mezzaluna del Profeta e gl'interessi inglesi. Però il Piemonte, dacchè era divenuto *governo modello,* nuotava ne' debiti, aggravato da un *deficit* enorme; nonpertanto il medesimo Cavour ne aggiunse altri, che poi pagammo noi *redenti* italiani. Difatti stipulò un contratto, col quale l'Inghilterra prendeva a prestito un milione di lire sterline, per darle al governo sardo, pagando questo il tre per cento e l'uno di più, per fondo di ammortizzazione. Ciò dimostra quanto credito avesse il *governo modello*, che dovea farsi guarentire dall'Inghilterra per aver a mutuo un sol milione di lire sterline, dando a questa nazione in ipoteca il sangue di quindicimila piemontesi, che versar doveano a' confini del l'Europa per una causa inglese e maomettana. Il Parlamento di Torino approvò la spedizione contro la Russia ed il prestito, con 101 voti contro 60; ecco la logica umanitaria dei facitori di libertà: debiti ed eccidii conciliati al progresso indefinito ed indefinibile!

La Prussia invitata dagli anglo-francesi a far parte della lega, scaltramente si negò. L'Austria, che trovavasi arbitra di quella guerra, fu adescata da Palmerston e Bonaparte con prometterle di guarentirla contro la rivoluzione in Italia. Siccome tentennava a decidersi, que' due galantuomini la fecero minacciare dalla setta; si atterrì dello spettro rivoluzionario, e per la paura di perdere gli Stati italiani, fu ingrata alla Russia; ingratitudine che le costò assai caro, avendole fatto perder poi non solo la Lombardia ed il Veneto, ma la supremazia in Germania.

L'Austria, sollecitata a stringer lega con una delle potenze belligeranti, scelse un mezzo termine, col quale divenne a tutti nemica, cioè non si dichiarò nè a favore della Russia, nè degli anglo-francesi; soltanto accettò poi la proposta di

costoro d'imporre i patti della pace allo czar, di occupare ostilmente gli Stati
danubiani, e di accostare trecentomila uomini alle frontiere moscovite! Così
compensò l'imperatore Nicolò, che, nel 1849, aveala salvata dalla rivoluzione
ungherese; ed in tal modo rese forti i suoi naturali nemici, fiaccando i veri
amici, sostenitori del dritto storico; così infine minacciò l'amico benefattore ed
esaltò la setta, che facea quella guerra contro la Russia, per abbatter poi la stessa potenza austriaca. Questo gravissimo errore del gabinetto di Vienna ruppe
quella lega settentrionale, che avea mantenuta la pace per quarant'anni in
Europa, e fu la causa vera del trionfo della rivoluzione in Italia, ed in tutti gli
altri Stati europei.

Ferdinando II fu invitato a far parte della lega anglo-francese, e si ricusò recisamente, dichiarandosi neutrale. Taluni politici di piazza, che giudicano sempre da' risultati, lo accusarono d'imprevidente ed inetto, perchè non imitò il
Piemonte in quella guerra contro la Russia. In quanto a me dichiaro, che anche
in politica, sto a quel principio, cioè che non si debba fare il male per ottenersi il bene; conciossiacchè il solo Dio ha il potere, non di fare il male, ma da
questo ricavarne il bene: l'uomo non può dalle tenebre suscitar la luce; e quel
che sembra un bene, ottenuto in questo modo, non può esser mai di vantaggio nè agli Stati nè agl'individui. Per la qual cosa Ferdinando II non dovea
punto allearsi con la rivoluzione, affin di ottenere que' vantaggi che si ebbe il
Piemonte, essendo sempre illusorii e colpevoli; e poi *in omnibus respice finem!*
Quel sovrano, per allearsi con la setta avrebbe dovuto sacrificar tesori, e quel
ch'è più tanta gioventù rigogliosa; quel sangue avrebbe senza meno accelerata
la caduta della dinastia e della nostra indipendenza. Valga in sostegno di questa mia asserzione il modo sleale come fu poi trattata l'Austria nel Congresso
di Parigi. La caduta de' Borboni di Napoli era già stabilita nelle società segrete
e ne' consigli dei dominatori di Francia e d'Inghilterra. Ferdinando II potea
essere l'alleato di un giorno con queste due potenze, dominate allora da un
Bonaparte e da un Palmerston; ma non potea professare i medesimi principii
perchè si sarebbe suicidato.

Mi si dirà, che la Russia non aiutò, nel 1860, il successore di Ferdinando II,
invece lo lasciò in preda alla rivoluzione ed il Piemonte trionfò – Che impor-
ta? chi esegue i dettami della giustizia, non dovrà mai pentirsene, quali si siano
i resultati in contrario che gli uomini di malafede potrebbero ricavarne. Se l'ingratitudine dell'autocrata moscovita fu ributtante, fece anche più spiccare il
servizio che gli resero i Borboni di Napoli. Se Francesco II cadde, la sua caduta fu gloriosa, e più di tutto perchè nè egli nè i suoi maggiori s'insudiciarono
nelle lordure delle sètte; ma restò a questo glorioso sovrano ben altro trono
imperituro di rispetto nelle anime nobili, il plauso della vera storia, ed una speranza, " che forse non morrà. "

Il governo delle Due Sicilie mantenne una stretta e leale neutralità in tutto il tempo della guerra di Crimea; avea proibito perfino di non vendersi zolfo a' belligeranti, ma considerando, che arrecava danno a' proprietarii delle miniere della Sicilia ed a migliaia e migliaia di lavoranti, permise che se ne smaltisse nel Regno senza andarsi a vendere all'estero. Gli alleati fecero di tutto per compromettere Ferdinando II con la Russia; in Messina tenevano abusivamente depositi di viveri, incettandoli in tutta l'Isola; di più, stabilirono ospedali senza permesso del governo. Il re soffrì tutto pel bene della pace, e per non mostrarsi inumano verso tanti soldati inglesi e francesi, mandati dalla Crimea, in uno stato che destavano orrore e pietà; nel medesimo tempo ebbe l'abilità di non urtare la suscettibilità della Russia.

La guerra di Crimea fu una lotta gigantesca; gli anglo-francesi, in quella terribile tenzone, scapitarono insieme di danari e di fama; e la setta impallidì nel vedere oscillar le armi in mano a' suoi protettori, quindi si aiutava col vomitar menzogne, minacce e calunnie nel suo giornalume. Quando le sorti della guerra sorridevano più agli aggrediti che agli aggressori, il 2 marzo 1855, moriva improvvisamente Nicolò, imperatore di tutte le Russie. Si disse, che si spense di apoplessia fulminante; ma il mancare di quell'energico autocrata in un tempo tanto opportuno agli alleati, diè a pensare che quella morte non fosse naturale; e tutti ricordarono lo strangolamento di suo padre Paolo I, dopo che costui preparò col 1° Bonaparte i trattati di Luneville e di Amiens, contrarii all'Inghilterra. Si rammentò eziandio la morte di Alessandro I, fratello di Paolo, avvenuta in Taganrog, non senza sospetto di avvelenamento. A Nicolò successe il figlio Alessandro II, e la stampa settaria s'affrettò a lodarlo, proclamandolo pieghevole, pacifico, nemico della *guerra e progressista*; in effetti d'allora la politica russa entrò in una novella fase, niente dispiacevole alla rivoluzione.

La guerra di Crimea durò undici mesi; i battaglioni francesi soffrirono i maggiori danni; ma infine rifulsero d'immenso valore; mentre gl'inglesi, ad eccezione della loro cavalleria, che si fece massacrare, nulla operarono di rilevante in quella guerra memorabile, e perdettero la prisca fama di strenui guerrieri. I russi si fecero ammirare, non solo pel valore, ma per la costante tenacità nel difendere Sebastopoli. Questo gran baluardo moscovita non capitolò, ma invece ne saltò in aria una gran parte, cioè la formidabile torre di Malakoff; ove un certo Bianchi, volontario italiano, nato nella Campania napoletana, avea piantata la bandiera degli alleati. Questo nostro valoroso concittadino, nel momento di piantar la bandiera sopra quella formidabile torre, fu colpito da tredici palle di moschetto; ed ebbe la consolazione di curarsi le ferite in uno spedale napoletano ove guarì.

L'esercito francese, pugnante in Crimea, si fece massacrare, perchè il Bonaparte dovea far piacere alla sua nutrice, la setta, e salvaguardare gl'interessi inglesi in Oriente. Però la Francia, visto tanto esterminio dei suoi valorosi figli, e più che salvo l'onor militare, si rivolse all'Austria, e la pregò d'imporsi alla Russia; e l'Austria, che si era più stretta con gli anglo-francesi, ebbe tanto poco criterio da spedire a Pietroburgo il conte Esterazy, con un *ultimatum*, imponendo le condizioni di pace. L'imperatore Alessandro, vedendosi solo contro le primarie potenze di Europa, e scoperto nemico chi dovea aiutarlo ne' comuni interessi, si piegò alla pace. Dopo quello sbaglio enorme, il gabinetto austriaco credette di esser sicuro ne' suoi possedimenti italiani, mentre si era suicidato. Appunto perchè esso presagiva di venire assalito nel Lombardo-Veneto da' suoi nuovi amici, dovea far di tutto perchè la guerra si fosse continuata, onde fiaccar costoro, e rendersi arbitro dell'Europa, dettando la legge insieme alla sua naturale alleata, la Russia. Non sarebbe stata questa un parto di fina politica, ma il risultato del più volgare buonsenso. Quali si fossero allora gl'interessi dell'Austria in Oriente, non uguagliavano punto a quelli di Occidente, ove trattavasi per essa di vita o di morte.

Nel 1° febbraio del 1856 furono sottoscritti in Vienna i preliminari di pace tra gli anglofrancesi e la Russia, e con le seguenti basi: Abolizione del protettorato russo ne' Principati danubiani; libertà di commercio del Danubio e delle sue foci; il Mar Nero neutrale, e chiuso a tutte le navi di guerra; confermate le immunità de' cristiani sudditi del Turco. Si stabilì inoltre un Congresso a Parigi, per appianare le difficoltà circa gli affari di Oriente.

Il Congresso di Parigi si aperse il 25 febbraio di quello stesso anno 1856, ed ivi, come vedremo, fu punita l'ingratitudine e la dabbenaggine dell'Austria; essendosi trovata sola in mezzo a tanti nemici, senza veder la faccia di un amico. Il ministro Cavour, imbaldanzito per la protezione anglo-francese, e perchè il Piemonte facea parte di quel Congresso, fu il primo ad umiliare l'Austria, e con gran gusto della Russia, ed anche della Prussia, che meditava gli allori di Sadowa. Di fatti quel ministro, forse imbeccato dal papà, Luigi Bonaparte, prima che si fosse recato al Congresso volse una nota a' rappresentanti della Francia e dell'Inghilterra in Torino, in cui chiedeva, che in Italia si modificasse l'ordine *di cose, ripugnante all'equità e alla giustizia, spegnendo i germi di torbidi futuri* (quanta ipocrisia!); *e così rassicurare la pace di Europa.* Soggiungeva inoltre, che l'Austria, avendo acquistato grande influenza al Settentrione, a danno della Russia, bisognava che fosse affievolita in Italia.

Il ministro Cavour, che preparava diplomaticamente, sin dal 1856, le attuali beatitudini italiana, appena giunto a Parigi, consegnò al Bonaparte un *memorandum*, col quale lo pregava di *costringere l'Austria a far giustizia al Piemonte* (starebbe fresco se l'avesse fatta!); che migliorasse le condizioni del Lombardo-Veneto; che sgombrasse le Romagne, e queste si dessero ad un principe secolare (cioè a lui), o almeno che vi fosse un'amministrazione laicale: lo pregava infine di sforzare il re di Napoli a non più scandalezzare l'Europa.

E così, un Congresso, riunito per trattar la pace di Europa, serviva a Cavour per accendervi altra guerra e calunniare i principi italiani; i quali, secondo lui, *scandalezzavano l'Europa*, perchè non angariavano i loro popoli con tasse enormi, con far debiti, perchè rispettavano la religione dello Stato, perchè mantenevano la sicurezza pubblica, e non proteggevano i settarii, che congiuravano attivamente per cacciarli da' loro Stati, e consegnar questi al medesimo Cavour *incondizionatamente*.

Il francese ministro Walewski fu eletto presidente del Congresso di Parigi, ove intervennero i ministri di Russia, Prussia, Austria, Inghilterra, Sardegna e Turchia. Tutti convennero in 34 articoli, sottoscritti il 30 marzo, *per assicurare la pace, l'indipendenza e l'integrità dell'impero ottomano*. Quel giorno era l'anniversario dell'entrata de' russi in Parigi, nel 1814; e Luigi Bonaparte volle in quel modo umiliare la Russia, dopo 42 anni dal trionfo di questa potenza sulla Francia.

Quel Congresso, che si era riunito per decidere e sistemare gli affari di Oriente, si convertì in una congrega di settarii, ove l'Austria sembrava il D. Abbondio, minacciato dai bravi di D. Rodrigo. In effetti, per intramezzo di Cavour e di Bonaparte, vi misero anche lo zampino Manin e Sterbini, che coadiuvavano a fare inserire nel protocollo questioni estranee all'oggetto per cui si era riunito quel Congresso. I ministri francesi, inglesi e sardi, col pretesto di assicurare all'Europa la giustizia e la pace, suscitavano rivoluzioni e con particolarità negli Stati italiani. Il presidente Walewski fece discorsi dubbii circa il governo del Papa, offensivi per il re di Napoli; Clarendon, ministro inglese, lanciò insulti plateali all'uno e all'altro. Nè i ministri russi ed austriaci difesero il governo pontificio e quello delle Due Sicilie, dichiarando almeno che simili questioni erano estranee al loro mandato; soltanto l'austriaco conte Buol disse: " Non potersi discutere di fatti interni di Stati non rappresentati nel Congresso, riunito per la pace, e non per sindacare le opere altrui. " Più esplicito si spiegò il ministro prussiano, barone Manteuffel, dichiarando: " Siffatte questioni in cambio della pace promuovono subugli e rivoluzioni. "

Cavour, che più di tutti si arrovellava per discreditare ed infamare i governi d'Italia, stava sempre in istretti colloquii col Bonaparte e col principe Napoleone, cugino di costui. Approfittando che la Russia guatava in cagnesco l'Austria, per esserle stata contraria nella guerra di Crimea, facea delle moine per guadagnarsi le simpatie di quella potenza, col far le parti favorevoli alla stessa circa il commercio danubiano; e nel medesimo tempo proponeva a' ministri russi di mandare i duchi di Parma e di Modena a regnare sul Danubio ed allargare il Piemonte, annettendosi que' due Ducati; ma la proposta venne respinta. Cacciò fuori altre pretensioni e questioni irritanti; per la qual cosa fu fatto tacere più volte dal conte Buol; tanto che finse dichiararsi soddisfatto delle ragioni di costui. Se Cavour avesse umiliato i ministri austriaci, ed avesse propugnato i veri interessi italiani, oh! l'avrei lodato con tutte le mie povere forze; ma egli, nell'eruttare tutte quelle menzogne e nel mettere avanti quelle pretensioni, altro scopo non avea, se non quello d'ingrandire il Piemonte a danno del resto della Penisola, ridurre le cento città della stessa sue tributarie; il suo non fu amore per l'Italia, ma egoismo.

Il Congresso di Parigi *scandalezzò l'Europa* civile: ivi si ammonirono i sovrani assenti da ministri che non aveano autorità o mandato, ed ivi si misero le armi nelle mani della rivoluzione per assalire i troni legittimi. Non altro che quelle turpitudini doveansi aspettare da un Congresso, ove dominava un settario coronato ed un capo della massoneria cosmopolita. Nelle Camere inglesi, varii onesti deputati stigmatizzarono severamente il Congresso di Parigi; e lo stesso Gladstone fu costretto a dire, essere stata quella una innovazione nella storia de' Congressi, riuniti per la pace, cioè occuparsi de' fatti interni degli altri Stati, giudicandoli con appassionata severità, e pubblicando per le stampe accuse e giudizii. Onde che quando poi Cavour, consigliato dal Bonaparte, si recò a Londra, per rinfocolare le ire di quel governo contro i principi italiani, non fu bene ricevuto, perché l'opinione pubblica era già contraria a lui.

Dopo che si sciolse il Congresso, Cavour rimase in Parigi per lanciare gli ultimi strali avvelenati contro l'Austria e contro i governi d'Italia, facendosi scudo della potenza napoleonica. Difatti, il 27 marzo, presentò a' legati di Francia e d'Inghilterra una nota spudorata contro il Papa; con la quale proponea di staccare le Romagne dal dominio della S. Sede, per darle ad un principe secolare, lasciando al Sommo Pontefice il solo *alto dominio* di quelle province.

Il 16 aprile, prima di lasciar Parigi, presentò a' medesimi legati un'altra nota accusatrice; in cui tra le altre impudenze eravi quella di asserire: " La Sardegna è il solo Stato italiano che abbia potuto elevare una barriera insormontabile allo spirito rivoluzionario. " Quando giunse a Torino, tutti i caporioni della setta rivoluzionaria corsero a ringraziarlo, per tutto quello che avea fatto a loro vantaggio nel Congresso di Parigi.

Il 13 giugno di quell'anno 1856, Farini e Mamiani presentarono a Cavour una medaglia ed un indirizzo, a nome del popolo romano, *per aver difeso i popoli oppressi nel Congresso di Parigi.* Gli stessi giornali rivoluzionarii rivelarono che quella medaglia e quell'indirizzo erano stati fatti in Torino; e i veri romani fecero una protesta, in cui dichiaravano al medesimo Cavour, che eglino stavano benissimo sotto il paterno regime del Papa, e che non si servisse del loro nome per felicitarli poi con le tasse piemontesi, e con tutte le leggi intolleranti contro il Cattolicismo. Si finse eziandio, che i fiorentini avessero mandato a Torino un mezzo busto rappresentante Cavour, mentre questi l'avea pagato col danaro delle finanze sarde! Altre simili imposture si combinarono da quel ministro e consorti, affin d'ingannare l'Europa e falsare le vere aspirazioni degl'italiani. Di ciò ne fan fede gli stessi giornali liberali del Piemonte, che in quel tempo si accapigliavano tra loro, ed alcuni pubblicavano tutte quelle improntitudini.

L'Austria ed i principi italiani protestarono contro le accuse e le pretensioni di Cavour. Ferdinando II, geloso dell'indipendenza di questo Regno, fece le sue forti e dignitose lagnanze al governo francese, per mezzo di Antonini, suo ministro a Parigi; facendo osservare, che il Piemonte era uno Stato di second'ordine in Italia, e che, non avendo protettorato, neppure avea il dritto di parlare in Congresso a nome della stessa. Fece dire eziandio, dal medesimo Antonini, al ministro degli affari esteri di Francia, conte Walewski, che egli avea la coscienza di governare i suoi popoli con la giustizia, unita alla moderazione, e che nessun governo avea il dritto di censurarlo in casa propria; e siccome le censure, scagliate contro di lui, aveano esaltato i rivoluzionarii, costoro avrebbero creduto debolezza, ove si fosse mostrato clemente verso i medesimi; e ciò dopo tutto quello che si era detto fuor di proposito nel Congresso di Parigi. Conchiudeva col protestare, che non avrebbe mai transatto sull'indipendenza del suo Regno, e che era pronto a soffrire qualunque abuso della forza straniera. Son questi atti autentici, conservati negli archivii, dove ognuno potrebbe leggerli; nonpertanto si ha ancora l'improntitudine, o l'ignoranza, di accusare di servilismo un sovrano, che parla questo linguaggio alla prima potenza del mondo, mal disposta contro di lui; e si proclamava indipendente e nazionale il Piemonte, il quale si prosternava a' piedi di tutti i ministri degli Stati europei, tanto rivoluzionarii che conservatori!

Al linguaggio fermo e dignitoso di Ferdinando II, il ministro Walewski rispose: " Il governo delle Due Sicilie deve sapere che soffrirà *sempre una pressione* francese *o inglese, e deve manovrare in modo da girare le difficoltà che non può risolvere* " Sia benedetto Iddio! qualche volta i rivoluzionarii, quali si siano, dicono la verità, volendola occultare: dunque perseguitavasi il re di Napoli, non già perchè il suo governo era *la negazione di Dio*, ma perchè non volea sottomettersi alla tutela francese o inglese, e perchè *non manovrava in modo da girare le difficoltà che non potea risolvere;* cioè perchè non volea farsi servo di Palmerston o di Luigi Bonaparte; al contrario il Piemonte era *governo modello,* e protetto da costoro, perchè Cavour era.... pieghevole di schiena! È questo il segreto delle tante spudorate calunnie lanciate contro Ferdinando II, e degli aiuti dati al governo sardo tante dall'Inghilterra che dalla Francia, per mettere a soqquadro l'Italia, e *redimerci dalla schiavitù borbonica,* facendo nostra crudele padrona la setta.

CAPITOLO V

SOMMARIO

Congiure diplomatiche in Napoli. Bonaparte e Palmerston suscitano questioni. La setta minaccia il Bonaparte. Cavour opera con furberia. Consigli francesi ed inglesi. L'Austria consiglia riforme al re Ferdinando, il Papa si nega. Il *Monitore francese*. Si tenta una rivoluzione in Sicilia. Attentato di Ageslao Milano. Condanna ed elogii. Scoppii di una polveriera e della fregata *Carlo III*. Spedizione di Pisacane e risultati. Opere pubbliche.

Il Congresso di Parigi, riunito per sistemare gli affari di Oriente, fu dai rappresentanti di Francia, Inghilterra e Piemonte fatto degenerare in una congrega settaria, proclamandovisi alto il dritto della rivoluzione, e dando al governo sardo la facoltà d'ingerirsi negli affari interni degli altri Stati italiani. Di tutto ciò non se ne fece un mistero, e lo provano i giornali officiosi ed uffiziali di quel tempo, le note di Cavour, i discorsi di costui tenuti in quel Congresso, quelli del presidente Walewski e dell'inviato inglese Clarendon. Però tutto quello che allora venne pubblicato fu la minima parte di quanto di tristo si stabilì ne' consigli segreti di que' diplomatici alla moderna; e tutto ciò per secondar sempre i voleri di Palmerston e di Luigi Bonaparte. Costoro, sin da allora cominciarono ad oprare senza misteri per avversare e calunniare i principi italiani, affin di esautorarli poi con la rivoluzione; sperando ognuno di essi di raccogliere l'eredità degli spodestati sovrani e nel medesimo tempo corbellarsi l'un l'altro nella divisione dell'agognata preda. In effetti dal Congresso di Parigi datano le maggiori e più sfacciate prepotenze usate contro il Papa e contro Ferdinando II, cioè da quando i detti due capi settarii si avvidero che l'Austria e la Russia, o perchè impotenti, o non voleano intervenire per far rendere giustizia a' sovrani d'Italia. Intanto è necessario ritornare un poco indietro, dovendo narrare taluni fatti avvenuti in questo Regno prima del Congresso di Parigi, affinchè i miei lettori potessero meglio valutar gli altri che li seguirono.

Bonaparte e Palmerston, facendo loro di paraninfo Cavour, aveano gettate le basi, sin dal 1849, per far succedere un'altra più sanguinosa rivoluzione nel Reame delle Due Sicilie e con mezzi nefandi. A questo scopo, il primo avea mandato a Napoli in qualità di suo ministro un Brenier, già console a Livorno, amico di Cavour e de' caporioni della rivoluzione; il secondo avea inviato suo fratello Temple, anche in qualità di ministro della Gran Brettagna; diplomatico che spesso si rendea ridicolo, perchè molto devoto del dio Bacco. Tutti e due que' ministri, accreditati presso Ferdinando II, congiurarono alacremente per abbattere la dinastia e il trono delle Due Sicilie. Ne' reggimenti svizzeri, per mezzo de' loro cagnotti, seminavano la corruzione, il malcontento e la rivolta, somministrando financo danaro, per far disertare quegli stranieri al soldo napoletano. Le loro case erano i centri di tutt'i malcontenti, de' rivoluzionarii di mestiere e di quell'ignorante nobilume, che volessi dare importanza, e che altro non sapea fare e dire, che declamare goffamente contro gli usi della propria patria e contro le istituzioni governative, che tanto benignamente ci reggevano, a preferenza degli altri Stati *modelli*. Ivi si compilavano tutte le cicalate calunniose contro il re ed il suo governo, che poi si faceano pubblicare sopra i giornali esteri *autorevoli*, perchè fossero lette dalla classe de' creduli e degli sciocchi; i quali allibivano nel leggerle, e credendole un risultato della pubblica opinione, li ritenevano quindi per un quinto evangelo.

Per una fatale sventura di questo Regno, anche la casa del real conte di Siracusa, Leopoldo di Borbone, fratello del re, era il ritrovo di tutt'i nemici della stirpe borbonica e del paese; ivi ancora foggiavansi le calunnie contro tutto ciò che era vanto borbonico e napoletano. Così quel real conte credeva ingraziarsi i governi stranieri, nemici del suo Casato, ed annientare il re suo fratello, per elevarsi con qualsiasi titolo, sulle rovine di questo Reame e sopra quelle della sua augusta prosapia! Anche il real conte di Aquila, fratello del medesimo re ed ammiraglio della flotta napoletana, bazzicava ne' ritrovi settarii, e con particolarità in casa di un parente dell'imperatrice dei francesi, facendo ivi il liberale, e con lo stesso puerile scopo del conte di Siracusa. Però dicevasi ch'egli giocasse *doppia partita;* temendo che le congiure non riuscissero ad abbattere il trono de' suoi maggiori, mettevasi così in salvo in tutti gli eventi, svelando al re parte di quanto si tramava contro la dinastia. Ferdinando II, indipendentemente di quanto gli rivelava il conte di Aquila, sapea tutto quello che si ordiva contro di lui; e non credeva conveniente risolversi ad una misura di rigore contro i ministri esteri, perchè rispettava troppo il dritto delle genti; mentre costoro con iattante impudenza lo calpestavano. Per suo fratello il conte di Siracusa, non volle fare uno scandalo, essendo persuaso che sarebbe stato di gran gusto della setta, la quale ne avrebbe approfittato in tutt'i modi.

Bonaparte e Palmerston non si contentavano delle sole congiure che ordivano i loro ministri in Napoli, ma voleano contrariare ed umiliare il re diplomaticamente; perlocchè davano ordini a' loro dipendenti di suscitar questioni col governo napoletano; ed essendo furbi e potenti, riuscì loro facile trovar futili pretesti, simili a quelli del lupo di Esopo con l'agnello. Il 14 agosto 1855 una fregata di guerra francese entrò nel porto di Messina, senza fare il consueto saluto, onde che non fu risalutata da' forti di quella città. La dimane quel legno fè salve per la festa del suo imperatore ed i forti regolarmente non risposero. Ciò si ritenne per un insulto del governo del re; per la qual cosa si fece chiasso in Parigi, volendosi soddisfazione, se no.... eserciti o flotte in movimento; difatti i giornali inglesi e sardi gridarono ad una voce, che la Francia dovea vendicare l'insulto. Alle capziosità del ministro francese Walewski, rispose il nostro ministro residente in Parigi, dichiarando, che il dì onomastico della nostra regina, un'altra fregata francese, ancorata nel porto di Messina, non avea risposto a' fuochi di gioia, ed i giornali inglesi, sardi ed anche francesi aveano lodato il contegno del comandante di quella fregata. Il Walewski, malgrado di quella calzante risposta, finse non rimaner soddisfatto, ma per allora si tacque.

Un'altra quistione la suscitò lord Palmerston per mezzo di un suo cagnotto, certo Fagan, addetto alla legazione inglese in Napoli. Costui facea l'attacca-brighe in questa capitale, ad onta che fosse un codardo, conciossiachè egli sapea che non gli si poteva fare alcun male con la giustizia regolarmente; del resto stava senza timore, conoscendo benissimo che il governo napoletano non istipendiava sicarii, come in altri Stati *civili ed umanitarii*. Perlocchè reso audace, all'ombra di colui che lo proteggeva, avversava il governo del re, mettendosi egli innanzi tutte le volte, che si dava qualche disposizione per infrenare l'audacia de' rivoluzionarii. Odiava l'integro e zelante direttore di polizia, Orazio Mazza, e non dubitò insultarlo nel teatro del Fondo, da un palchetto di pertinenza del sopraintendente de' pubblici spettacoli, dove egli non avea dritto di entrare. Il re, saputo il fatto, fece ordinare al ministro dell'istruzione pubblica di richiamare in vigore la legge sui teatri, cioè che ne' palchetti destinati a' rappresentanti del governo, non fossero ricevute persone estranee, e senza far motto dell'inglese Fagan. Costui, che studiavasi di trovare il fuscellino nell'occhio altrui, ad ogni costo, ne volle fare una questione di *casus belli*, scrivendo a Londra che era stato cacciato dal teatro del Fondo.

Palmerston, contentissimo dell'incidente, diè l'imbeccata al giornalume settario, il quale strombazzò, che l'Inghilterra avrebbe annichilito questo nostro Regno, designando financo il numero de' vascelli e degli uomini, che doveano vendicare l'insulto fatto ad un Fagan, mezzo inglese e mezzo siciliano. Si fece tanto chiasso che Ferdinando II credette necessario di concentrare molta milizia nelle vicinanze di Napoli, per difendersi da un prepotente avversario che ad ogni costo volea attaccar brighe. Quel sovrano, perchè cercava sempre allontanare i disastri del suo popolo, anzi che fare il puntiglioso, addivenne poi a quanto gli fu imposto da Londra, per mezzo del conte di Aquila, cioè di esonerare il direttore di polizia Orazio Mazza dall'officio che tanto lodevolmente avea esercitato, dando la firma al ministro Bianchini, niente inviso a' rivoluzionarii. Però il re lasciò al Mazza i ducati seimila di soldo, e volle far dispetto all'Inghilterra, esonerando anche il duca di S. Cesareo da cavallerizzo maggiore, perchè amico del ministro britannico Temple, mettendo a quel posto il marchese Imperiale, che si mostrò sempre attaccatissimo alla dinastia, fino a morir poi nell'esilio di Roma per seguire il suo amato sovrano Francesco II.

Ciò che mi fa meraviglia si è che il nobile lord Palmerston non chiese, al solito, qualche indennizzazione in moneta, e che si contentò di una soddisfazione a metà. Io suppongo che la ragione sia stata, perchè allora fervea la lotta in Crimea, ed avendo in quel tempo bisogno dell'Austria, col suscitar questioni in Italia, che putivano di rivoluzione, l'avrebbe messa in sospetto: difatti Inghilterra e Francia, dopo l'esonerazione di Mazza, dichiararono finite le questioni che aveano suscitate contro Ferdinando II.

Palmerston e Bonaparte, dopo che fiaccarono la Russia ed isolarono l'Austria, fecero un poco di sosta, affine di riprendere lena e proseguire con maggior profitto nelle loro congiure a danno dell'Europa civile. Intanto essi, in quel tempo, si tenevano d'occhio l'un l'altro; il primo era sospettoso a causa della potenza della Francia, acquistata in Italia, dopo il Congresso di Parigi; il secondo guatava male la troppa ingerenza inglese negli affari italiani, avendo egli i suoi piani occulti di conquista per vantaggiare i proprii parenti e soddisfare una vendetta che nutriva da tanti anni.

La setta, impaziente di quella sosta, non potendo agire contro l'Inghilterra, inveì contro Napoleone, perchè costui temporeggiava a compiere lo stabilito programma rivoluzionario; perlocchè malediceva la pace, ed i suoi giornali gridavano alto, che nessuna utilità si era ottenuta dal sangue sparso in Crimea, e di tutto quello che si era stabilito nel Congresso di Parigi. Il sire di Francia era minacciato di morte dalla stampa piemontese: *la Gazzetta delle Alpi* non si peritò pubblicare, che *se il Pianori fallì il colpo, un altro braccio può assicurarlo.*[1]

Il furbo ministro Cavour, per ispingerlo ad oprare contro i principi italiani, lo istigava a rivoltare questo Regno, promettendogli, che egli ed i suoi amici l'avrebbero coadiuvato per intronizzare suo cugino Murat. A questo scopo quel ministro avea costituito un comitato murattiano nella capitale del Piemonte, facendo le spese di tutto l'occorrente, in cui erano membri tre emigrati napoletani, cioè Romeo, Stocco e Aurelio Saliceti, già repubblicani e poi unitarii monarchici. Costoro aveano foggiato uno Statuto alla francese, ed aveano financo designato Pepoli, cugino di Murat, viceré di Sicilia. L'astuto Cavour promo-

---

[1] Malgrado che Luigi Bonaparte avesse renduti immensi servizii alla sua nutrice, la setta rivoluzionaria cosmopolita, questa non era contenta di lui; e tutte le volte che ei si fermava un poco sulla via de' tradimenti e dell'iniquità, essa avvertivalo col mandargli un sicario. In sette anni si tentò otto volte la vita di quel settario coronato, cioè con le macchine infernali di Marsiglia, con quelle di Lilla, della Marianna, del Tipaldi, del Grilli ed altre che non riuscirono. Le pistole di Pianori e di Bellamare fallirono: in ultimo vi furono le bombe di Felice Orsini che neppure l'uccisero.

veva ed agevolava quelle mene francesi in questo Regno, perchè era sicuro, che dopo compiuta la rivoluzione, l'Inghilterra si sarebbe opposta alle mire ambiziose de' Napoleonidi. Quindi, come suole avvenire spesso, che tra due litiganti il terzo gode, restando disponibile la preda, egli già paraninfo tra' due contendenti, se ne sarebbe impossessato per derimere la questione. Questa strategica politica ed immorale riuscì dippoi; sebbene a traverso un fiume di umano sangue e con mezzi ed artificii vili e riprovevolissimi.

Sebbene Palmerston e Bonaparte si guardassero in cagnesco perchè conoscevano a vicenda ove tendessero le loro mire riguardo all'Italia, nonpertanto erano di accordo nel volere la rivoluzione in questo Regno. Non avendo ottenuto i risultati che si speravano con la propaganda rivoluzionaria, con le lettere calunniose di Gladstone, con le mene settarie de' loro ministri in Napoli e con le loro prepotenze per far perdere la pazienza a Ferdinando II, decisero che il miglior modo ed il più facile per rovinare questo sovrano, sarebbe stato quello di costringerlo a ristabilire la già sospesa Costituzione del 1848; sperando che i deputati rivoluzionarii di questo Reame, riuniti in Parlamento, avrebbero saputo far di meglio del 15 maggio di quell'anno nefasto.

Ferdinando II non era uomo di cadere nell'agguato che gli si volea tendere; quindi, alle prime insinuazioni fatte da persone appartenenti a Palmerston e Bonaparte, si negò recisamente, adducendo le ragioni d'inopportunità, e facendo conoscere che quella Costituzione era abbominata dalla gran maggioranza de' suoi popoli; i quali, mentre godevano di una perfetta pace e benessere, non intendevano esser messi un'altra volta in agitazione ed in trambusti.

Visto che nulla si otteneva in quel modo, il Bonaparte volle usare la pressione in forma diplomatica. Difatti il ministro degli esteri di Francia, conte Walewski, il 21 maggio 1856, spiccò una nota al nostro governo, già s'intende in forma di consiglio, con cui chiedeva che il re desse piena amnistia pe' reati politici, che si circondasse degli amnistiati, che facesse delle riforme giudiziarie ed amministrative; e ciò, dicea quel ministro, perchè la posizione di Napoli era un pericolo al riposo d'Italia e alla pace di Europa. Finiva col minacciare freddezze diplomatiche, se non si fosse tenuto conto di *un consiglio tanto disinteressato*. Intanto, perchè non facesse difetto la solita contraddizione indispensabile, che accompagna tutti gli atti di cotesti messeri, mentre il medesimo Walewski spifferava *consigli* che erano vere minacce, protestava di non volere esercitare alcuna pressione sul governo di Napoli, perchè il Congresso di Parigi avea stabilito (in apparenza) che nessuno Stato potea ingerirsi ne' fatti intimi di un altro.

Il Sire francese volea obbligare il nostro re a largire un'ampia amnistia, mentre egli, non l'accordava a' suoi rei politici; pretendea che si riformasse la nostra amministrazione governativa, mentre in fatto era migliore di quella di Francia;

e per dirla in breve, voleva dal nostro sovrano quello che egli non faceva nell'impero francese. Oh! i prepotenti valutano le convenienze, il dritto e l'onore di una nazione e di un re dalla quantità dei battaglioni e delle flotte. Il governo di Francia scorgeva in Napoli *il pericolo del riposo d'Italia e* della pace di Europa, e facea lo gnorri di vedere che il vero disordine venisse da Londra, ov'era la fucina del comitato cosmopolita, ed ove, in sette anni, si decretò per ben otto volte, l'assassinio del suo imperatore. Ma Londra avea più flotte di Parigi, e quindi nè si poteva minacciare nè darle consigli *disinteressati*; questi si poteano largire al governo napoletano, che sebbene trovavasi in perfetta pace, e rispettava i doveri internazionali, era meno forte di quello inglese. Ferdinando II era convinto che se si fosse sottomesso a' *consigli* francesi, avrebbe dato questo Regno in preda all'anarchia, ed avrebbe distrutto il trono dell'avolo suo Carlo III, e le fatiche di circa due secoli. Egli non s'ingannava, dappoichè la setta, appena sciente della nota francese, fece un baccano d'inferno, con proclami incendiarii per rivoltare le Due Sicilie. Per la qual cosa, consigliato dalla sua regale dignità e dal bene supremo de' suoi soggetti, ecco come fece rispondere alla nota del ministro Walewski: " I proposti consigli essere una derogazione di quanto il Congresso di Parigi avea stabilito, e che, invece di consolidare la pace d'Italia, tendevano a distruggerla, perchè si volevano mettere in pratica que' mezzi che fanno scoppiar le rivoluzioni. Il re essere il solo giudice competente de' bisogni del suo popolo, il quale non sobillato dalla setta e *dall'ingerenza straniera*, starebbe queto. Che proseguirebbe a far grazia a' rei di Stato, cioè a quelli che la domandassero; però perdonare e richiamare in patria quelli non pentiti, essendosi sempre mostrati incorreggibili, e porli *intorno al trono*, sarebbe il trionfo della rivoluzione, già vinta, il suicidio della dignità sovrana, la catastrofe della dinastia e del Regno. " Era quanto si volea con que' *consigli disinteressati!*

Dopo l'invio di quella nota, il 28 luglio, il re fece grazia a varii esuli condannati per reati politici; fu allora che ritornarono in patria il medico Lanza, il celebre D. Liborio Romano ed altri. Carlo Pisacane ebbe anche grazia, malgrado che avesse disertate dalle regie bandiere ed avesse combattuto in Velletri, nel 1849, sotto gli ordini di Garibaldi, e contro i suoi antichi compagni d'armi. Però il Pisacane non approfittò del sovrano perdono, perchè era stato designato da Mazzini e da Cavour a suscitare la guerra civile in questo Regno. Tutt'i graziati politici ritornarono infatti in patria per ricominciar da capo le loro congiure e immediatamente si misero in relazione con coloro che in Piemonte dirigevano la rivoluzione unitaria italiana; così si volle da Ferdinando II moderazione e clemenza per meglio offenderlo e detronizzarlo, ed in pari tempo proclamarlo tiranno e fedifrago!

Palmerston e Bonaparte si mostrarono offesi, perchè il re non fece tesoro de' loro *disinteressati consigli*; per la qual cosa, il primo si rivolse all'Austria, il secondo al Papa per consigliarlo a far riforme in questo Regno, e che non abusasse *troppo della loro generosità*. L'Austria, sempre più acciecata sui veri suoi interessi, ebbe la dabbenaggine di consigliar riforme a Ferdinando II, nulla riflettendo al controcolpo che le medesime avrebbero arrecato nel Lombardo-Veneto; circostanza che le fece riflettere il ministro degli affari esteri di Napoli. Il Papa, conoscendo lo scopo vero di que' *consigli disinteressati*, non cadde nell'agguato, in cui era caduto il gabinetto di Vienna; anzi ordinò al suo Nunzio in Parigi, che pregasse Napoleone di desistere da quegli inopportuni consigli e pretensioni.

I due dominatori di Francia ed Inghilterra, irritati perchè trovavano tanta fortezza d'animo ed indipendenza in un sovrano di piccolo Stato, il 10 ottobre, fecero sentire allo stesso, avere essi proposto riforme nell'interesse della dinastia (?) e del popolo, l'altre nazioni di Europa pensarla pure così (quali? il solo Piemonte!) – Non poter serbare relazioni con un governo che respingeva ogni *amichevole* avviso; richiamerebbero quindi i loro ministri di Napoli, ma terrebbero le flotte in Tolone ed in Malta, e navi sulle coste del Regno delle Due Sicilie, per accorrere a' cenni de' consoli qui residenti. – In effetti i ministri francesi ed inglesi, Brenier e Temple, si disposero a partire; ma temporeggiavano, sperando di suscitar dimostrazioni sediziose. Essi ne aveano organizzate due, una per acclamarli in via Toledo quando sarebbero partiti, e l'altra per compromettere il governo del re, dovendosi gittar pietre sulle loro carrozze, appena giunti, fuori Napoli, al paesetto di Secondigliano. Però il vigile prefetto di polizia, Pasquale Governa, mandò a monte tutte le mene e le speranze di que' due diplomatici alla moderna. I quali sperando sempre nelle promesse dimostrazioni, il 21 ottobre, abbassate le armi, in cambio di partire per la via di mare, presero quella di terra, passando in carrozze aperte per Toledo, girando gli occhi attorno, quasi invitando i cittadini ad applaudirli; ma rimasero delusi, che nè plausi ebbero in Napoli, nè pietrate in Secondigliano.

Il *Monitore* francese per legittimare quelle prepotenze, che aveano indegnata l'Europa civile, ma che rimanea inoperosa, il 20 ottobre, dichiarò, che si davano consigli al re di Napoli, *per mantenere la pace e distruggere gli elementi del disordine*. Quel giornale ufficiale, e per esso i suoi padroni vedevano il disordine in Napoli tranquilla, e che volea rimaner tale, e proclamavano *governo modello* il Piemonte, ove si congiurava dagli stessi governanti contro la pace d'Italia e della stessa Europa, donde la setta soffiava nel fuoco della rivoluzione; si arrovellavano poi perchè Napoli respingeva i loro esiziali consigli come se la forza maggiore che ha uno stato, desse a questo più sapienza, e quindi la privativa di consigliare al meno forte. Perchè non consigliavano la Russia a restituire i dritti secolari alla sventurata Polonia? perchè lo czar avea un milione di baionette, e quindi, secondo Palmerston e Bonaparte, avea più ragione di loro per trattare quella cattolica nazione, come essi trattavano le Isole Ionie, le Indie, l'Irlanda e l'Algeria.

È una sventura per la civile società che simili pretensioni e prepotenze, che confinano col delitto, debbansi giustificare col pretesto della politica; mentre si manda in galera il semplice cittadino, se adirato lancia una calunnia, o affamato ruba un pane, o spinto dalla vendetta apporta lo scompiglio e lo scandalo in qualche famiglia a lui nemica. I governi di grandi nazioni, se rubano gli Stati altrui son proclamati protettori delle nazionalità, se calunniano sfacciatamente lo fanno per preparare l'opinione pubblica ed allo scopo di ottenere un *buon fine*, se apportano lo scompiglio ed i massacri in un pacifico Regno son liberali, umanitarii e progressisti!

Il *Monitore* francese del medesimo 20 ottobre finiva col dire: " Se il governo napoletano, tornando a *sano giudizio,* comprenderà il suo vero *interesse,* le due Corti rannoderebbero con premura le prische relazioni, e sarebbero liete di dar pegno di riposo all'Europa. " Proprio dopo che si rannodarono quelle *prische relazioni* l'Europa non ebbe più pace, e Napoli perdette la sua gloriosa dinastia e la sua autonomia! Ferdinando II, perchè sprezzò i consigli di Palmerston e Bonaparte, morì re delle Due Sicilie, e temuto da' suoi stessi potenti nemici; Francesco II, perchè si affrettò a rannodare quelle *prische relazioni*, ed attuò i *consigli disinteressati*, perdette il trono, e questo Regno le fatiche e la gloria di due secoli, affogando in un lago di sangue i popoli tranquilli ricchi ed indipendenti.

Re Ferdinando, pel contegno tenuto verso i dominatori di Francia e d'Inghilterra, ebbe veraci e meritate lodi dall'Europa civile, ed anche da' suoi medesimi nemici. Lo stesso Cavour, sebbene avesse lo scopo d'insidiarlo e comprometterlo, il 15 di novembre di quell'anno 1856, disse a Canofari, nostro ministro in Torino: " Il vostro re ha fatto una brillante figura, sciogliendo un nodo troppo intrigato; ora dovrebbe vendicarsi, ravvicinandosi al governo sardo; Napoli e Torino uniti darebbero legge all'Italia. " Canofari rispose a seconda le istruzioni che avea, cioè: " Napoli essere amico di tutt'i governi, il Piemonte insidiarlo, essendosi fatto officina di sêtta per rivoltarlo. I due Stati essere disgiunti, perchè Torino volea innalzarsi sulle rovine di Napoli. "

Il contegno dignitoso e indipendente del re accese maggiormente l'ira de' settarii; costoro avrebbero voluto che la vittima avesse finito col suicidarsi, eseguendo i loro consigli. I così detti patrioti italiani eruttarono *le solite* invettive contro il *re bomba*, contro *il mostro del Sebeto*, perchè costui sprezzò i consigli insidiosi di due prepotenti stranieri. Essi gridavano indipendenza italiana e maledicevano un sovrano italiano, che sì splendidamente si era mostrato indipendente a fronte di due grandi nazioni; lamentavano Italia serva dello straniero, e si arrovellavano contro un principe della stessa, perchè non volle esser servo, sprezzando i consigli e le pressioni dell'Inghilterra, della Francia e della stessa Austria. Ciò dimostra sempre più che i così detti liberali non vogliono il bene del proprio paese, come si sforzavano di farci credere, ma darebbero la loro patria ad un Attila, per ghermire un'ora, un minuto di malaugurato potere. Guardate là sulla sinistra riva del Tevere; ivi vedrete coloro che si proclamavano i più liberali, gl'*immacolati cittadini*, fatti mancipii de' feroci Cimbri e Vandali, degli Unni e de' Tartari, oggi germani e cosacchi, nemici sempre della razza e del nome latino!

Ferdinando II e questo Regno erano stati assaliti, prima con le calunnie, confessate poi dai medesimi calunniatori, indi con le minacce, basate sopra futili pretesti; in ultimo i loro nemici voleano manometterli e trarli in rovina, fingendosi amici e protettori, dando consigli esiziali, accompagnati da pressioni diplomatiche e minacce. Non riuscite tutte quelle sleali ed abbominevoli manovre, Inghilterra, Francia e Piemonte diedero mano alle rivoluzioni; e così credevano convincere l'Europa, che le loro previsioni spifferate nel Congresso di Parigi, fossero bene basate, cioè quando asserivano che il re di Napoli sarebbe stato causa di agitazioni e rivolture, se non avesse inteso i loro consigli disinteressati.

Siccome i popoli di questo Reame erano tranquilli, si usarono tutte le arti satanniche per suscitare simulacri di rivoluzione. La goletta inglese, *Wanderer*, partita da Malta, fece il giro delle coste della Sicilia, spargendo proclami incendiarii, promettendo ogni ben di Dio a quegl'isolani, se costoro si fossero ribellati contro *re bomba*; assicurandoli inoltre, che in Malta stava pronto un esercito britannico per aiutarli, ed un altro francese in Roma, per invadere i dominii al di qua del Faro. Siccome malcontenti e disperati se ne trovano dovunque, smaniosi di pescar nel torbido e far fortuna, gridando " Italia libera " e plaudendo alle invasioni straniere, un barone Francesco Bentivenga di Corleone fu facile strumento in mano de' nemici della sua patria, per suscitare in questa la guerra civile.

Era il Bentivenga un giovane senza istruzione, e non ci deve far maraviglia se nel 1848 fosse stato eletto deputato al Parlamento siciliano, poichè, in tempo di rivoluzione, taluni posti son ghermiti da' meno meritevoli e da' più facinorosi o intriganti. Era egli mazziniano e di dubbia fama; difatti erasi fatto protettore di banditi, e, nel 1853, avendone riuniti un buon numero in campagna, volea tentare un colpo di mano sopra Palermo: scoperto, venne arrestato il 25 febbraio di quell'anno. Il ministro per gli affari di Sicilia in Napoli, Cassisi, per avversare e discreditare il luogotenente del re, Filangieri, protese il Bentivenga, e lo fece assolvere insieme ai suoi complici. Costui, che si proclamava innocente, soltanto vittima della polizia borbonica, dopo che fu messo in libertà, andava e veniva da Torino, e girava travestito varii paesi dell'Isola, per conferire co' capi rivoluzionarii; e tutto ciò sotto gli occhi degli stessi birri. I quali, sia detto francamente, spendevano lor cure a sorvegliare la moda dei cappelli al l'italiana, il taglio della barba, e perfino se ne' caffè i sorbetti fossero a triplice colore. Per la qual cosa il Maniscalco direttore di polizia, inveì contro varii suoi subalterni, e più di tutti contro l'ispettore Pitini, avendolo sospeso dalle sue funzioni, perchè destinato a sorvegliare i capi della rivoluzione.

Nell'ultimo viaggio, fatto nella capitale del Piemonte, il Bentivenga ebbe l'imbeccata da Cavour e le istruzioni scritte da Mazzini; e sebbene quest'ultimo si trovasse emigrato in Londra, per essere stato condannato a morte da' tribunali sardi, non pertanto, era di accordo col primo ministro di quel Regno, quando si trattava di mettere a soqquadro l'Italia.

Bentivenga, avuti i mezzi e gl'incoraggiamenti da coloro che doveano far serva la sua patria, il 23 novembre 1856, insieme a' compagni del 53, alzò lo stendardo della rivolta, facendo rumore e pazzie in Mezzoiuso, in Ventimiglia ed in varii paesi del distretto di Termini, ove pose in libertà i condannati per delitti comuni, ed imprigionò sindaci, giudici circondariali ed ecclesiastici. Unito con un La Porta ed altri capi, bruciarono gli archivii pubblici, votarono le casse appartenenti allo Stato ed a' comuni, e non isdegnarono saccheggiar pure la casa di qualche proprietario in odore di borbonismo.

Essendo costume de' ribelli aiutarsi a furia di menzogne e calunnie, andavano strombazzando che gl'inglesi fossero sbarcati a Palermo, ed i francesi avessero invaso il regno di Napoli. E questi *liberali*, che facevansi un merito chiamare gli stranieri per far serva ed ammiserire la loro patria, erano quelli stessi che addebitavano a gran delitto agli onesti e pacifici cittadini, perchè *costoro* non aveano fatto cattivo viso agli austriaci, venuti nel 1821 in questo Regno, per rimettere l'ordine orribilmente turbato da' loro predecessori.

Bentivenga era in relazione col comitato di Cefalù, di cui faceano parte i fratelli Botta, Salvatore Guarnera ed altri; costoro quando seppero la rivolta di Mezzoiuso, il 25 novembre, si riunirono fuori quella città, erano dodici, e profittando che il sottintendente Nicolosi trovavasi in Palermo, rientrarono armati da porta reale, col vessillo tricolore, gridando: *Viva la libertà!* Un birro, un tal Giuseppe Lo Re, si unì con loro, e tutti investirono il corpo di guardia della polizia, facendo fuoco sull'ispettore Giorgio Scavuzzo, che non uccisero; e non venne poi massacrato, perchè protetto da' fratelli Botta e dal Guarnera. Dopo questa prima prodezza, però non disgiunta da un atto se non generoso almeno ammirevole in simile gente, i ribelli riunirono facinorosi e marmaglia, che armarono, promettendo a' medesimi tre carlini al giorno per cadauno. Dopo di che assalirono le carceri e liberarono un Salvatore Spinozza, illetterato ma audace, ed in relazione col Bentivenga, che proclamarono capo della ribellione di Cefalù. Scassinarono la casa del sottintendente Nicolosi, saccheggiando il mobile, e bruciando le carte appartenenti alla sottintendente. Misero a soqquadro l'abitazione di Salvatore Somma, cancelliere di polizia, che condussero in carcere: ruppero gli stemmi borbonici, deturparono i ritratti del sovrano, ed abbattettero i telegrafi ad asta.

Essendosi insediati nel palazzo di città, al solito, s'impossessarono del danaro del Comune e dello Stato, facendola da sovrani assoluti. Divisero altre armi alla feccia della plebe, tolte agli onesti e pacifici cittadini, non mancando in quegli armati qualche ecclettico; e difatti distinguevasi un certo padre Alfonso Cappuccino, mandato da' suoi superiori a Cefalù in castigo, perchè di cattiva condotta. Tutt'i ribelli di quella città sbizzarrirono fino al giorno 27 dello stesso mese, cioè fino a che non comparve una regia fregata, proveniente da Palermo, carica di truppa, comandata dal colonnello Marra. Costui, prima di sbarcar la sua gente, fece tirare un colpo di cannone, al quale si rispose da cefalutani con alzare la bandiera borbonica; dappoichè gl'insediati nel palazzo di città, all'apparire della regia fregata, fuggirono a fiaccacollo, lasciando ne' guai i pacifici cittadini. La soldatesca, a causa del cattivo tempo, sbarcò al ricovero della Caldura, due chilometri e mezzo lungi dalla città, e fu ricevuta dalla popolazione di Cefalù col grido di *viva il re*! si cantò il *Tedeum* nella Cattedrale e la sera si fecero luminarie.

Le regie milizie, guidate dal sottintendente Nicolosi, già ritornate da Palermo, inseguirono i rivoltosi, arrestando varii capi. Quando il Bentivenga si vide assalito sciolse la sua banda e si occultò in una fratta di fichi d'India, ove fu trovato.[2] Condotto pria a Palermo e poi a Mezzoiuso, sul luogo stesso che avea alzato lo stendardo della ribellione, dopo un consiglio di guerra, il 23 dicembre, fu passato per le armi. Prima di essere giustiziato, volle far testamento, e disse proprio così: *Se potessi domandar grazia al re, son sicurissimo che me l'accorderebbe.* Ecco in quale concetto era tenuto *re bomba* da' suoi stessi nemici! E certo che l'esecuzione di quel consiglio di guerra ebbe luogo in fretta; e siccome il re fece grazia a' complici di Bentivenga, che non erano meno rei, l'avrebbe anche fatta a costui. Queste particolarità sulla rivolta e la fine di Bentivenga mi furono raccontate da due uffiziali miei amici, che appartenevano al battaglione mandato a Cefalù per attaccare i ribelli, e sono conformi ai rapporti del sottintendente e del comandante le milizie. Oltre del Bentivenga venne poi fucilato anche lo Spinozza, e perchè non si chiese grazia al re, giacchè quelli che la chiesero l'ottennero, commutandosi la loro pena di morte in quella dell'ergastolo o della galera, furono Salvatore ed Alessandro Guarnera, Carlo e Nicolò Botta ed Andrea Maggio. L'ispettore di polizia Bajona e il comandante la compagnia d'armi Chinnici fecero delle sevizie a' parenti de' capi ribelli di Cefalù, ed in ciò

---

[2] Il liberalissimo Girolamo di Marzo Ferro, nell'*Appendice alla Storia del Regno di Sicilia* del di Blasi, dice che il Bentivenga si era diretto a Sciacca affin d'imbarcarsi per l'estero, ma per consiglio di un suo amico, un tal Milone, che poi lo tradì, si ascose in una sua rustica dimora, ed ivi fu arrestato. Tutto questo racconto è una invenzione del di Marzo Ferro, opponendosi a' rapporti officiali del sottintendente Nicolosi e del colonnello Marra.

sono riprovevolissimi; ma non perpetrarono tutte quelle terribili infamie che addebitarono loro gli scrittori rivoluzionarii, cioè che avessero fatto uso della *cuffia del silenzio*, o d'altri ordegni di tortura immaginarii.[3]

Al sentire l'esecuzione di Bentivenga, la setta gittò un grido selvaggio d'imprecazione e cominciò a schiamazzare, come se Ferdinando II avesse esterminati tutt' i cittadini di questo Regno; ed in ciò non avea torto, perchè quel sovrano invadeva i privilegi dei settarii, essendo ad essi soltanto lecito di bruciare, massacrare e fucilare, anche senza forme giuridiche.

Nel Parlamento di Torino, taluni deputati alzarono eziandio la voce contro il re di Napoli; Brofferio incolpava il ministro Cavour, perchè avea abbandonato un *popolo generoso* alla mannaia del Borbone. Quel ministro, contentissimo del baccano che aveano suscitato le sue mene settarie, rispose con un discorso tra l'ipocrita e lo spavaldo, vantandosi di franchezza e lealtà, mentre avea mandato il Bentivenga in Sicilia, e l'avea fatto fucilare, e si preparava, a spedire il Pisacane ne' dominii al di qua del Faro.

Non riuscite le calunnie officiose ed officiali, le prepotenze e le pressioni diplomatiche, le mene e le rivoluzioni, importate nelle Due Sicilie, la setta ricorse all'ultima sua *ratio*, al pugnale!... Essa avendo a' suoi ordini uno stuolo di sicarii, scelti tra tutte le classi della società, spesso profetizza l'assassinio di chi ha digià dannato a morte. I giornali romani, *D. Pirlone* ed il *Contemporaneo*, nel 1848, vaticinarono l'assassinio del conte Pellegrino Rossi, ministro costituzionale del Papa. Essendo stata decretata la morte di Ferdinando II dalla medesima setta, i giornali inglesi, francesi e sardi la profetizzarono eziandio, contemporaneamente al moto rivoluzionario del Bentivenga. Il *Globe* di Londra, *Les Débats* di Parigi e la *Vespa* di Genova, prima che avvenisse il tentato regicidio, già aveano fatti i loro vaticinii. La *Vespa*, il dì 8 dicembre 1856, pubblicava un cinico articolo, in cui dicea in quale pericolo si trovasse *re bomba*; parlava di *botta sul cranio*, e conchiudeva dicendo: *Maestà, siete in grazia di Dio? Date una volta bando alle cure del mondo, e lasciatevi mettere nel calendario dei Santi!*

Mentre in Genova si stampavano quelle profezie, in Napoli re Ferdinando II era aggredito sul campo di Marte da un sicario, vestito con l'onorata divisa di soldato; e quel parricida chiamavasi Agesilao Milano, di S. Benedetto Ullano nel Cosentino. Questo scellerato toccava appena 26 anni, era di bassa statura,

[3] Inoltre è da ritenersi come libello famoso un lavoro pubblicato dall'ostetrico Giovanni Raffaele, portante il titolo: *Un periodo di Storia contemporanea*. Basta sapersi che nel medesimo si asserisce, che Ferdinando II fece grazia della vita a' compagni di Bentivenga non già perchè mosso dalla sua clemenza, ma dalla sua superstizione; e che i *satelliti* del *Borbone*, in Cefalù, fecero uso della *cuffia del silenzio*, mentre dallo stesso Raffaele, nel *Corriere Mercantile di Genova*, era stata dichiarata di sua invenzione, cioè quando giovò al medesimo svelenirsi contro l'attuale governo.

di capellatura bruna, di occhi cisposi e sguardo bieco; nell'insieme avea l'aspetto e l'incesso del brigante, nulla rassomigliante a' ritratti che poi si smaltirono. Avendo avuto occasione di vederlo da vicino, dopo il tentato regicidio, la sua immagine mi rimase impressa, e se fossi pittore, anche oggi potrei fare il ritratto di quello sciagurato.

Agesilao Milano era stato espulso, per cattiva condotta, dal collegio italo-greco, e nel 1848 si era battuto in Calabria contro le regie milizie, vantandosi sin da allora che dovea uccidere il re. Potenza della setta! Gravato di tanto sospetto, essendosene fatto un processo, potette eludere la polizia, ed andar soldato nel 3° battaglione cacciatori, comandato dall'onesto e bravo Grenet, come cambio di un suo fratello; e con ciò avere l'opportunità di perpetrare il regicidio. Ammesso nella milizia, mostrossi religioso, ma taciturno e misantropo; era il primo ad uscire dal quartiere, l'ultimo a ritirarsi. Interrogato talvolta su di ciò da' superiori, rispondeva, che andasse a visitare i suoi compatriolti per aver notizie della sua famiglia.

Compiuta l'istruzione di recluta, il dì 8 dicembre, usciva la prima volta sotto le armi, per recarsi al Campo di Marte, ove in quel giorno dal re solessi sciogliere un voto, col riunire la soldatesca per udir la S. Messa in parata a divozione dell'Immacolato Concepimento di Maria SS.ª Dopo di che quelle milizie ivi riunite difilavano innanzi al sovrano, che v'interveniva costantemente in gran pompa militare. Quando il battaglione cui il Milano apparteneva, defilando, giunse per pelottoni con la dritta in testa, all'altura del re, trovandosi quel sicario in seconda riga, ratto si staccò dalla fila e fattosi al lato sinistro di Ferdinando II, abbassando il fucile con la daga in canna, arditamente vibra un colpo per colpirlo al cuore; ma il movimento istantaneo del cavallo e la vigorosa parata col braccio dell'assalito, affievolirono la forza, perlocchè la punta della daga toccò le costole, e senza penetrar molto nella cavità. Il re altro non disse: *Sciagurato!...* Agesilao replicò il colpo, ma colpì la suola del porta pistole. In quell'istante venne atterrato dal tenente colonnello conte Francesco La Tour en Voivre; il quale tornando dal recare un ordine regio, e visto l'infame proponimento, spronando il cavallo, lo spinse sopra l'assassino. Il re, impassibile, vietò che si facesse male al Milano, invece lo fece condurre altrove.

Pochissimi si avvidero del tentato regicidio, e di costoro non tutti capirono bene di che si trattasse; tanto che supposero, che quel soldato o fosse svenuto, cadendo presso il cavallo del re, o fosse stato arrestato per avere abbandonate le fila affin di presentare qualche supplica al sovrano. Atteso la novità del tentato regicidio, e perchè l'assalto e la difesa furono rapidissimi, nessuno de' presenti potette rendersi ragione, o sospettare il vero di quanto avea veduto alla sfuggita.

Finito il *defilé*, Ferdinando montò in carrozza, insieme alla regina, ignara dell'accaduto, e rivelò a costei di essere stato ferito, raccontandole il fatto dell'aggressione. Figuratevi lo spavento di quella regal donna, che temeva che la daga fosse avvelenata; e vuolsi che avesse succhiato il sangue represso sulla ferita dell'augusto consorte.[4]

Non avendolo vietato il re, in un baleno si sparse in Napoli la voce del tentato regicidio; ed i soldati che tornavano dal campo, non lo seppero che ne' quartieri. Ferdinando si fece osservare da' medici; i quali dichiararono poco profonda ed innocua la ferita. Si esaminò la daga, e non si rinvennero segni di avvelenamento. Di quella daga e del ferro del fucile si formò poi una statuetta dell'Immacolata, col disegno dell'infante di Spagna D Sebastiano; e la non facile trasformazione fu eseguita sotto la direzione dello scienziato Padre Michele Giovanetti, della Compagnia di Gesù.[5]

Tutte le classi della cittadinanza napoletana si affrettarono a recarsi al palazzo reale, per manifestare le loro condoglianze e felicitazioni. Il re riceveva tutti indistintamente; e quel giorno gli appartamenti della reggia furono aperti ad ogni ceto di persone. Nelle ore vespertine, percorse in carrozza varie strade principali di Napoli per mostrarsi al popolo, che acclamavalo con verace affetto ed entusiasmo. La sera vi fu spontanea e splendida illuminazione: gli stessi poveri, che non usavano lumi ne' loro abituri, l'illuminarono con olio all'esterno. I ministri esteri si recarono presso il sovrano, e mostrarono raccapriccio del tentato regicidio; lo stesso fecero il clero, il municipio e tutti i negozianti esteri, non esclusi quelli inglesi, che stesero come gli altri un indirizzo; col quale deploravano l'infamia del sicario, ed insieme si congratulavano per essere stata conservata una preziosa vita, dalla quale aveano ricevuto sempre protezione ed incoraggiamento. In seguito giunsero gl'indirizzi di tutti i comuni del Regno, ed erano quali poteano farli affettuosi figli ad un padre amorevole; e quasi tutte le città e paesi fecero tridui in rendimento di grazie pel mancato assassinio.

Agesilao Milano fu condotto nel quartiere militare di Ferrandina, ov'era alloggiato il 3° battaglione cacciatori; ivi scrisse di proprio pugno la sua deposizione prima di essere sottoposto al Consiglio di guerra subitaneo. Era guardato da due sentinelle e da un uffiziale di guardia, con ordini di non comunicare con alcuno. Accorse colà il brigadiere Alessandro Nunziante, comandante i battaglioni cacciatori, allora il più intimo ed in fama di amico di Ferdinando II, permettendoglisi di parlare da solo col Milano.

---

[4] Maria Teresa d'Austria, regina delle Due Sicilie, amava fino al delirio il suo sposo Ferdinando II; ma perchè il suo amore era elevato, e conoscea l'irreprensibile morale dello stesso, non fu mai gelosa.

[5] Essendo ferro dolce quello del fucile, Giovanetti lo trasformò in acciaio; e per quanto fu difficoltosa una tale operazione altrettanto riuscì pregiata, non conoscendosi fino allora statue di acciaio. In appresso dirò come la riuscita di quell'operazione metallurgica suggerì l'idea al medesimo Giovanetti, di fondere i cannoni di acciaio non conosciuti nel 1856.

Mille cose si almanaccarono circa quella conferenza; si giunse a dire, che il Nunziante avendo chiesto ad Agesilao il perchè avesse tentato il regicidio, questi rispondesse: *Tu meglio di me devi saperlo, se per un giuoco di fortuna non ti trovi al mio posto!* Dichiaro che furono queste semplici dicerie, che di certo nulla si sà, non essendovi stato un terzo tra i due interlocutori; lo stesso tenente Carlo Bertini, che funzionava da commissario del re, rimase fuori, perchè Nunziante volle parlare da solo col Milano, e restò sempre nel quartiere, fino a che il regicida fu condannato a morte. Epperò l'essere stato il Nunziante troppo premuroso di avere un abboccamento segreto con Agesilao Milano, l'essere rimasto, senza necessità del regio servizio, sempre presso di costui, e riflettendosi poi alla condotta tenuta nel 1860, sorge un sospetto serio ed incancellabile. Si assicurò financo, che essendo stato interrogato da Ferdinando II del motivo che mosse il Milano al regicidio, abbia risposto sorridendo: " Maestà, quel sicario ha detto che io son complice di lui: ciò non mi reca meraviglia, essendo costume di simili rei cercar complici non disprezzabili.[6] "

Il Consiglio di guerra subitaneo, riunito per condannare Agesilao Milano, era preseduto dal maggiore Enrico Pianelli, funzionando da commissario del re Carlo Bertini, tutti e due disertori poi delle regie bandiere, nel 1860. Il giudizio fu fatto con forme liberalissime nella gran sala del quartiere di Ferrandina; ove accorse gran folla di cittadini per sentire il dibattimento. L'avvocato volea scusare il regicida, dichiarandolo folle; e costui inviperito rispose: *Folle sei tu, io deliberatamente oprai:* per la qual cosa venne condannato a morte, col quarto grado di pubblico esempio. Si disse che il re volea fargli grazia della vita, e che lo persuase in contrario il generale Alessandro Nunziante. Il 13 dicembre ascese al

---

[6] Strana coincidenza! Un sottuffiziale del 6° battaglione cacciatori, di guarnigione in Salerno, comandato allora dal maggiore Caldarelli, sì famoso nel 1860, trovandosi in permesso di due mesi in Calabria, seppe in Reggio, da due fratelli, pretesi negozianti viaggiatori, che in Napoli dovea succedere un gravissimo avvenimento. Siccome que' sedicenti negozianti gli assicuravano che dopo quell'avvenimento avrebbero avuto il potere di farlo promuovere uffiziale, egli cercò di conoscere qualche particolarità di quello che accader dovea in questa città, e si convinse che si trattava di attentare alla vita del re. Per la qual cosa s'imbarcò immediatamente sul vapore che partiva per questa città, ove giunse il 5 dicembre, vale a dire tre giorni prima del tentato regicidio, e senza perder tempo viaggiò per Salerno. Non avendo potuto avvicinare il suo comandante Caldarelli, corse dall'uffiziale commissario del re, cav. Giovanni de Torrenteros, e segretamente rapportò la ragione del suo precipitoso ritorno al battaglione. Il de Torrenteros conosciuta l'importanza del fatto, e perchè attaccatissimo alla dinastia, accolse di officio l'esposto del sottuffiziale e, segnando l'ora ed i minuti, ne fece riservatissimo rapporto al Caldarelli. Il quale disse dippoi, che il 7 non potè accedere sino al re, e dopo il mancato regicidio, sentendo la pubblicità di quel fatto e del non calcolato salutare avviso, si gittò à piè di Ferdinando II, chiedendo perdono e grazia... Ottenne facilmente da quel tiranno l'uno e l'altra, essendo il Caldarelli allora in fama di devotissimo e fedelissimo suddito e soldato. Quattro anni dopo, pervenuto al grado di generale, diè spettacolo non so se più di codardo o fellone, mentre lo si riteneva valoroso ed attivissimo militare: umani inganni!

patibolo nella piazza del Cavalcatojo, fuori Porta Capuana in Napoli; ivi condotto dal 3° battaglione cacciatori, di cui egli facea parte. Avea gli occhi bendati, e facea ogni sforzo per togliersi la benda; dappoichè volea vedere l'atteggiamento della popolazione, sperando sempre una sommossa popolare per essere liberato. Quando gli venne meno ogni speranza terrena, ascoltò le benefiche parole d'altra salvezza che gli suggeriva il sacerdote che assistevalo; difatti si mostrò contrito e baciò il crocefisso. Nonpertanto pria che il laccio gli avesse strozzata la parola, gridò: *viva l'Italia e la libertà!* Nessuno rispose; ed anche su quel palco terribile il popolo lo guatava bieco e lo imprecava.

Dal processo fatto al Milano risultò, che vi fossero altri dieci complici; ma il re, perché 'offesa era stata fatta a lui, vietò altri giudizii, per risparmiare altro sangue.[7]

L'esercito e la flotta, dolentissimi che un militare avesse voluto assassinare il re, con offerte volontarie votarono un tempio all'immacolata, da erigersi sul luogo stesso del tentato regicidio. Gli uffiziali diedero in dono una spada di onore al tenente colonnello Francesco La Tour. La costruzione del tempio fu decretata, e vi si mise la prima pietra il 13 agosto del 1857. I negozianti di questa città offersero grosse somme per fondarsi un'opera di beneficenza, affinchè ogni anno, l'8 dicembre, si largissero de' soccorsi a' poveri, in quello stesso tempio che doveasi fabbricare sul Campo di Marte.

Come è da supporsi, non mancarono apologisti al regicida Milano; la setta lo *canonizzò martire della patria,* e varii giornali di Stati monarchici lodarono il regicidio! Il *Globe* di Londra encomiava i tempi classici, quando era eroismo uccidere chi tenea la regia potestà.[8] I giornali piemontesi prodigarono nauseanti elogi al Milano, e si distinsero tra gli altri il *Diritto,* e *Italia e Popolo.* Si pubblicarono poesie e biografie encomiastiche, ed in Torino si coniarono medaglie, *per raccomandare quel valoroso alla memoria e riconoscenza de' posteri!* Quando poi in Napoli si poteano insultare impunemente i Borboni, vedemmo un Mariano d'Ayala, già apologista di Ferdinando II, ed educato nel collegio militare a spese di questo sovrano, stampare elogi al regicida, e sparger fiori sulla supposta tomba di costui. Vedemmo pure il dittatore Garibaldi, servo umilissimo della monarchia sabauda e di Cavour, decretare l'apoteosi al Milano, e pen-

---

[7] Giustiziato il Milano, il generale Alessandro Nunziante, nella qualità di comandante tutti i battaglioni cacciatori, fece uno spoglio delle filiazioni; e quanti erano nativi del paese di Agesilao Milano, o de' vicini comuni, fece arrestare e deportare dalla polizia, dopo di averli fatti esonerare dal servizio di propria autorità. Misure veramente puerili ed illogiche, però sufficienti a gittare lo allarme e spandere il malcontento nelle file dell'esercito.

[8] A Londra, nel famoso gabinetto di Madama Trussou, vi si fa vedere il cappio che strozzò Agesilao Milano, come una reliquia di gran martire, comprato in Napoli ad un prezzo favoloso; solite eccentricità inglesi!

sionare, col danaro de' contribuenti, i parenti di un sicario regicida.

Quella terribile sfida buttata in faccia a tutt'i sovrani dal dittatore delle Due Sicilie, li fece rabbrividire sopra i loro troni dorati; ma nessun di essi protestò con redarguire almeno i governanti del Piemonte, che proteggevano colui che facea l'apoteosi del regicidio. La tolleranza de' monarchi, circa tutto quello che si perpetrò in Napoli contro i troni ed il regio decoro, dovea produrre i suoi spaventevoli frutti, e li produsse. Tralascio di dire quali furono le conseguenze che subirono i troni di Europa per essersi tollerate tante iniquità commesse in questo Regno nel 1860 e 61 – di ciò ragionerò in un'altra mia operetta – dico per ora soltanto, che essendosi qui *canonizzato* il regicidio, questo perdette quell'orrore che ispirava. Per la qual cosa oggi sentiamo da' telegrammi che ci giungono da Berlino, che in quella città *progressista* si va a caccia di quel potente imperatore, sparandolo a guisa di capriolo.[9]

Dopo quel tentato assassinio, Napoli venne funestata da due terribili scoppii, avvenuti sotto la Reggia. Il 18 dicembre bruciò la polveriera del Molo, mandando per aria quasi intiero l'edifizio, con la morte di dieci persone. Fu tale la forza di quello scoppio, che una grossa pietra andò a cadere non meno che presso il Mandracchio, sfondando una casa. Fu tale la violenza che i vetri del palazzo reale e quelli di una parte della città si fransero, e s'intese tale spaventevole il rumore, che sembrò un finimondo.

Si disse, che quel braccio del Molo, si fosse voluto far saltare in aria dolosamente da chi avealo malamente costruito per togliersi da qualunque responsabilità: trovavasi allora direttore della decima direzione del genio nella Darsena il maggiore Sponzilli.

Un altro scoppio più spaventevole ancora avvenne più vicino alla Reggia e forse con l'infame scopo di danneggiarla. Trovavasi nel porto militare la fregata *Carlo III*, che dovea partire per Palermo, carica di oggetti militari; avea a bordo ventisei quintali di polvere, l'equipaggio e pochi passaggieri. Alle ore 11 della sera del 4 gennaio 1857, senza sapersene la vera causa, presero fuoco le polveri e s'intese una detonazione spaventevole, mandando in aria a grande distanza, legni, ferri, sei cannoni e persone: il resto affondò. Spettacolo orrendo! le membra umane vedeansi cadere da straordinaria altezza, tuffarsi nel mare, scomparire e poi tornare a galla. La città spaventata si trovò al buio nelle vicinanze della Marina.

Varie e contraddittorie cagioni si designarono per quella catastrofe; si disse che fu caso accidentale. Si assicurò che un marinaio, volendo rubare della polvere,

---

[9] Il telegramma di Berlino del 2 giugno 1878, riportato da tutti i giornali, ecco come si esprime: " Mentre S. M. l'imperatore faceva una passeggiata in carrozza, gli fu tirato contro un colpo di pistola, ed è stato colpito al braccio ed alla guancia da *pallini che si usano per la caccia dei caprioli*. "

fosse sceso nella S. Barbara, e che cadutagli la lanterna per la paura di sentirsi seguito, avvenisse l'incendio. Ma chi raccontar potea quell'avvenimento, se coloro che trovavansi a bordo del *Carlo III* perirono tutti? Altri affermarono che nella medesima S. Barbara, per incuria, si fossero posti i preparati fuochi artificiali, che servivano pe' segnali de' legni da guerra, ed avessero preso fuoco, perchè male confezionati, come altra volta accadde nel fortino del Granatello.

In verità, non si può affermare con certezza la causa di que' due disastri; però, in quanto al *Carlo III* sembra che la setta non vi fosse stata estranea. A bordo non trovavansi nè gli uffiziali nè il comandante Faowls, ad eccezione del solo capitano in secondo, sig. Massei. Fu trovato tutto, fuor che gli argenti ed il danaro; e poichè lo scoppio avvenne sotto la Reggia, dopo i moti di Sicilia ed il tentato regicidio di Milano, tutte queste circostanze fecero sospettare non essere stato quello un caso accidentale. Il comandante del *Carlo III*, capitano Faowls ebbe lieve punizione, e poi, nel 1860, lo si vide disertare al nemico.

Tante orride infamie fatte *commettere* da napoletani e siciliani, per ordine degli stranieri, nemici della nostra patria, non fecero desistere costoro di farne perpetrare altre, per darsi ragione in faccia all'Europa, cioè che Ferdinando II fosse un tiranno e questo Regno causa di atroci attentati e rivoluzioni. Tutto si era messo in opra, menzogne e calunnie, consigli e pressioni diplomatiche, minacce ed assassinii, rivoluzioni e scoppii di fortini e di fregate, e tutto ciò, dicevasi, pel bene di questo Reame, cioè per liberarlo dal *re bomba*. Ma nulla si era ottenuto, e l'Europa civile era annoiata, perchè si perseguitava in quel modo sleale ed impudente un re ed i suoi popoli, che non volean divenire servi della setta, e degli stranieri prepotenti. Intanto si dovea attuare il programma rivoluzionario ed a qualunque costo; e siccome i veri napoletani e siciliani abbominavano le rivolte, si pensò importarle dall'estero.

Sebbene in quel tempo Cavour e Mazzini non fossero stati di accordo, perchè questi volea ribellar Genova al Piemonte, pur tuttavia erano tutti e due concordi nel volere accendere la guerra civile in questo Regno. Onde che cercavano un Giuda e fu lor facile trovarlo in Carlo Pisacane. Costui era stato educato nel collegio militare di Napoli a spese di Ferdinando II; uscito uffiziale del genio, nel 1846, se ne fuggì con una donna maritata, sua parente, che lasciò il marito ed i figli per seguirlo. Vissero dapprincipio con le gemme da lei trafugate in famiglia, e quando non ebbero più mezzi alla sussistenza, si posero tutti due al servizio della setta, la quale cerca i suoi adepti in simile gente.

Pisacane fece le sue prime prove in Velletri nel 1849, puntando il cannone contro i suoi antichi compagni d'armi, trovandosi allora sotto gli ordini di Garibaldi. Dopo quel fatto fu proclamato, da' settarii, gran patriota, genio militare, eroe; e la setta contava su di lui per *liberare* le Due Sicilie dalla *schiavitù borbonica*, ed annetterle al Regno d'Italia.

Prima che io narri la così detta spedizione di Sapri, è necessario che i miei lettori sappiano quel che si ordì in Genova ed in Napoli da' settarii di tutte le gradazioni. Teodoro Pateras, compromesso ne' fatti del 1848 e 49, fuggì nell'alta Italia, e tornò in questa città, in grazia della largita amnistia di Ferdinando II. Ebbe incarico da' capi rivoltosi ed emigrati, stabiliti in Piemonte, e propriamente in Genova, di preparare gli avvenimenti favorevoli ad una invasione di ribelli in questo Regno. A tale scopo, si afferma che dal comitato mazziniano, detto di Pippo (così chiamavasi in gergo il Mazzini) si ebbe la somma di quattordicimila lire; e pare che stesse anche in relazione con l'altro comitato del pretendente Murat, riunito in Torino, perchè diffondeva contemporaneamente proclami dell'uno e dell'altro.

La spedizione rivoluzionaria contro questo Regno dovea cominciare dagli Abruzzi, ma poi si preferì il Salernitano; per la qual cosa Pateras, secondo gl'impegni presi, cominciò a far propaganda mazziniana nelle popolazioni del littorale di Salerno per mezzo de' suoi amici in relazione con varie famiglie di quella provincia, in predicato di liberali. Ma queste – che oggi fan pompa di *unitarismo* a tutta prova, avendo il coraggio de' vili – risposero unanimi: " Se il movimento è generale e si sbarca una forza con probabilità di successo, vi ci associeremo ancor noi, in contrario la piglieremo noi i primi a schioppettate " (*sic*). A Pateras non conveniva riferir tutto ciò a Genova, avendo egli promesso mari e monti (era un fanfarone per eccellenza); fece soltanto capire che bisognavano essere molti gl'invasori del Salernitano.

Fu allora che Carlo Pisacane venne spedito da Mazzini, dando i mezzi Cavour, per eseguire uno sbarco nel Cilento, alla testa d'altri rivoluzionarii indigeni ed esteri, ed associandosi a' galeotti del bagno di Ponza, come dirò tra non molto. Questa spedizione venne combinata tra Mazzini e Pisacane per mezzo di una inglese di anni 25, sedicente letterata, Miss Jessie Meriton White, mazziniana puro sangue.

Il piroscafo Cagliari, della compagnia Rubattino di Genova, avea precedentemente sbarcato armi e munizioni sulle coste del Cilento. Quando ero tutto pronto, il Pisacane cacciò fuori una cicalata, che intitolò: *Testamento Politico;* in cui annunziava che avrebbe fatto una rivoluzione radicale di cambiare tutti gli ordinamenti sociali; essendo convinto che in questo Regno la rivoluzione morale erasi già fatta, conchiudeva: *Se giungo al luogo dello sbarco, che sarà Sapri, avrò ottenuto un grande successo.* E l'ottenne secondo i suoi meriti! Il quale successo si sarebbe rinnovato dopo meno tre anni in Calatafimi, se in cambio di trovarsi colà un generale Francesco Laudi, si fosse trovato un militare di onore, comandante quella brigata.

Il 25 giugno 1857, lo stesso piroscafo Cagliari usciva dal porto di Genova, fingendo di andare a Tunisi; era sotto il comando del capitano Antonio Sitzia, con

32 uomini a bordo, dicentisi ciurma, non avendo nè passaporti nè libretti in regola. Eranvi eziandio due macchinisti inglesi, Enrico Watt e Carlo Park, e costoro furono indotti ad imbarcarsi dalla loro compatriota Miss White. La quale scrisse a' medesimi una lettera assicurandoli: " Nostro scopo è liberare i nostri fratelli dalle prigioni di *re bomba;* però aiutandoci farete una buona azione, approvata dall'Italia e dall'Inghilterra. " S'imbarcarono pure sul Cagliari 33 persone: dieci erano veramente passeggieri, ingannati dal capitano Sitzia, il resto rivoluzionarii, sotto gli ordini di Carlo Pisacane. Giunto il piroscafo rimpetto Gaeta, e distante 35 miglia al sud-ovest, si diresse all'isola di Ponza, l'antica Pautia de' romani, ov'erano condannati i delinquenti per delitti comuni, la maggior parte per furti, e soldati per mala condotta; dovevano *essere in molti,* e con questa sorta di gente i *redentori* d'Italia si disponevano a liberarla dal *re bomba!*

Il *Cagliari* si presentò innanzi quell'Isola la mattina del 27 giugno, entrando in porto senza alcun riguardo alle leggi sanitarie ed internazionali, fingendo dover riparare alcuni guasti della caldaia; ed appena salirono a bordo il pilota ed il capitano del porto, vennero arrestati e messi in sentina. Siccome quel piroscafo era aspettato da' *fratelli* di quell'Isola, costoro corsero alla marina gridando: *viva l'Italia, viva la libertà!*

Il Pisacane, a capo della ciurma e di altri 23 individui bene armati, scese subito a terra; dopo di avere dispensato duecento fucili con la corrispondente munizione, assalì il posto doganale ed i soldati veterani, che andavano a zonzo senz'armi. Nonpertanto il giovane tenente Cesare Balsamo[10] raggranellò pochi di que' veterani e tenne testa agli assalitori; ma essendo stato ucciso nel conflitto, i suoi dipendenti, sopraffatti dal numero, furono sottomessi e disarmati. I ribelli ebbero tre feriti e tre morti; quest'ultimi vennero gittati nel mare. I regi, oltre della perdita del tenente Balsamo, si ebbero otto feriti, tra cui l'aiutante Ranza.

Pisacane e il capitano Sitzia, dopo quel conflitto, imbarcarono sul Cagliari 400 galeotti, cioè quanti ne potettero entrare su quel piroscafo, promettendo agli altri rimasti a terra, che lo stesso sarebbe ritornato subito per imbarcarli e condurli nel Cilento. Alle undici di quella stessa mattina, il medesimo *Cagliari* partì da Ponza, dirigendo la prora al sud-est; ebbe però l'avvertenza di allontanarsi molto dal continente, e all'apparire di qualche nave, il capitano facea metter tutti pancia a terra. Giunse il 28 alla marina di Sapri, ove il Pisacane sbarcò insieme coi 450, tra rivoluzionarii e galeotti, e la notte invase il paese, dopo di avere scambiato varie fucilate con taluni della Guardia urbana, che erano corsi alla marina al vedere una nave carica di molta gente.

---

[10] Costui era figlio del generale D. Pasquale, e perchè dedito a' liquori, fu punito, destinandolo in quell'Isola; però non mancava nè di valore nè di fede al re.

Gli abitanti di Sapri fuggirono a' monti, ed i *redentori* per primo atto di *redenzione*, acchiapparono tre conosciuti borbonici per fucilarli; ma costoro, profittando della confusione, fuggirono. Sapri fu manomessa da' ribelli; Pisacane, prima di tutto, s'impossessò del danaro pubblico, indi fece bruciare gli stemmi regi ed assaltare varie case di cittadini; e col pretesto di cercare armi, si rubava quanto veniva sotto la mano. In quel paese non trovò aderenti; lo seguì soltanto il baroncino Gallotti, già condannato pe' fatti del 1848 e graziato. Si recò a Torraca, sperando di far seguaci, ma tutti rifiutavansi. Divise la sua gente in tre squadre; egli si nominò *generale,* il suo aiutante di campo Giovanni Nicotera *colonnello* e Giovambattista Falcone *maggiore,* e tutti marciarono alla volta di Sala, capo distretto; ove speravano trovar simpatie. Cammin facendo si rubava al grido di *viva l'Italia!* ed un soldato galeotto, condotto da Ponza, per abitudine gridò: *viva il re!* Fu messo subito sotto consiglio di guerra, e perchè fuggì, gli fecero addosso una scarica di fucile e l'uccisero.

Quella masnada debaccante marciava in disordine, ed era uno spavento il solo vederla; varii mietitori di grano, presso Montesanto, presi da panico a quella vista, fuggirono precipitosamente, altri tentarono nascondersi; ma presi per ispie, ebbero addosso un fuoco vivo di fucilate, restando morta una donna a nome Rosa Ferretti. La sera, i nostri *prodi redentori,* carichi di bottino e stanchissimi, giunsero alla certosa di S. Lorenzo, presso Padula, ed ivi riposarono sugli allori colti in quella giornata.

Il *generale* Pisacane avea deciso gittarsi sulla Basilicata, ov'era un comitato unitario, col quale trovavasi in corrispondenza, ma gli mancò il tempo; conciossiacchè la notizia del suo sbarco era volata con le ali del telegrafo, e l'intendente di Salerno avea lanciato il 7° battaglione cacciatori, comandato dal tenente colonnello Ghio, e buon numero di gendarmi, sotto gli ordini del maggiore Girolamo de Liguoro[11], per dar la caccia a' sbarcati di Sapri. Calvosa, sottintendente di Sala, sin da due mesi sapea, che in Genova si preparava una spedizione rivoluzionaria, per assalire il suo distretto; subito ne avea dato conoscenza al governo, ma il capo della polizia, il *buon* Bianchini non diè alcun provvedimento, non potendo decidersi a guastar gli affari de' suoi *fratelli.* Quando il medesimo Calvosa intese lo sbarco di Sapri, non solo telegrafò all'intendente di Salerno, ma radunò gendarmi ed urbani; avvisò il suo collega di Lagonegro di

---

[11] Ghio, nel 1860, trovandosi generale, vilmente tradì in Calabria, e specialmente a Soveria-Mannelli; più tardi si suicidò a' Ponti Rossi, in Napoli, tra l'onta e il rimorso. De Liguoro il 7 settembre del medesimo anno, diè grato spettacolo di quel che può l'onore, la fede ed il valore: egli, alla testa del 9° reggimento di linea, con Garibaldi in Napoli, traversò questa città con bandiere spiegate, per condursi in Capua, ove felicemente giunse tra gli applausi di tutto l'esercito e del giovine sovrano. Vedi: *Un Viaggio da Boccadifalco a Gaeta, Memorie della rivoluzione del 1860 e 61.* pag. 398.

far lo stesso, onde così mettere in mezzo i ribelli. Costui, in cambio di seguire il consiglio del suo collega, abbandonò la sua residenza e fuggì a Maratea.

Pisacane, avuta conoscenza del movimento di armati a suo danno, la mattina del 1° luglio, con tutta la sua masnada, prese posizione sopra Padula, al colle detto delle Coste; ed ivi venne assalito dal maggiore de Liguoro, che fu il primo a giungervi, conducendo trenta gendarmi e cinquecento urbani. Costoro tirarono i primi colpi contro i ribelli, che appena assaliti retrocedettero in disordine, e più di tutto, quando videro ferito il loro portabandiera. In quella giunse il 7° battaglione cacciatori, ed una compagnia dello stesso si spinse sull'altura per prenderli di rovescio. Fu allora che gli assaliti scesero nel paese Padula, per fortificarsi nelle case; ma vennero incalzati da' cacciatori a passo di carica, e lor mancò il tempo di prender posizione e fortificarsi. Nelle strade e ne' giardini di quel paese avvenne un vero massacro di ribelli; 56 furono uccisi, 30 feriti e 203 fatti prigionieri. I capi potettero fuggire, perchè abbandonarono i loro dipendenti al principio della pugna; altri di quella masnada se la svignarono per gli sbocchi delle strade, che formano la divisione de' giardini; e ciò avvenne perchè il maggiore de Liguoro credette non custodire quelle uscite, forse per non far versare molto sangue.

I fuggitivi di Padula presero la via del piccolo paese di Sanza, affin di guadagnare i boschi del Cilento; il capo urbano Laveglia e pochi cittadini armati andarono loro incontro, ma furono costretti retrocedere a carpone, perchè ricevuti con una scarica di fucilate. Laveglia ed i suoi dipendenti girarono la posizione de' ribelli, e l'investirono alle spalle. In quel conflitto venne ucciso il Pisacane ed altri, e Nicotera ferito da una palla alla mano. Da quel momento il residuo degli sbarcati di Sapri si diedero a dirotta fuga, e correndo all'impazzata, venivano uccise anche delle donne, accorse armate di zappe e di scuri. I pochi superstiti fatti prigionieri furono 80, tra' quali il *colonnello* Nicotera; e tutti furono condotti a Salerno sopra carri e carretti.

La gran Corte criminale di Principato Citeriore venne elevata a gran Corte di rito speciale per giudicare gli sbarcati di Sapri. Però nessuno di costoro ebbe il condegno castigo che si meritava, in grazia della eccessiva clemenza di quel Ferdinando II, che chiamavano il *Nerone del Sebeto*.

I nemici politici del barone Giovanni Nicotera, sostengono che costui avesse fatte delle rivelazioni interessanti a' magistrati di allora; e per questa ragione, essi dicono, non fu trattato secondo i suoi meriti, cioè di capo rivoluzionario, preso con le armi alla mano. Io non oso affermare quest'accusa, perchè avendo letto i documenti ed il processo, circa i fatti della spedizione di Sapri, non trovai traccia di rivelazioni fatte dal Nicotera, che avessero potuto compromettere altri rivoluzionarii o pretendenti. Mi si dirà, che que' documenti si fecero sparire; ma è questa una supposizione gratuita, che non si può mettere per base di una terribile accusa. Dall'altra parte non oso negarla, in primo, perchè i rivoluzionarii han fatto sempre i girella, maggiormente quando han trovato il loro tornaconto, in secondo perchè il mazziniano barone Nicotera fu ben trattato da' tribunali ed ebbe grazia dal re .[12]

A questo proposito domando il permesso al sullodato sig. barone democratico, per fargli il seguente dilemma: o è vera l'accusa scagliatavi, non è molto, dalla *Gazzetta d'Italia*, o riconoscete che Ferdinando II non era il *re bomba, il Nerone del Sebeto,* ma un sovrano clementissimo, avendovi perdonato, dopo di essere stato voi reo convinto di ribellione, ed arrestato con le armi alla mano qual capo in secondo di una invasione di stranieri in questo Regno. Scegliete sig. Nicotera una delle due proposizioni, dalle quali non potete uscire, se non volete sofisticare irritandovi, come quando eravate ministro, nel rispondere a' deputati di opposizione. Son sicurissimo che sceglierete la seconda proposizione, come la più onorevole per voi, e che io suppongo la vera; e vi assicuro che saremo perfettamente di accordo, sebbene io un misero mortale, e voi ex mazziniano, ex generale, ex ministro del Regno d'Italia, *ex ciambellano*, ed ora deputato e capo di un partito nel Parlamento italiano.

Or vediamo quel che oprava il *grande agitatore* Teodoro Pateras, mentre in Genova si organizzava la spedizione mazziniana contro questo Regno, e dopo che Pisacane e compagni sbarcarono in Sapri. Egli avea assicurato il Comitato mazziniano di Genova, che lo sbarco de' *fratelli* nel Salernitano sarebbe stato appoggiato da Napoli con una importante dimostrazione liberale di più migliaia di cittadini, ed egli a capo della stessa.

Quella dimostrazione, che doveasi fare innanzi il Caffè di Europa, abortì completamente, non essendosi trovati sul luogo del ritrovo che soli *quattro individui.* La massa de' dimostranti, che dovea essere assoldata dal Pateras, esisteva

---

[12] Il sig. Gaetano Fischetti, nel 1857, regio giudice del Circondario di Sapri, l'anno passato, pubblicò un opuscolo circa i fatti di quel tempo, avvenuti nel distretto di Sala. Io non ho tenuto alcun conto di quel ch'egli asserisce, perchè chiarissimo si vede, che il Fischietti, per meglio farsi credere si camuffa ancora a borbonico, e vuol difendere il barone Giovanni Nicotera dalle accuse lanciategli dalla *Gazzetta d'Italia.* Difatti, per non citare tanti è tanti paragrafi di quell'opuscolo, bastano a dimostrarlo le seguenti parole della pag. 4, ove il Fischetti dice: " Venti anni sono già decorsi dal primo successo, e le tenebre offuscano ancora gli avvenimenti di Sapri. Ha dovuto risentirne gli effetti lo stesso Barone Nicotera (che disgrazia pel giudice regio di Ferdinando II!) condottiero (non egli ma Pisacane) di quella spedizione, *oggi Ministro dell'Interno,* (ecco la ragione per cui scrive il giudice borbonico) che attaccato per mezzo della *Gazzetta d'Italia, dal partito avverso, con mire ambiziose di potere; un solenne giudicato reso dal Tribunale di Firenze, ha dichiarato calunnioso l'attacco.* " Dopo ciò il giudice regio di Ferdinando II protesta di *voler difendere la verità contro l'ambizione, l'invidia e l'ignoranza dei nemici del Barone Nicotera,* oggi Ministro dell'Interno, scrivendo e pubblicando un opuscolo a sue spese, egli, che fuggì appena sbarcarono i ribelli!

E quest'opuscolo può servire alla Storia? Sì, rispondo a me medesimo; lascia cadere una maschera per tanti anni usata!

soltanto nelle fandonie di questo fanfarone, o se mi è lecito dire nella sua *saccoccia*; per la qual cosa, appena egli intese l'arresto del piroscafo *Cagliari* fuggì da Napoli a scavezzacollo.[13] In effetti appena si seppero in Gaeta i fatti di Ponza e poi quelli di Sapri, si spedirono due fregate, il *Tancredi* e l'*Ettore Fieramosca*, con a bordo l'11° battaglione cacciatori, comandato dal maggiore Marulli; ma giunsero dopo che la masnada era stata distrutta. Quelle due fregate, il 29 giugno, scopersero il *Cagliari* a dodici miglia all'occidente dell'isola di Capri, in linea retta tra Sapri e Ponza, per ritornare in quest'Isola, imbarcare il resto de' galeotti e condurli nel Cilento, affin di riunirli agli altri. Quel piroscafo, quando fu chiamato dalle due fregate, alzò bandiera sarda e proseguì la sua rotta; ma una palla di cannone gli mise giudizio, e si presentò al *Tancredi* che lo catturò e lo condusse a Napoli.

Il capitano Sitzia facea l'innocentino, e si atteggiava a vittima, raccontando che appena partito da Genova per Tunisi, i passaggieri lo deposero dal comando, mettendolo agli arresti. Era questa una premeditata ed impudente menzogna; egli era rimasto libero quando la ciurma ed i passaggieri scesero in Ponza, e potea correre a Gaeta ed a Napoli per dar conto della violenza sofferta e delle avvenute conseguenze. Invece attese il Pisacane e gli altri sbarcati per condurli a Sapri, e rimase nella spiaggia di questo paese, fino a che la *sua ciurma ed i tuoi passaggieri* respinsero gli urbani, e marciarono senz'ostacoli nell'interno. Dippiù, a bordo avea tre feriti, ed addosso ai macchinisti inglesi si rinvenne la lettera sopraccennata di Miss White, che svelava la complicità di tutti. I veri passaggieri rimasti a bordo sostennero in faccia al capitano, non solo la sua complicità in quella spedizione, ma che li avea ingannati col condurli prima a Ponza e poi a Sapri in cambio di Tunisi.

Il governo di Napoli pose in libertà quei passaggieri, gli altri rimasero in arresto. Essendosi chiesta la restituzione del *Cagliari* dalla Società Rubattino, per mezzo di un de Lorenzo, la domanda venne respinta, perchè l'Intendenza della real Marina avea chiesto al magistrato competente di dichiarare buona preda quel piroscafo per aver commesso atti di pirateria.

Cavour, vile co' forti, spavaldo co' deboli, quando intese la fine di Pisacane e della sua masnada, si affrettò a far dire al governo di Napoli, per mezzo del ministro sardo conte Groppello, *che deplorava il criminoso fatto, avendo destato*

---

[13] Teodoro Pateras, a causa della fiacchezza della polizia, fuggì in S. Germano, indi passò nello Stato Pontificio e riparò in Toscana. Tornò a Napoli nel 1860 per ricominciare le sue *utili* fanfaronate — Quella d'Isernia è la più solenne. Però non si dissimularono i gravi sospetti sul suo conto circa la *gestione* di que' fondi che avea ricevuto, ed il tranello in cui avea tratto i suoi amici. Egli si giustificò in parte e completò la sua giustificazione due anni or sono, difendendo a spada tratta il Nicotera, che più ne avea sospettato, anzi l'avea accusato pubblicamente.

indignazione in tutta l'onesta gente. Ipocritamente facea dir ciò a quel ministro, accreditato presso la nostra Corte, perchè questi aveagli rapportato: " La banda, (di Pisacane) dovunque passava, era combattuta dalle Guardie urbane, trovando avversione nelle popolazioni, che uccidevano in ogni modo gli sbandati. " Quando però fu certo che l'Inghilterra avrebbe sostenuto le parti del governo sardo, da vero semigallo, alzò la cresta e si atteggiò a ridevole rodomonte. E difatti mandò una nota al nostro governo, minacciandolo che " avviserebbe a que' provvedimenti che gli *offesi dritti* dello Stato avrebbero richiesto e consigliato. " Quel codardo antitaliano ministro, quando sapea di dover lottar solo con Napoli, sciorinava scuse e viltà; sentendosi sostenuto dall'Inghilterra facea lo spavaldo. E così, mentre volea scacciar lo straniero dall'Italia e togliergli qualunque ingerenza sulla stessa, chiamava or francesi ed ora inglesi nelle italiche questioni da lui stesso suscitate.

Quel ministro non vergognò scrivere a Londra: " Sperare che l'Inghilterra *non abbandonasse la Sardegna, sua fida alleata, alle sue forze*; se crede non aiutarla, almeno che non si affretti a dichiarare che non farà nulla a vantaggio della medesima. L'Europa non trarrà la spada per aiutare il re di Napoli. " Fu allora che l'Inghilterra, per aiutare *la sua fida alleata*, cominciò ad usar pressioni e prepotenze circa la cattura del *Cagliari*, malgrado che i magistrati competenti di Londra l'avessero dichiarata buona preda della real Marina napoletana. Fu eziandio allora che chiese al nostro governo soddisfazione ed indennità, perchè si arrestarono i due macchinisti inglesi, Park e Watt; e Cavour sciente di ciò chiese la restituzione del *Cagliari*, atteggiato a ridevole spaccone.

Il governo di Ferdinando II rispose a quello britannico, adducendo le ragioni per cui limitavano rei que' due macchinisti inglesi, citando tutti gli autori di dritto internazionale, e confermandole con varii fatti di recente data. Ma l'Inghilterra, che, al solito, volea un dritto internazionale a sè, trattandosi di quistioni con piccoli Stati, senza tener conto di quelle calzanti ragioni, insisteva che si desse un generoso compenso a' macchinisti Park e Watt, *per la sofferta violenza*, e che si restituisse il *Cagliari*, *avendo fatta sua la causa del governo sardo*: conchiudeva quelle impudenti domande con le solite minacce.

Già si parlava di mediazione degli altri Stati marittimi, per decidere quella controversia, ossia prepotenza brittannica, quando venne troncata dal re Ferdinando II in un modo inaspettato, facendo rispondere al governo inglese: " Non aver egli mai pensato di tenere a sua disposizione tanta forza da opporla all'Inghilterra, poichè questa *facea sua la causa della Sardegna*; quindi non restargli altri argomenti di opporle, trattandosi del dritto della forza. Per la qual cosa avere depositate tremila lire sterline (circa settantamila lire italiane!) nel banco Pook, e messo a disposizione del Lyons il *Cagliari* e la ciurma. Non occorre mediazione, restando tutto alla volontà assoluta della Gran Brettagna. "

I giornali settarii tentarono menar vanto per quella umiliazione inflitta al governo napoletano, e più di tutti quelli piemontesi; però Ferdinando II, mostrandosi all'Europa vittima magnanima di una prepotente nazione, strozzò in gola a' suoi nemici qualunque grido di trionfo. In effetti quando il *Cagliari*[14] ritornò a Genova con bandiera sarda, i rivoluzionari non osarono festeggiarlo, perché tutti sentivano in cuore la turpe vittoria di un Piemonte che si proclamava italianissimo, e facea opprimere dagli stranieri i governi italiani.

D'allora i principi regnanti in Italia si convinsero che il pigmeo governo sardo, riparato all'ombra di quello francese e di quello inglese, potea impunemente insidiare i loro Stati, e di più erano costretti dar soddisfazioni e pagare indennità a quelli che loro avessero recato la guerra civile. La nobile nazione francese pagò con usura le settarie prepotenze del suo despota, detto *crimine coronato*; in quanto all'Inghilterra verrà il giorno del suo *redde rationem*, e di già comincia a non esser più temuta, anzi derisa da quelli stessi che volle proteggere contro la giustizia. La giustizia di Colui, che non sta soggetto nè a subdola politica, nè a calunnie, nè a flotte o eserciti, potrà tardare, ma giungerà terribile, per quanto inaspettata.

Ferdinando II, dopo di aver fatto tante spese a causa della spedizione di Pisacane, voluto da Mazzini e Cavour, non trascurò di agevolare i paesi che aveano sofferto. Difatti dispose che duemila ducati annui fossero destinati per opere pubbliche nell'isola di Ponza, per così compensare quegl'indigeni dei danni ricevuti da' ribelli che voleano beatificare questo Regno. Ordinò inoltre che si fossero divisi altri duemila ducati a coloro che aveano sofferte delle perdite da quello sbarco. Per la medesima causa fece largire tremila ducati a' comuni di Sapri, Sanza e Padula.

Prima di finire questo capitolo è necessario accennare le opere pubbliche e di beneficenza fatte da Ferdinando II negli ultimi due anni del suo splendido e patriarcale governo; dappoichè, dovendo ragionare in seguito di altri fatti importantissimi, non credo conveniente interrompere la narrazione. Inoltre nominerò gli uomini illustri che cessarono di vivere dal 1857 al 58, e le opere più ragguardevoli che si pubblicarono in questo Regno.

Sul finire di marzo 1857, venne illuminata a gas la bellissima *Banchetta* di Palermo, essendo quello il più elegante passeggio serotino degli abitanti di quella città ne' mesi estivi. Nello stesso mese si fondò nel Comune di Scafati, sul torrente Boleri, il magnifico opificio, destinato alla fabbricazione della polvere da sparo, con macchine e metodi recentissimi.[15] Si diè principio alla chie-

---

[14] Il dittatore Garibaldi, tra gli altri sperperi fatti del danaro napoletano, appena giunto in questa città, fece pagare centinaia di migliaia di ducati alla Società Rubattino, per compensarla circa la spedizione di Sapri. Vedi: *Un Viaggio da Boccadifalco a Gaeta, ec.*

sa votiva dell'esercito e dell'armata, da erigersi sul Campo di Marte a spese de' militari; dedicandosi alla SS.ª Vergine Immacolata, in memoria della miracolosa preservazione del re, dal nefando attentato del sicario Agesilao Milano. Il 2 agosto 1857, il conte di Aquila, delegato dal re, pose la prima pietra di quel tempio, benedetta dal cappellano maggiore; intervenendovi le reali truppe in tenuta di gala.

In commemorazione di quello avvenimento, s'istituì in Napoli una banca di pubblica beneficenza con offerte volontarie de' commercianti; la cui rendita annua fu destinata a dotare le oneste e povere fanciulle, e fornire di letti, vesti e cibo le persone indigenti; e ciò dovea praticarsi nel dì 8 dicembre di ogni anno e nella medesima chiesa votiva. Le somme raccolte furono impiegate in acquisto di rendita pubblica, e l'amministrazione de' fondi dovea essere affidata ad una Commissione di tre individui. Per la medesima circostanza, il cav. Giovanni Abate di Paola fondò una pia opera, col titolo: *Fedel Sudditanza*, e con una rendita da distribuirsi a' poveri, assistenti alla Messa votiva, che celebrar si dovea nel tempio del Campo di Marte l'anniversario del miracoloso salvamento di Ferdinando II.

Nel medesimo anno 1857, in S. Maria Maggiore, in provincia di Terra di Lavoro s'iniziarono i lavori per un gran quartiere militare, ed altri due a Mola di Gaeta, uno sotto il titolo di *S. Erasmo*, l'altro di *S. Teresa*. La fedelissima città di Messina, volendo dare anch'essa un attestato di affetto al re Ferdinando II, gl'innalzò una magnifica statua di bronzo, in abito di gran maestro dell'Ordine di S. Gennaro, tra le acclamazioni di quel popolo entusiasta, oggi povero, mesto e misantropo!

Nel 1858 s'intraprese la costruzione di tre porti mercantili, cioè quello di Salerno, con disegno dell'architetto Ercole Lauria, e gli altri di Pozzuoli e di Tropea. Si costruì un Lazzaretto in Brindisi ed un altro *semisporco* se ne compì in Nisida. Quello stesso anno venne collocato sul fastigio centrale del Foro Carolino – oggi Piazza di Dante – un grandioso orologio con quadrante trasparente, per servire di giorno o di notte. Ferdinando II, appena vide quell'orolo-

---

[15] Quest'opificio — nè ferro nè fuoco — costruito con tutte le regole di arte, dipese dal tanto beneficato Alessandro Nunziante; egli ne regolò la spesa e vi adibì i suoi protetti. Intanto non si fece scrupolo congedare, di suo proprio arbitrio, un soldato del 6° cacciatori, che si era stritolato un braccio mentre trovavasi in servizio di quell'opificio; e se non fosse stato per l'energia dell'uffiziale, che ivi comandava un distaccamento, quell'infelice mutilato sarebbe andato elemosinando. Il soldato, che perdette il braccio nell'opificio di Scafati, si chiamava Domenico Quadraccione. Bisogna convenire che il generale Alessandro Nunziante preparava bene gli avvenimenti del 1860, cioè mettendo sotto gli occhi dell'esercito un soldato mutilato, in servizio del re, chiedente la elemosina. Di simili ributtanti spettacoli se ne videro molti in quel tempo, perchè non tutti i soldati trovavano uffiziali di cuore per proteggerli, come quello che comandava il distaccamento di Scafati.

gio, notò varii difetti d'arte, ed avendoli fatti osservare agli architetti, costoro, che non li aveano avvertiti, si affrettarono a toglierli.

Varie strade rotabili si costruirono in quell'anno 1858: accennerò le più interessanti. Dal sito di S. Agata, presso Sessa, s'intraprese una nuova strada da condurre a S. Paride, presso Teano, essendo stata designata questa piccola città per una delle stazioni della ferrovia che menar dovea a Ceprano. Negli Abruzzi si aprì il tronco di strada detta *Milliaria 37ª*, che conduce al così detto ponte del Monumento di Venafro. Nella provincia di Bari furono compiute le strade carreggiabili da Canosa a Lavello, Altamura e S. Erasmo, da Acquaviva a Cassano, da Noci a Mottola, erigendosi varii ponti, dei quali i più notevoli son quelli di Bitonto e l'altro sul torrente Liconte. Inoltre si compirono l'altre strade che da S. Paolo di Nola corrono a Lauro, da Piedimonte a Gioja; in Basilicata da Potenza a Matera, da Melfi a S. Venere, da Riopersico a S. Maria la Neve, proseguendo il prolungamento fino ad Altamura, e quest'ultima si chiamò strada *Paucenzia*. Nella provincia di Calabria ulteriore 2ª si compì la strada detta *via Borbone*, che da Catanzaro corre a Tiriolo, ed altre tre che menano dal ponte Amato a Nicastro, a S. Biagio e S. Eufemia, da Monteleone a Tropea, da Catanzaro a Cotrone. In quell'anno s'intraprese la costruzione della tanto necessaria strada detta della Sila, affìn di mettere in comunicazione i paesi di quella provincia col Demanio pubblico, che si estende per sessantamila moggia, la maggior parte boscose.

Le opere di beneficenza che furono ampliate, rifatte o fondate in que' due anni sono, direi quasi innumerevoli; e se volessi tutte accennarle, sarei troppo prolisso, e forse annoierei qualche lettore. Nonpertanto credo necessario nominarne talune per far conoscere sempre più quanto fosse benefico e caritatevole re Ferdinando II, proclamato, dai suoi vili e bugiardi detrattori, avaro e tiranno.

Gli ospizii, orfanotrofii, ospedali, case di ricovero pe' poverelli o per le donne disgraziate, le chiese, fondate o restaurate nel 1857 e 58 basterebbero ad onorare la memoria di quel re e di tutto il suo lungo regno. Sotto il regime di quel benefico monarca si videro e si ammirarono portenti di operosa carità, che soltanto un'anima pia ed informata alla religione cattolica sa pensare e compiere. In que' due anni solamente si aprirono sette principali ospizii di beneficenza, cioè in Trani pe' proietti, in Messina, per la così detta *Bassa forza*, in Palermo detto di *Beneficenza*; altri due in Ariano, uno per accogliere gl'impotenti al lavoro, l'altro qualunque povero; quest'ultimo ebbe il titolo di *Ospizio de' Capezzuti*. Altri due interessanti se ne fondarono, uno in S. Angelo de' Lombardi, sotto il titolo della *Regina Maria Teresa*, affidato alle benefiche cure delle *Figlie della Carità*, e l'altro in Aci-Reale in Sicilia.

Ne' medesimi due anni si eresse in Bovino un educandato per le civili donzelle diretto dalle Suore della Carità, e quattro conservatorii, cioè in Napoli, nella via Gambella a Capodimonte, nel Comune di Colobrano, in Deliceto, provincia di Capitanala ed un altro anche in Napoli, in via S. Maria la Fede, destinato a correggere le donne, violatrici delle leggi di polizia.

Ferdinando II, nel 1858, incoraggiò e protesse la fondazione di un ospedale, nel sito denominato Palma, presso Capodimonte qui in Napoli, sotto il titolo di *S. Francesco di Assisi*, destinato a ricevere i sacerdoti infermi ed indigenti di qualsiasi nazione. Nel medesimo anno, in S. Maria di Capua s'intraprese la fabbrica dell'ospedale civile, ed un altro se ne fondò in Foggia, destinato ad accogliere i giornalieri abruzzesi, che si recavano in quella provincia ed infermavano colà nel tempo della mietitura. Si eresse eziandio un orfanotrofio in Napoli, sito nella Parrocchia di S. Anna di Palazzo; il quale conteneva un educandato per le fanciulle oneste ed orfane, un laboratorio per faticarvi le donne indigenti, nobili e vedove, ed un ospizio per le giovanette prive di tetto. Un altro quasi simile a questo di Napoli venne fondato in Andria, per le cure di quel vescovo, monsig. Longobardi, ed era sotto il titolo dell'*Addolorata*. Il Sacerdote Luigi Ajello fondò tre Case per l'istruzione de' sordo-muti, due in Napoli, cioè al vico Nilo e presso S. Paolo, e l'altra in Molfetta. Del pari, in Pozzuoli si fondò la Casa de' PP. Gesuiti nel locale di S. Francesco Saverio, allo scopo d'istruire i servi di pena ne' doveri religiosi ed imparar loro un'arte.

Varie chiese si eressero e molte se ne restaurarono dal 1857 al 59: nominerò quello d'Ischia, sotto il titolo della Madonna di Portosalvo, la quasi riedificazione del Duomo di Capua, ornato ed abbellito di scolture e pitture, e la benedizione della prima pietra della Cattedrale, dell'Episcopio e del Seminario di Caserta fatta il 12 maggio 1859.

Ferdinando II fino agli ultimi tempi del suo glorioso regno fu sollecito di migliorar sempre più l'istruzione pubblica; difatti istituì altre cattedre nelle tre Università del Regno, e fondò altri licei, cioè in Lucera per la Capitanata, in Reggio per la Calabria ulteriore 1ª, in Campobasso per la provincia di Molise, in Lecce per quest'altra provincia, in Avellino pel Principato ulteriore ed in Teramo per l'Abruzzo ulteriore 1°. Nel 1857 e 58 si fondarono eziandio varii orti agrarii; in Caserta se ne incominciò uno, dell'estensione di settantasette moggia, ove s'intraprese la coltivazione della canna di zucchero della Cina, ed un altro se ne istallò in Reggio.

Si compì in quel medesimo tempo una grandiosa opera, cioè si ricoprì di fabbrica, per 18 miglia, il canale delle acque di Carmignano, che le immette a Napoli pel corso di 42 miglia. Inoltre s'istituì una società di azionisti col capitale di settecentomila ducati, affin d'irrigare la vasta ed ubertosa Piana di Catania, per mezzo del fiume Simeto.

Fra tutte le opere pubbliche di questo genere, eseguite sotto il Regno di Ferdinando II, quelle che più onorano la memoria di questo gran sovrano

sono le bonifiche di varie terre paludose. Nel 1856 fu compiuta la bonifica
del bacino inferiore del fiume Sete, al sito detto di Battipaglia, in provincia di
Principato citeriore, ed ivi si riunì una colonia di agricoltori. Inoltre si boni-
ficarono le terre palustri del Vallo di Diano, delle pianure di Eboli, di
Minervino, di Capaccio e del lago Salpi in Capitanata. Ma l'opera più stupenda, anche di questo genere fu cominciata nel 1841 e totalmente compiuta nel
1858, bonificandosi il bacino inferiore del Volturno. Siccome dopo le emer-
genze del 1848 la tesoreria non trovavasi più in grado di anticipare forti
somme, per far progredire quell'opera di pubblica utilità, re Ferdinando II,
animato sempre dal sentimento di pubblico bene, onde non vederla abbandonata, donava la sua real tenuta del Pizzone, con proprio danaro acquistata, la
cui rendita ammontava a seimila ducati, con queste ed altre somme si continuò la bonifica del suddetto bacino inferiore del Volturno. Questo compren-
de tutta la pianura, che si estende dal Capo Mondragone al Monte Miseno,
per la lunghezza di 22 miglia, presentando una superficie di duecento quaranta miglia quadrate, che furono restituite all'agricoltura, col farsi più di trecento miglia di canali di scolo. Una strada di settanta miglia, decorata di ponti di
fabbrica e di centoventimila alberi, traversa quella ferace pianura in tutti i lati.
Quell'*avaraccio* di Ferdinando II, dopo di aver dato dal suo, sulla tenuta del
Pizzone, il capitale di centoventimila ducati per quella bonifica, fece distri-
buire GRATUITAMENTE[16] tutto quel terreno bonificato a mille e trecentoquin-
dici coltivatori poveri. Oh! se si fossero trovati allora al potere i nostri bravi
rigeneratori, quanti patriottici imbrogli non avrebbero fatti?! Per sapersi come
essi oprano in simili faccende, basterebbe ricordare quel che fecero col Ta-
voliere di Puglia.

Immensi sono i vantaggi che arrecano le bonifiche agli abitanti de' luoghi già
paludosi e bonificati; verificandosi la cessazione di tanti mali ed il godimento
d'immensi beni. A questo proposito ho voluto consultare un pregevole lavoro
del chiarissimo sig. barone Giacomo Savarese; il quale, tra le tante altre cose,
constata, sopra documenti officiali, che pel solo bacino inferiore del Volturno,
e per effetto delle opere di bonificazione, in soli nove anni, il ruolo de' proprietarii fondiarii nientemeno si era aumentato di 1314 nomi, e la popolazione de'
villaggi di quelle inospiti contrade si era anche aumentata del quindici per
cento. Constata inoltre il sul lodato Savarese, che prima che si fossero intrapre-
si i lavori della bonifica del bacino inferiore del Volturno, l'età di anni 35 pe'
maschi e di 42 per le donne era l'esempio della maggiore longevità ne' comuni
sparsi su quelle maremme. Tutti gli abitanti, dal mese di luglio al cader di

---

[16] Monsignor del Pozzo, *Cronica* pag. 634.

dicembre, febbricitavano; ed i fanciulli mostravano i segni visibili, che in breve doveano condurli al sepolcro.

Re Ferdinando, che in quelle opere pubbliche la facea da istruitissimo ingegnere, soddisfatto di sì belli risultati, con tante sue cure e sue spesa ottenuti, con decreto dell'11 maggio 1855, creò un'amministrazione generale delle bonifiche, sotto la dipendenza del ministro de' lavori pubblici, affin di estendere a tutte le maremme del Regno gli stessi beneficii; e difatti, dopo quel tempo s'intrapresero varie altre bonifiche, tra cui vanno principalmente ricordate quelle di Sarno e di Fondi. Il medesimo sig. barone Savarese, già ministro nel 1848, ma dotto ed onestissimo, conchiude un suo recente scritto con queste belle parole: " Questi ed altri lavori il Re divisava di fare progressivamente, richiedendo essi molto tempo e spesa; se non che Colui, che dispone delle cose umane, diversamente stabiliva, e toglieva immaturamente al suo popolo questo Genio benefico, che tanto del suo bene si preoccupava, per alleviarne, per quanto era possibile, le sue inevitabili e naturali sofferenze. " Ed era questo, io soggiungo, secondo i nostri attuali padroni, *il re bomba*, *il tiranno del Sebeto*, *il mostro coronato!*

È pur verissimo che i nostri *rigeneratori*, oltre di averci consolato alzando monumenti a' *martiri* della rivoluzione, han pure fatto delle opere pubbliche: ma inopportunamente, e solo per amor di *carrozzini* e *carrozzoni*, scorticandoci all'impazzata e senza misericordia, per venderle poi anche agli stranieri ed infeudarci a' medesimi. È da notarsi inoltre che le opere pubbliche, fatte da' suddetti nostri *rigeneratori,* eccettuate le ferrovie, già venduto o rivendute, se sono di piacere, mancano però di quella utilità pubblica di cui erano improntate quello di Ferdinando II.

Quel benefico e veramente protezionista sovrano protesse sempre il commercio e l'industria di questo Regno, tanto da farsi nemica l'Inghilterra di Palmerston e di essere perseguitato e calunniato, a solo fine di togliergli uno Stato, che i suoi maggiori ed egli aveano reso l'invidia di varii altri Stati di Europa. Re Ferdinando, avendo osservato che le fabbriche di panni in Sicilia non aveano preso quello sviluppo ch'egli desiderava, in febbraio 1857, promise un premio di dodicimila ducati a chi avrebbe messo in attività cinquanta telai da fabbricar panni; così quel re *avaro e tiranno* sapea incoraggiare le industrie patrie. I nostri *rigeneratori* e padroni, piombatici addosso dalle Alpi come affamate cavallette, oprano tutto al contrario; appena sorge un opificio qualunque lo caricano in tal modo di tasse e sopratasse, e della così detta " ricchezza mobile " che te lo fanno intisichire ancor non nato, rovinando gl'industrianti: tutto ciò chiamasi progresso!

Ho detto altrove che il prof. P. Michele Giovanetti, della daga e di tutto il ferro del fucile del regicida Agesilao Milano, modellò una statuetta dell'Immacolata, trasformando in acciaio la maggior parte del ferro dolce del medesimo fucile. Il benemerito professore nel presentarla al re, gli presentò pure un cannoncino anche di acciaio, una campana di otto rotoli dello stesso metallo e due canne di pistola. In quell'occasione venne l'idea a re Ferdinando di fondare, rimpetto a' Granili, uno stabilimento che si titolò: *R. Opiicio metallurgico*. Il suo scopo, nella fondazione di simili stabilimenti, era quello di rendere il suo Regno indipendente, specialmente dall'Inghilterra. Di già in Pietrarsa, sotto l'onesto ed intelligente capitano di artiglieria, Vincenzo Afan de Rivera, si fabbricava il ferro in verghe d'ogni maniera, raffinandosi la ghisa, somministrata dalla Mongiana e da Picinisco, regi stabilimenti di artiglieria; digià l'arsenale di Napoli non comperava più ferro malleabile; e si volea dal re, che nemmeno l'acciaio, il rame, il piombo, lo zinco ecc., si fossero acquistati dall'estero.

La direzione scientifica e metallurgica dell'opificio di nuovo impianto, rimpetto a' Granili, fu affidata al dotto P. Giovanetti; e difatti, dopo un anno da quell'impianto, dai minerali provenienti dalla Sicilia già si ricavava rame, piombo, argento ed oro. In effetti dall'opificio metallurgico inviavasi piombo e rame all'arsenale, ed alla zecca di Napoli; prima del settembre 1860, si erano mandati 36 rotoli di argento ed alquante once di oro. Non era possibile sperare sul principio una economia sul prezzo di questi metalli; essi senza dubbio venivano a costar più caro. Ma questo poco importava al re; il quale era premuroso soltanto che il danaro fosse rimasto nel Regno, e non fosse uscito fuori; sperando intanto, che col tempo, col continuo studio e col prolungato esercizio degli artefici, le difficoltà si sarebbero man mano superate; e senza meno si sarebbe ottenuta quella economia, che nel principio delle grandi operazioni è difficile potersi avere.

Con questo esempio si volea eziandio incoraggiare la metallurgia, sconosciuta nel Regno delle Due Sicilie, ed agevolare i ricchi proprietarii di miniere, poco importando al re, se lo Stato avesse sprecato, in esperimenti e studii, qualche somma che con molta difficoltà si sarebbe erogata da un privato nell'incertezza della riuscita. Re Ferdinando era talmente penetrato di questi sentimenti, che qualche anno prima di morire, quando un ricco banchiere, offerse al real governo le rotaie ed i cuscinetti, che servivano allora per la ferrovia romana, ad un prezzo più basso ritirandoli dall'Inghilterra, di quel che costavano fabbricandosi in Pietrarsa, egli, in pieno Consiglio di Stato: " No! – disse – non voglio gittar sulla strada tanti poveri artefici miei sudditi; del resto, quando il danaro rimane nel Regno, questo non s'impoverirà mai; ma accade il contrario quando esce fuori: questa economia è un malinteso. " Ecco una delle principali ragioni per cui i governanti inglesi perseguitavano e calunniavano quel sovrano; e non ci deve far meraviglia se dopo il 1860, il *governo ri-*

generatore abbia distrutto l'industria del nostro paese, *gittando sulla strada tanti poveri artefici.*[17]

Nel R. Opificio metallurgico si cominciò a tentare la fabbricazione dell'acciaio, e certamente colà si sarebbero fusi i cannoni, che ora chiamano Krupp, se i torbidi rivoluzionarii già scoppiati in Sicilia non avessero reso accorto il direttore Giovanetti a sospendere ogni operazione, per non far sì, che altri avesse colto il frutto de' suoi sudori e de' suoi studii; e questo benemerito scienziato, mi si assicura, ha fatto giuramento di portare seco nella tomba il risultato delle sue fatiche, fintanto che il mondo resterà qual'è attualmente.

Difatti, dopo la partenza del re Francesco da Napoli per ritirarsi dietro il Volturno, lo stesso 7 settembre, quello stabilimento metallurgico si chiuse, e si diè ordine a tutto il personale dello stesso di recarsi alla fonderia de' cannoni. Giovanetti rimase in casa sua, e ad alcuni militari che recatisi da lui gli fecero premura di fare atto di adesione e giuramento al nuovo ordine di cose, egli rispose, non conoscersi da lui che un solo sovrano, a cui qualche mese prima, dopo la fatale Costituzione, avea giurato fedeltà; e così ringraziatili li congedò. Non passò qualche mese, ed i *rigeneratori* corsero a quello stabilimento metallurgico per impossessarsi patriotticamente di quel che vi era di valore; si trovava colà una macchina a vapore che serviva pel ventilatore e per triturare i minerali; se la vendettero per un *pour-boire*. Vi erano inoltre ordegni di ferro di varie specie ed un armadio con reagenti (misericordia!)... però erano reagenti chimici per l'analisi ecc. nondimeno a' nostri rigeneratori alpini non andava a sangue quella parolaccia, e per far meglio e togliersi da ogni panico, barattarono per moneta tutto ciò che trovarono in quello stabilimento, lasciando le sole mura. Quando poi venne ad insediarsi qui il governo cavurriano, quelle stesse mura furono vendute a Pattison, come si legge nella tabella che oggi sovrasta all'ingresso. E così lord Palmerston, contentissimo del risultato delle sue mene settarie ed anche de' suoi protetti, dichiarò un'altra volta, qual novella Pizia sul tripode, governo della *negazione di Dio* quello de' Borboni di Napoli, e *governo modello* il nuovo ordine di cose qui stabilito. I patrioti napoletani, perchè stavano alla mangiatoia di già vestiti da magni D. Nicola, avendo gittato via gli abiti rappezzati, gridarono a coro: *viva l'Italia e la pagnotta!*

In ultimo non voglio tralasciar di dire, che sotto il glorioso regno di Ferdinando II, s'istituirono mille centosettanta *Monti frumentarii*[18], ed innume-

---

[17] Un onesto negoziante inglese, residente in Napoli, amico del professore Giovanetti, mentre imperversava la rivoluzione del 1860, disse a costui: Voi non siete l'ultima causa di tutte queste diavolerie, essendovi cooperato potentemente alla fondazione di un opificio, che non fa l'interesse dell'Inghilterra.

revoli *Monti pecuniarii e casse agrarie di prestanza*. Tutto quel ben di Dio fu sperperato e rubato, cioè *annesso* dai redentori; ed oggi i Comuni di questo disgraziato Regno non hanno più alcuna risorsa negli anni di calamità o di carestia. Per trovar danaro, col pegno in mano, si dovrà correre presso gli usurai, che si prendono il cento per cento d'interesse: tutto questo è un effetto della *libertà*, del *progresso* e della *civilizzazione*, che ci han voluto regalare i nostri patrioti di accordo con gli stranieri.

Prima di dar fine a questo capitolo rammenterò gli uomini più illustri, che in questo Regno morirono dal 1857 al 58, e le opere più insigni che si pubblicarono. Nel 1857 il Cardinale Tommaso Riario Sforza di Napoli, Camerlengo della S. R. Chiesa, morto in Roma di anni 75; il Cardinale Francesco de Medici di Ottaiano, morto in Roma di anni 49; Pasquale de Caria di Squillace, filosofo e pubblicista; Giuseppe Falcone di Montefalcone anche filosofo e pubblicista, e l'arciprete D. Filippo Cangemi di Naso, morto in nomina di vescovo di Cefalù, valoroso poeta latino, emulo di Virgilio e di Tibullo nella forma e nell'eleganza de' suoi poemetti, maggiormente in quello sul *Colera morbus*. Nel 1858 Monsignor Giacomo Castrucci di Alvito, protonotario apostolico, letterato e filosofo; Enrico Colucci di Foggia letterato ed artista; Carlo Troya di Napoli, insigne letterato e storico, morto in patria di anni 74; Giovanni Antonio della Spina di Napoli, vice-ammiraglio graduato, primo istruttore del principe ereditario; Luigi Lablache, nato in Marsiglia, educato nel Conservatorio di musica di Napoli celebre artista, morto di anni 63, e Gennaro Caldarelli di Napoli, pittore.

Ecco le opere più interessanti pubblicate in questo Regno dal 1857 al 58. Nel 1857, *Introduzione alla storia critica della filosofia de' Santi Padri* dell'ab. Giovambattisia Savarese; *Saggio etnologico delle razze umane* di Giustiniano Nicolucci; *Lezioni elementari di fisica e meteorologia* di Luigi Palmieri; *Storia documentata della scuola di medicina di Salerno* del cav. Salvatore de Renzis; *Galleria degli uomini illustri del secolo XX* di Pietro Martorana; *Ricettario farmaceutico* del cav. Franco Rosati e *Metodo diagnostico* del cav. Pietro Ramaglia. In quello stesso anno, Alfonso Izzo inventò la costruzione delle canne di fucile col ferro filato. Nel 1858, *La scienza delle finanze* di Placido de Luca; *Manuale del Giureconsulto* del cav. Francesco Vaselli; *Storia della filosofia* dell'ab. Francesco Melillo; *Memorie storiche della città di Napoli* del cav. Francesco Ceva Grimaldi;

[18] In Terra di Lavoro 21. Principato citeriore 122. Principato ulteriore 104. Capitanata 45. Basilicata 207. Terra di Bari 16, Terra d'Otranto 21. Molise 93. Calabria citeriore 50. Calabria ulteriore 2.ª 74. Calabria ulteriore 1ª 12. Abruzzo ulteriore 2° 139. Abruzzo ulteriore 1° 71. Palermo 3. Messina 40. Catania 25. Girgenti 7. Noto 13. Caltanissetta 13. La sola provincia di Trapani non avea Monti Frumentarii perchè non ne volle.

Patologia morale ovvero Trattato delle passioni umane del P. Dionisio Piccirilli; *Manuale del Coltivatore* per G. Franchi; *Quadro storico cronologico della città di Napoli dalla sua fondazione fino a giorni nostri* di Domenico Manthesi; *Trattato elementare sul dritto penale pelle Due Sicilie* di Errico Pessina.

Ecco pure i giornali più interessanti che si pubblicarono in que' due anni: *Annali delle bonificazioni del Regno delle Due Sicilie, Giornale bibliografico delle Due Sicilie,* il *Cattolico,* il *Nomade,* il *Tirreno, Giornale di letteratura e sue appendici,* il *Poligrafo di Palermo*; in Messina *L'Eco peloritano* giornale scientifico, letterario ed artistico. In quello stesso anno 1858, il maggiore di artiglieria Annibale Muratti nella costruzione de' cannoni di bronzo, ottenne, che uno da sei, posto sopra un ordinario affusto e carico di un proiettile oblungo facesse il tiro straordinario di tremila metri, con la penetrazione nel terreno di circa due metri.

Nel 1857, si ammirò qui in Napoli un tal Giuseppe Catonio, nativo di Acciano nell'Abruzzo ulteriore 2°, di anni 26, per la sua straordinaria altezza di piedi sette ed altrettanti pollici, e tutto perfezionato nel corpo. Quel gigante, figlio di un contadino, girò quasi tutta l'Europa ed in ogni parte fu ammirato, e guadagnò molto danaro. In Palermo poi, nel 1858, un Girolamo Majo, nell'età di 13 anni, si mostrò un prodigio di erudizione, di memoria e di sana critica. Egli traduceva Cicerone, Virgilio ed Orazio elegantemente e con osservazioni mitologiche, archeologiche e storiche; esaminava con critica comparativa i migliori poeti, oratori e storici; traduceva prosatori francesi, spagnuoli ed inglesi; riteneva cognizioni di storia greca, romana, italiana, di belle arti ed i principii della botanica. Quel prodigio sembrerebbe una favola se non fosse attestato da persone rispettabili ancor viventi, che conobbero il giovanetto Girolamo Majo.

CAPITOLO VI

SOMMARIO

Fatti avvenuti nell'alta e media Italia, cioè guerra de' franco-sardi contro l'Austria, annessioni, proteste e scomuniche.

Era stabilito, il Regno delle Due Sicilie dovea andare a soqquadro per soddisfare la ingordigia straniera e quella de' patrioti indigeni; tutto si dovea osare per tradire un gran popolo, il migliore governato fra tutti gli Stati d'Italia, e quindi il più ricco di averi e di benessere. Palmerston, Napoleone III e Cavour, coadiuvati dalla setta cosmopolita, tentarono provocare questo pacifico Reame ad una guerra disuguale, creando pretesti, simili a quelli del lupo contro l'agnello; e perchè Ferdinando II seppe scongiurarla, gli avventarono contro i rivoluzionarii d'ogni favella; i quali, al solito, suscitarono rivoluzioni, tentarono il regicidio e perpetrarono misfatti e rovine. Nonpertanto i nemici di quel sovrano e del benessere di questo popolo, si avvidero che le loro opere nefande non ottenevano il desiderato effetto, perchè quegli sapea schermirsi de' loro colpi disleali, e questo volea rimanere sotto quel paterno regime che la Provvidenza gli avea largito. Que' tre flagelli della tradita Italia usarono altri mezzi per raggiungere il loro criminoso scopo, cioè si argomentarono farci *liberi ed indipendenti*, nostro malgrado, con le armi straniere; e Cavour, dicentesi italiano, non esitò sacrificare due nobili Provincie dell'Italia, una culla della dinastia Sabauda, ed infeudarci alla Francia, per piemontizzare tutta la di cui Penisola.

Ho detto altrove che il Bonaparte secondava l'ambizione di Cavour, per ingrandire soltanto il Piemonte, giusta le promesse che avea fatte a' rivoluzionarii, ma più di tutto perchè avrebbe voluto insediare due suoi cugini in Italia, cioè il principe Napoleone in Toscana e Luciano Murat in Napoli. Dovendo egli attuare i suoi piani, era necessità cacciare gli austriaci dal Lombardo-Veneto e non aver contrario l'imperatore di Russia.

Per la qual cosa, profittando che lo Czar era allora adirato contro l'Austria pe' fatti della guerra di Crimea, cominciò a carezzarlo e farlo ossequiare da Cavour; e sin dal 1857 apparvero i primi indizi di una cordialità tra la Francia e il Piemonte da una parte e la Russia dall'altra; cordialità che facea molto sospettare. Difatti la czarina, vedova dell'imperatore Nicolò, ritornando da Roma, visitò Torino, ove ebbe un'accoglienza affettuosa e splendida, che svelava qualche cosa di più delle sole convenienze. Inoltre Cavour, per ingraziarsi maggiormente l'autocrata russo, gli concesse il porto ed il bagno di Villafranca per tenervi vettovaglie e combustibili, necessarii alla flotta russa.

Dall'altra parte Napoleone, con arte volpina, attirò l'imperatore Alessandro ad un convegno a Stutgarda, recandosi colà con suo cugino Luciano Murat. Quel che dissero i due imperatori nessuno l'intese, ma si sospettò che l'autocrata moscovita avesso promesso al Sire della Senna di non farsi inteso di tutto quello che sarebbe avvenuto in Italia. Quel sospetto divenne cortesia, allorquando il russo imperatore incontrò in Dresda il conte di Trapani, fratello del re Ferdinando II e in segreto lo incaricò di scrivere a costui onde prevenirlo della prossima guerra contro i principi italiani, che avrebbe intrapresa la Francia, unita col Piemonte. Egli intanto promettea il suo potente aiuto a questo Regno: promessa che poi non fu adempiuta.

Il Bonaparte, sicuro che avrebbe potuto assalire l'Austria in Italia, senza essere molestato dalla Russia, cominciò a preparare quella guerra nefasta del 1859, che dovea gittar tutta la nostra Penisola in braccio alla setta e renderla sua mancipia. Nel mese di luglio 1858, si recò a' bagni di Plombières, nella Svizzera, ove ebbe un abboccamento con Cavour, che era corso colà sotto finto nome. In quel convegno si decisero le sorti d'Italia, cioè di essere messa a soqquadro, per soddisfare l'ingordigia straniera, per ingrandire il Piemonte e per intronizzare la setta. Dopo i patti di Plombières, i due interlocutori ritornarono uno a Parigi, per preparare armi ed armati, l'altro a Torino per ordire insidie e tradimenti contro i principi italiani.

I settarii levarono alle stelle il patriottismo del Sire francese, dell'uomo del 2 dicembre; non gli prodigarono più gli epiteti di tiranno, fedifrago e traditore, in cambio lo proclamarono loro *fratello* e redentore dell'Italia: giornalisti e poeti, a capo di cui il Prati, pubblicarono adulazioni enfatiche ed insieme stomachevoli. Cavour riunì nella sua villa di Leri i caporioni della setta, appartenenti a varii Stati della Penisola, ed espose loro quel che eglino doveano oprare contro i principi italiani, affin di coadiuvarlo, dovendosi a qualunque costo attuare tutto quello che si era stabilito in Plombières.

Napoleone III, dopo di avere preparato i mezzi per cacciare gli austriaci dal Lombardo-Veneto, andava cercando pretesti per romperla con l'Austria, e non trovando altro a dire contro questa potenza, il Capodanno del 1859, nel ricevere i ministri esteri, si rivolse a quello austriaco Hubner, e gli disse accigliato: " Mi spiace che le relazioni tra il mio governo e quello del vostro imperatore non sieno buone come pel passato. " Quella improvvisata napoleonica fece cattivissima impressione in tutta Europa, perchè chiaro si conobbe che volea cercar pretesti contro l'Austria per farle una guerra disleale ed ingiusta, dopo di averla compromessa con la Russia nella questione di Oriente. Il Bonaparte si avvide di essersi troppo scoperto, ma non cambiò di proposti; anzi per addormentare la sua nemica, cercò di attutire il suo ex-abrupto del 1° gennaio, col dichiarare nel *Monitore* di

Parigi, che le *controversie*, tra il suo ed il governo austriaco, non erano tali da condurre alla guerra.

Dall'altra parte il re di Piemonte, il 10 gennaio, all'aprirsi la Camera de' deputati, dichiarò: che in quell'anno l'orizzonte non era sereno, ma che egli, rispettando i trattati, *non era insensibile al grido di dolore, che da tanta parte d'Itala si levava verso di lui*. La Camera, rispondendo a quel discorso, disse: che il re, compassionando con magnanima pietà i dolori *dell'Italia, ridestava il ricordo di promesse solenni, rimaste inadempiute*. Il discorso del re sabaudo fu disapprovato dal governo inglese, trovandosi allora al potere il partito *tory*. Difatti lord Derby, con una nota diplomatica del 13 gennaio, accusò il Piemonte che " non assalito da nessuno, provocava guerre europee, *indirizzandosi ai sudditi altrui*. " Finiva col dichiarare, che la Sardegna restava responsabile de' suoi atti in faccia a' suoi alleati ed in faccia a Dio.

Il ministro Cavour si curava poco delle ammonizioni brittanniche, perchè era protetto ed appoggiato dalla Francia napoleonica, e perchè già sapea, che Derby sarebbe caduto, per far salire al potere lord Palmerston, amico e protettore di tutti i settari. Quel ministro, per meglio cementare l'alleanza franco-sarda, fece attuare uno de' patti stabiliti in Plombières, cioè il matrimonio tra il principe Napoleone e la real principessa Maria Clotilde, giovanetta religiosissima, figlia del re Vittorio Emmanuele. Questo matrimonio esaltò la vanita, del *parvenu* Bonaparte, maggiormente che a lui, imperatore, si era negata una sposa di sangue reale da tutti i sovrani di Europa; ed egli, della necessità facendo virtù, aveva sposata una signora spagnuola, la contessa Eugenia Montijo, anche donna religiosa, checchè ne dica in contrario il Victor Hugo nelle sue orribili *Nuits de Saint-Cloud*.

Quel settario coronato, in quel tempo, era la vera sfinge, la contraddizione personificata; mentre proclamava l'*impero è la pace*, e lo fece a ripetere dal *Monitore*, andava suscitando questioni, supponendo sfacciatamente aspirazioni de' popoli italiani, che non esistevano se non nelle congreghe settarie. Or minacciava l'Austria, or dichiarava che le sue minacce non erano tali da condurre alla guerra; però nel medesimo tempo pretendeva, che questa potenza avesse fatto il sacrifizio del suo onore. Vantavasi che avea sostenuto il Papa-re per undici anni, e che l'avrebbe difeso da qualsiasi aggressione, ma col patto che si secolarizzasse lo Stato pontificio, cioè che fosse dato in preda alla setta, e che il Sommo Pontefice stesse in Roma sol per dir Messe e benedire. Queste ed altre impudenti contraddizioni fece note all'attonita Europa in un opuscolo col titolo: *Napoleone III e l'Italia*, pubblicato sotto il nome di La Guerronière. Quell'opuscolo venne stampato nella tipografia imperiale, e lodatissimo non solo da' giornali faziosi, ma dallo stesso giornale ufficiale, il *Monitore di Parigi*.

Cavour, vedendo che il Bonaparte era dispostissimo a secondarlo, per mettere a soqquadro l'Italia, pensò a far danari per la imminente guerra che dovea imprendere contro l'Austria, essendo questo il primo ed il più difficile passo per impossessarsi di tutti gli Stati della Penisola. Trovandosi il Piemonte carico di debiti ed oppresso di tasse, altro non potette ottenere dal Parlamento sardo, che la facoltà di un prestito di cinquanta milioni di lire a condizioni rovinose, nulla curando che l'erario piemontese fosse sul punto di dichiarare il fallimento Difatti le condizioni finanziarie di quell'erario furono una delle principali cause che spinsero Cavour a gittarsi ad occhi bendati nel baratro della guerra. Nientemeno, lo stato presuntivo del 1860 mostrò che mancavano ventiquattro milioni di lire, senza contare le spese dell'armamento e gl'interessi che doveansi pagare pel novello prestito di cinquanta milioni. Oltre di che quello Stato era ròso da' settarii ivi rifugiati, dalle grandi spese che dovea fare per pagar la stampa estera a lui favorevole, e per mantenere in tutta Italia un'agitazione fittizia, foriera di rivoluzioni, tradimenti, spoliazioni e massacri.

Cavour, avendo bisogno di far la guerra e sicuro del potente aiuto della Francia, cominciò a lavorare per farsi assalire dall'Austria; perlocchè or cercava pretesti, ora ingiuriava, or minacciava, sempre però atteggiandosi a vittima del *barbaro tedesco*, che invece in nulla lo molestava.

In quel tempo l'esercito sardo stava tutto alla frontiera, cioè tra Alessandria ed il Ticino, e buon numero di reggimenti austriaci guardavano dall'altra parte la linea lombarda. Cavour, che di tutto profittava per dare del prepotente e dell'insidiatore all'austriaco, come del moderato e paziente al Piemonte, perchè pochi tedeschi passarono per errore la frontiera presso Carbonara, tosto lanciò un manifesto all'Europa, accusandoli di provocatori. Avendo visto che nessuno gli dava retta per un fatto che succede tutti i giorni tra Regni limitrofi, si decise attaccar di fronte l'Austria, mandando un altro manifesto alle primarie potenze europee; in cui denunziava *i gridi di dolore di tutti gl'italiani*, a causa della tirannia de' loro governi, protetti dall'Austria; la quale, oltre d'insidiare il pacifico Piemonte, si armava per invaderlo. Non contento di ciò, il 14 marzo, diresse una nota al gabinetto di Londra, con la quale accusava il mal governo dell'austriaco e de' principi italiani, perchè tenevano una polizia vessatoria, perchè schiacciavano i popoli sotto enormi tasse (non ridete!) e perchè comprimevano le aspirazioni nazionali. A tutte quelle tirannie, egli, il Cavour, trovava pronto il rimedio, e lo facea palese in quella nota, cioè che l'Austria dovesse ritirare le sue truppe dall'Italia, che si fosse dato un governo speciale al Lombardo-Veneto, e che i principi italiani avessero dato una Costituzione simile a quella del Piemonte. Il ministro sardo dettava leggi da vincitore, mentre altro non era che un pigmeo provocatore, un emissario del Sire di Francia.

La Russia, in cambio di far tacere quel cicalio di un ministro settario ed attacca brighe, suscitatore di guerre e rivoluzioni, propose un Congresso per accomodare le *vertenze* tra l'Austria ed il Piemonte, ed assestare gli affari della nostra Penisola. Quella nordica potenza fece quel progetto allo scopo di contrariare l'Austria; nondimeno un Congresso in que' momenti avrebbe potuto conquidere la rivoluzione; perlocchè Cavour, Napoleone e Palmerston, quest'ultimo già prossimo a salire al potere, fecero di tutto per non farlo riunire: difatti si suscitarono tali e tante difficoltà e proteste, che se ne dovette abbandonare l'idea.

L'Austria, contro cui erano dirette tutte quelle insidiose manovre settarie, vedendosi trascinata alla guerra, volle affrontarla per non essere maggiormente insultata e derisa. Onde che spedì a Torino il barone Kellersperg con un *ultimatum*, col quale intimava al governo sardo di ritirare le sue truppe dalle frontiere e disarmare. Era tutto quello che desiderava Cavour: per la qual cosa rifiutò l'intima del gabinetto di Vienna e si preparò a quella guerra che avea promossa; però atteggiandosi sempre a vittima di un prepotente vicino.

Mentre queste cose succedevano, quella trista volpe di Napoleone III facea dire al *Monitore* di Parigi, che la riunione del Congresso era certa, e che avrebbe accomodato le vertenze tra l'Austria e la Sardegna. D'altra parte lanciava quattro corpi di esercito sull'Italia, mandandoli dalla via delle Alpi e dall'altra del mare alla volta di Genova, ed egli si preparava a partire da Parigi per recarsi negli Stati Sardi, affin di capitanare le sue truppe. In pari tempo spediva una nota al gabinetto di Vienna, dichiarando, che se l'esercito austriaco avesse passato il Ticino, sarebbe stato il segnale di una dichiarazione di guerra alla Francia. Al punto ov'erano spinte le cose, l'imperatore d'Austria non potea dare indietro, senza discapito dell'onor militare di quella belligera nazione; quindi accettò la sfida, annunziando in un manifesto all'Europa tutte le male arti del Sire della Senna e del governo Sardo.

Napoleone III, capo della prima nazione militare di Europa, checchè se ne dica oggi in contrario, per sua maggiore vergogna dovette accettare in quella guerra l'elemento rivoluzionario onde combattere l'Austria sui campi lombardi. Ed invero erano stati richiamati in Piemonte tutti gli emigrati italiani che trovavansi all'estero, ed il siciliano La Farina avea presentato Giuseppe Garibaldi, reduce da Caprera, al ministro Cavour, qual capo della rivoluzione, e potente alleato dei franco-sardi. Garibaldi fece dapprima lo schifiltoso, protestando la sua fede repubblicana – che poi, nel 1860, dovea smentire solennemente in Napoli, a danno di Mazzini[1]; ma desiderando di essere persuaso, accolse le ragioni di La Farina, e si diè corpo ed anima a Cavour. Questi gli approntò i mezzi per riunire un buon numero di volontarii e l'elevò al grado di generale. La Marmora, allora ministro della guerra, non volle firmare il brevetto che con-

---

[1] Vedi: *Un Viaggio da Boccadifalco a Gaeta ec.* pag. 545.

feriva quel grado ad un *filibustiere*, com'egli allora chiamava il futuro *redentore* e dittatore delle Due Sicilie; però, dopo un lungo ed animato diverbio col Cavour, anch'egli si accomodò alle circostanze, firmando il brevetto.

Il ministro Cavour, avendo a' suoi ordini il Garibaldi, capo del partito di azione, volle che si redigesse un manifesto diretto agl'italiani di tutta la Penisola, facendolo firmare da costui, qual Presidente del Comitato per l'Indipendenza ed Unità italiana, e dal La Farina segretario. Ecco il manifesto:

" Cominciate le ostilità tra Austria e Sardegna, ciascuna città si ribellasse, gridando: *Italia e Vittorio Emmanuele*; se non si riesce a rivoltarla, i giovani escano armati, corrano alla più vicina città, e in preferenza alle più propinque al Piemonte. Si usino tutt'i modi da tagliare le comunicazioni a' Tedeschi: romper ponti, guastar vie, ardere vettovaglie, sperder vesti, arnesi e foraggi, prendere in ostaggio famiglie ad essi devote (e col grido di *viva la libertà*?) – Le soldatesche si ribellino a' loro sovrani, presto vadano in Piemonte. Dove la sollevazione riesca, si proclami il governo il più liberale, (cioè il governo più spoliatore e sanguinario!) a capo del quale un Commissario del re di V. Emanuele, che abolisca le imposte sul pane e sul grano, (per rimetterle poi triplicate) faccia leve di giovani il dieci su mille, recluti volontarii e tutti mandi in Piemonte. Subito si depongano magistrati e impiegati non liberali, (sostituendosi con *liberali* ignoranti e facitori di *carrozzini*) e consigli di guerra subitanei giudichino e puniscano in 24 ore ogni attentato contro la rivoluzione. (Però sempre col grido di *viva l'Italia e la libertà*?) Siasi inesorabile contro i disertori della causa nazionale (cioè del disordine). Si mandino note a Torino delle armi, munizioni e denari (ecco l'affare più importante!...) presi ne' luoghi sollevati. Si facciano requisizioni di cavalli, carri, moneta, navigli, secondo il bisogno. In tutte guise debbonsi dimostrare l'avversione d'Italia al Tedesco e l'amore a Casa Savoia. "

Che ve ne sembra, lettori miei, di questo scellerato semigallo che dà simili ordini a 26 milioni di bistrattati italiani, atteggiandosi a liberale e rigeneratore de' medesimi, mentre ordinava spoliazioni, infamie e massacri? Mi mancano le parole per istigmatizzare tanta presunzione ed impudenza; dirò soltanto, che quell'inqualificabile manifesto, che farebbe ribrezzo ad un Attila redivivo, firmato da Garibaldi, era stato redatto da un ministro di una illustre dinastia!

Quel manifesto venne stampato dal giornale il *Piccolo Corriere Italiano*, e poi in carta velina si mandò *gratis* per la posta *a' fratelli* delle città italiane, con l'ordine d'introdurlo nelle caserme militari degli Stati di tutta la Penisola. I napoletani lo sprezzarono; ed in vero, nei volontarii di Garibaldi del 1859, non si trovò un solo napoletano, essendovi soltanto *due siciliani!*

Mentre le legioni di Francia invadevano amichevolmente il Regno Sardo, l'imperatore d'Austria e il re di Piemonte pubblicavano manifesti bellicosi; e il primo accusava il secondo d'indomabile ambizione, di sovvertitore dell'ordine europeo, e gli rinfacciava altresì, che avendolo battuto più volte, aveagli generosamente risparmiata l'onta de' vinti. Questi poi accusava quello di provocazione, e dicea di cavar la spada dal fodero, per dar fine *a' gridi di dolore degl'italiani,* che si alzavano verso di lui e per isciogliere un voto, che avea fatto sulla tomba del suo genitore!

Napoleone III, che seguiva l'esercito francese, appena giunto sul suolo italiano, diè fuori quella famosa proclamazione, rinomata per le tante promesse non adempiute. In essa dicea, che l'Austria assalendo il Piemonte suo alleato, dichiarava guerra anche a lui, e minacciava le frontiere della Francia; che volea liberare l'Italia dall'Alpi all'Adriatico, ma che avrebbe rispettato i dritti de' sovrani neutrali della stessa; protestando con particolarità di rispettare il Papa in tutti i dritti di sovrano temporale. Infine facea noto che egli intraprendeva quella guerra senza scopo di conquista, *ma per una idea.* Il clero ed i buoni cittadini di Francia batterono le mani a quella proclamazione, ma poi rimasero burlati; dappoicchè quel settario coronato fece tutto il contrario di quanto avea dichiarato, circa lo scopo della sua discesa in Italia.

Non è mio assunto narrare i fatti della guerra lombarda del 1859, ma dirò per sommi capi quel ch'è necessario all' intelligenza de' fatti che poi si svolsero in questo nostro Regno, qual conseguenza de' risultati di quella sanguinosa lotta.

Il primo a varcar la frontiera fu l'esercito austriaco, capitanato dal generale Giulay; il quale, in cambio di spingersi rapidamente in mezzo a' franco-sardi, ancor non riuniti, rimase inoperoso a Vercelli. Il 21 maggio avvenne il grosso fatto d'armi di Montebello, e il 4 giugno la sanguinosa battaglia di Magenta, con danni incalcolabili dall'una e dall'altra parte de' belligeranti; però Giulay ritiravasi sempre, e gli alleati entrarono in Milano.

Il principe Napoleone, cugino dell'imperatore di Francia, che era sbarcato in Livorno con un corpo di esercito, invase la Toscana, già ribellata al granduca per le fellonie di un Buoncompagni, ministro piemontese, accreditato presso quel sovrano. I sovrani di Modena e Parma abbandonarono i loro Ducati, protestando di essere stati espulsi dall'esercito francese, essendo in piena pace con la Francia. Così Napoleone III attuava la sua proclamazione, così rispettava i *dritti de' sovrani neutrali...!*

Il principe Napoleone, diretto sempre dal napoletano Girolamo Ulloa, spinse le schiere francesi ed i corpi franchi italiani sopra Bologna, appartenente al Papa; ed i tedeschi, dopo l'ordine del loro imperatore, si ritirarono da quella città, lasciando il delegato pontificio, cardinal Milesi, con pochi soldati papalini. Pepoli, Trattini ed altri rivoluzionarii, con modi degni di loro, cacciarono il cardinale, e proclamarono un governo provvisorio. Anche riguardo al Papa attuavansi le promesse napoleoniche, sciorinate nella proclamazione di sopra accennata!

Il 24 giugno, i franco-sardi si trovarono di fronte col grosso dell'esercito austriaco presso Solferino, ove si diè quella memorabile battaglia che ne porta il nome. Ivi i tedeschi lottarono eziandio contro gli elementi congiurati contro di loro, ed ivi ne perirono dodicimila, e quasi il doppio degli alleati. Costoro, profittando della lentezza austriaca, rimasero sul campo di battaglia, e si attribuirono la vittoria, senza neppure inseguire i loro avversarii, che si ritiravano in bell'ordine; intanto per la battaglia di Solferino si cantò il *Tedeum* contemporaneamente in Parigi ed in Vienna! In quella battaglia presenziarono due imperatori ed un re, che dopo poco tempo si strinsero le destre amichevolmente sopra monti di cadaveri. Oh! ben disse Ugo Foscolo, apostrofando i combattenti di un'altra battaglia italiana: " Perchè tanto sangue? i re, per cui vi trucidate, si stringono nel furor della zuffa le destre, e si dividono pacificamente il vostro terreno! [2] "

Entrati i franco-sardi nel famoso quadrilatero, le loro posizioni militari non erano punto felici; dopo tutto quello che aveano sofferto in Solferino, una battaglia colà perduta, sarebbe stata la loro rovina: ed invero l'Europa trepidante aspettava il proseguimento della gigantesca lotta, incerta ancora de' risultati finali. Fu allora che Napoleone III, temendo un rovescio, che gli sarebbe costato la sua contaminata corona, chiese ed ottenne dall'imperatore austriaco un armistizio, che fu firmato l'8 luglio, da durare fino al 15 dello stesso mese.

I due imperatori si riunirono l'11 luglio in Villafranca, e stabilirono pace sulle seguenti basi: L'Italia sarebbe confederata, presidente il Papa; cedersi la Lombardia alla Francia, ma senza fortezze, e questa darla al Piemonte. Venezia rimanere all'Austria, facendo parte della Confederazione italica. Restituirsi i Ducati a' principi regnanti della media Italia; amnistia generale; il definitivo da stabilirsi in Zurigo da' legati francesi, sardi e tedeschi. Con que' patti di Villafranca, Napoleone III attuava l'idea giobertiana, ch'era consentanea al suo occulto programma d'intronizzare i suoi parenti in Toscana ed in Napoli.

Però i patti di Villafranca non contentarono nè l'Europa nè l'irrequieto governo sardo, e più di tutti rimasero scontentissimi i rivoluzionarii; per ragioni opposte a costoro, neppure la gente onesta e pacifica ne rimase soddisfatta. Le potenze europee avrebbero veduto di buon occhio il proseguimento di quella guerra, perchè fiaccava due grandi Stati militari. Il governo sardo, che agognava il possesso dell'intiera Penisola, non si contentava della sola Lombardia, senza fortezze ed aperta all'Austria. I rivoluzionarii si credettero corbellati con quella pace; essi, che doveano intronizzarsi in tutti gli Stati italiani cacciando il Papa da Roma ed i Borboni da Napoli, alla fin fino rimaneano col ritaglio di una pro-

---

[2] *Ultime lettere di Jacopo Ortis.*

vincia di più, annessa a quel Piemonte, che tante e tante volte li avea bistrattati e perseguitati; essi in fine rimaneano nella medesima posizione di prima, anzi
giustamente temeano che la Confederazione avrebbe potuto assodare i troni italiani. La gente onesta e pacifica, gli uomini del dritto, presentivano la rovina
della nostra patria, giudicando un tranello la Confederazione italica col Papa
presidente della stessa, e temeano un Piemonte ambizioso, in lega con la setta
cosmopolita, già ingrandito, esoso e fedifrago, gravitar sul resto della Penisola.
   Mentre il governo di Torino, da una parte mandava i suoi plenipotenziarii
prima a Villafranca e poi a Zurigo per trattar della Confederazione italiana col
Papa presidente, dall'altra spediva emissarii per far perpetrare fellonie nelle
Romagne e ne' Ducati, affin di annetterli al Piemonte. Sarei troppo prolisso se
qui volessi enumerare le ingenti somme che erogò il governo sardo, le scelleratezze che commise per effettuare quelle annessioni; basta sapersi che quegli Stati
erano contentissimi de' loro sovrani, ed i settarii, sorretti da Cavour e compagni, a furia di grida, menzogne, soprusi e fellonie, fecero credere, a chi il volle,
che il popolo delle Romagne e de' Ducati spasimava per annettersi al Piemonte.
Ivi, con marcato disprezzo de' patti di Villafranca, che già si confermavano in
Zurigo, si creavano governi provvisorii e parlamenti, diretti da uomini prima
venduti alla setta e poi a Cavour.
   In grazia degl'intrighi di un marchese Ridolfi, di un barone Ricasoli[3], di un
fornaio Dolfi, il così detto Parlamento di Firenze, il 16 agosto, decretò all'una-
nimità la decadenza de' Lorenesi, e dopo 4 giorni l'annessione al Piemonte. Il
Bonaparte, fingendo di volere eseguiti i patti di Villafranca, mandò a Firenze un
suo legato, il conte Reiset, per ammonire i governanti toscani, e consigliarli a
richiamare il loro granduca. Reiset, credendo che il suo padrone avesse voluto
far davvero, ammonì, pregò ed infine minacciò i fulmini della Senna; però buon
per lui che ebbe pronte le gambe por fuggire dalle rive dell'Arno, in caso contrario gli sarebbe toccata la sorte del suo compatriota Basville. Napoleone III,
tanto tenero dell'onore francese, soffrì in pace gl'insulti e le minacce fatte dal

---

[3] Questo barone di Broglio è il vero Girella personificato dal Giusti. Nel 1848, era un semplice coadiutore
del Ridolfi nell'ordine la cacciata del granduca da Firenze; nel 1849, volendo passare in prima linea ed afferrare uno straccio di potere nella sua patria, visti i tempi cambiati contro la rivoluzione, fece lega co' granduc-
chisti. In effetti, messosi alla testa della così detta reazione, imprigionò il dittatore della Toscana, il romanzie-
re Guerrazzi, e corse ad incontrare il granduca, che ritornava in Firenze, preceduto da un corpo di esercito
austriaco. Il nostro barone si aspettava strepitose ricompense dal suo padrone, ma altro non ebbe che una
medaglia di oro col motto: *Onore e fedeltà*. Rimasto deluso di ottenere alte cariche ed onori dal granduca, nel
1859, si fece unitario, perchè il vento spirava propizio agli unitarii italiani; d'allora potette saziare la sua indo-
mita ambizione, però divenne ridicolo quando volle tentare uno scisma in Italia per mezzo dell'ex gesuita
Passaglia. Son sicuro che se il vento cambiasse un'altra volta, opererebbe in modo da meritare un'altra medaglia col motto da un lato: *Viva le maschere d'ogni paese!* dall'altro: *Evviva chi salì, Morte a Chi scese!*

governo toscano al suo legato conte Reiset e l'annessione della Toscana al Regno sardo; soltanto fece delle ridevoli proteste, che indegnarono l'Europa civile.

In Modena ed in Parma gli affari della rivoluzione si fecero con più impudenza. Dopo che un Zini ed un Carbonieri proclamarono il governo provvisorio in quella prima città, Cavour vi mandò l'*eccelso* medico Farini, in qualità di commissario sardo. Costui, prima di tutto, dichiarò che il duca regnante avea *rubata* l'argenteria del medesimo palazzo ducale e tutti gli oggetti preziosi; mentre il nostro *eccelso* si era anche impossessato del guardaroba del duca Ferdinando IV d'Este e della duchessa, augusta moglie di questo principe regnante. Difatti la moglie di Farini ed il genero, se ne servirono pe' loro bisogni.[4] Quella perla di Napoleone III mandava ordini da Parigi a Torino per far ritornare da Modena quel commissario sardo; ma questi rimase al suo posto, facendosi impedire la partenza dal *popolo modenese*, rappresentato dal famigerato Filippo Curletti, bolognese, alla testa di un buon numero di carabinieri piemontesi travestiti.

Dopo che Farini riunì un'assemblea di *72 rappresentanti del popolo sovrano*, ed in quel modo che ognuno potrebbe supporre, a' 20 agosto, fece proclamare da' medesimi la decadenza della storica Casa Estense, la più antica regnante in Italia! Le medesime male arti usò il nostro *eccelso* per isbarazzarsi della duchessa regnante di Parma, Maria Luisa di Borbone, affin di annettere quest'altro Ducato al Piemonte. Se non che, in Parma venne assassinato per suo ordine il conte Anviti, colonnello della brigata de' fanti parmensi; e per perpetrare quell'assassinio, si servì del capo de' suoi birri Filippo Curletti, siccome costui rivelò poi in un suo scritto, pubblicato nella Svizzera nel 1862, descrivendone il modo barbarissimo, che fa fremere di orrore al solo leggerlo. Quel disgraziato colonnello, venne arrestato mentre passava la frontiera parmense, dovendo raggiungere la sua sovrana negli Stati austriaci: fu trascinato a Parma, ed ivi ucciso per ordine di Farini, tra saturnali degni de' cannibali.

Napoleone III *alzò tremenda la voce*, per illudere i gonzi, contro Farini e contro il governo di Torino e per l'annessioni e per l'assassinio del conte Anviti; ma poi si placò alle ragioni che gli sottoposero il commissario di Modena ed il Cavour, facendogli sapere essere l'Anviti un birbante e Farini un galantuomo. Tra le tante improntitudini di quel settario coronato non fu l'ultima quella di aver trattato l'Europa civile da scema e balorda: ed essa soffriva tutto in pace!

Tralascio qui di descrivere la ridevole e grottesca sovranità di cui si era circondato in Modena il mediconsolo di una lira a visita, l'eccelso Farini; basta dire, che non viaggiava in ferrovia, perchè nel Modenese non eravi un vagone regio.

Il governo del Piemonte, volendosi annettere anche le Legazioni, dovea prima

---

[4] Vedi: *Rivelazioni* di Filippo Curletti.

ribellarle al Papa; per la qual cosa mandava colà emissari e danaro; però nulla ottenne, quindi fu costretto gittar la maschera e mandar soldati sardi a Bologna, e Massimo d'Azeglio in qualità di commissario regio delle Romagne. Costui, che avea fatto il moderato ed il cattolico, accettò quella inqualificabile missione, conducendo con sè il ladro e sicario Filippo Curletti, per organizzar subugli e la polizia settaria. D'Azeglio, dopo di avere pubblicato varii manifesti, in cui parlava d'*ingiustizie papaline*, fu costretto ritirarsi in Piemonte per ordine di Napoleone III, messo un poco in apprensione a causa delle Allocuzioni e proteste del Sommo Pontefice. Però quel tristo imperatore, la vera sfinge delle favola, mandava ordini e contrordini per avere documenti, onde dimostrare or di favorire la rivoluzione ed ora il Papa; difatti mentre ordinava che si ritirasse da Bologna il commissario regio d'Azeglio, permettea che costui fosse surrogato da un tal Leonetto Cipriani in qualità di governatore. Questi avea dichiarato un fallimento in America, e trovandosi al verde, fece sparire dalle casse pubbliche trentamila lire; per la qual cosa fu spedito, in sua vece, quell'altro fior di onestà, l'*eccelso* Farini, che riunendo il Bolognese, il Parmense ed il Modenese, dichiarò quella riunione " governo dell'Emilia. "

Non tralasciò di pubblicare i soliti manifesti, in cui lamentava il *tristo governo papale, che schiacciava i popoli sotto il peso delle tasse, e che avea pervertito il senso morale del popolo*. Pio IX riprotestò nel Concistoro del 26 settembre, ed il 1° ottobre, cacciò da Roma il conte della Minerva, ministro piemontese, accreditato presso la Santa Sede; il quale, in cambio di fare il diplomatico, congiurava contro il Papa.

A' reclami del governo pontificio, Napoleone III assicurava che avrebbe tutto accomodato col trattato di Zurigo; e ciò mentre Vittorio Emanuele, accogliendo i legati di Modena, Parma e Romagne, che gli presentavano gli atti di quelle assemblee per l'annessione al Piemonte, rispondeva a' medesimi: *accolgo i vostri voti.* Quel sovrano non accettava definitivamente quelle annessioni, ma accoglieva soltanto i voti di quegli Stati, perchè ancora in Zurigo trattavasi della Confederazione italiana, ed aspettava il tempo opportuno per far palesi i suoi intendimenti, cioè volea presentare alla diplomazia quelle annessioni come *fatti compiuti*, perchè questi erano stati fin d'allora elevati a dritto pubblico europeo.

In quel tramestìo di menzogne, ruberie, spogli e scelleratezze, uscì fuori un altro progetto di Congresso; sembrava che quasi tutte le potenze di Europa l'avessero voluto, ma poi non ebbe effetto, perchè in realtà nol volle Napoleone. Questi, in quel tempo, era nel suo prediletto elemento; gli affari italiani gli davano campo d'ingannare e tradir tutti coloro che si fossero a lui affidati. In effetti il Papa volea un intervento napoletano nelle Legazioni, ed egli lo sconsigliò, assicurandolo non esservi tanto bisogno, dappoichè il trattato di Zurigo ed il prossimo Congresso avrebbero tutto accomodato a favore della Santa Sede,

mercè il potente concorso della Francia. Mentre assicurava l'austriaco amba-
sciatore Metternich che sarebbero attuati i preliminari di Villafranca, accoglieva
da protettore una deputazione modenese, annunziandogli l'annessione di
Modena al governo sardo. Nel medesimo tempo che firmava il trattato di
Zurigo, confermante quasi in tutto i preliminari di Villafranca, congiurava con
Cavour per non farlo attuare, in apparenza per ingrandire il Piemonte, in realtà per pigliarsi Nizza e Savoia da una parte, dall'altra per restargli libera la media
Italia ed ivi intronizzare suo cugino il principe Napoleone. Insomma quel fedifrago imperatore corbellava l'Austria, ingannava il Papa, tradiva la setta, da cui
era stato allevato e facea il gambetto al suo amico Cavour.

Malgrado che il trattato di Zurigo era stato lacerato co' fatti prima di sotto-
scriversi dai tre sovrani, nondimeno giovava oprare apertamente contro lo stesso, essendo giunto il tempo opportuno; e quel che più interessava si era, non
solo di non tenersi più conto della restaurazione de' principi spodestati, ma di
spogliare il Papa dalle Romagne ed anche dall'Umbria. Si sa che quando
Napoleone III volea attuare qualche suo politico progetto, sempre scellerato ed
esiziale a' popoli, facea precedere qualche opuscolo-programma, stampato e
pubblicato sotto il nome di qualche sua creatura, e così preparava *l'opinione pubblica* prima di assalire la sua vittima. Difatti allorquando decise di scendere in
Italia coi suoi eserciti, per apportarvi que' trambusti e spoliazioni di cui ancora
deploriamo le conseguenze, lo fece precedere dall'opuscolo intitolato: *Napoleone
III e l'Italia*; giunto il tempo di consumare la sacrilega spoliazione del Papa, fece
pubblicare un altro opuscolo programma, intitolandolo: *Il Papa ed il Congresso*.
Figurava autore dello stesso il solito portavoce La Guerronière; che, annunzian-
dosi cattolico, volea ridotto il Sommo Pontefice come oggi lo vediamo. Lo scrittore di quell'opuscolo cominciava col dire di non essere necessario che le
Legazioni si fossero restituite al Papa, ma che si dessero ad un principe secolare;
le Marche e l'Umbria essere una noia all'esercizio della suprema autorità papale; ed infine compiangeva i romani perché sarebbero rimasti sotto il governo
della S. Sede. Insomma volea che il Sommo Gerarca stesse in Vaticano per pre-
gare e benedire: erano le stesse idee di Terenzio Mamiani, pestate e ripestate
sotto una forma meno insultante. Quell'opuscolo, grossolano tessuto d'ipocrisie e contraddizioni, venne tradotto in varie lingue lo stesso giorno che si pubblicò in Parigi, e fu cercato e letto con avidità, perchè a ragione creduto un programma napoleonico.

Dopo la pubblicazione dell'opuscolo *Il Papa* e *il Congresso*, cominciarono i
rispettosi consigli al Pontefice. Re Vittorio Emmanuele, profittando di una lettera scrittagli da Pio IX, che diceagli di non inoltrarsi nella intrapresa via,
rispondeagli, che le Romagne erano contentissime del suo governo, e che si stavano *cristianizzando;* lo stesso sarebbe avvenuto alle Marche e all'Umbria, se gli

fossero cedute, sotto qualsiasi titolo, senza menomare i dritti della S. Sede. Quel mansueto Pontefice risposegli: che deplorava più lo stato dell'anima di quel sovrano, anzi che la perdita delle Romagne. Anche Napoleone diè i suoi consigli al Papa, con una lettera del 31 dicembre 1859, cioè di cedere le Romagne al Piemonte; ed avea l'impudenza di scusarsi di non poterlo aiutare, perchè legato col *non intervento;* mentre egli era in dritto ed in obbligo di far rispettare il trattato di Zurigo, che dava al Piemonte la sola Lombardia, restituendo i Ducati a' loro principi.

D'allora i cattolici di Francia cominciarono ad alzare la voce in favore del tradito e spogliato Pontefice; per la qual cosa quel governo inveiva contro i difensori di quella gran vittima, sequestrando i giornali cattolici ed ammonendo i vescovi di tacere; difatti il ministro Billault proibiva di non difendersi il Papato *per non turbare le coscienze.* Povera Francia! oh, come pagasti a troppo caro prezzo le infamie napoleoniche!

Dopo il fallito progetto di un Congresso europeo, il Piemonte dichiarava non essere più attuabile il ritorno da' principi spodestati ne' Ducati e nelle Romagne; quindi l'annetteva a sè, *per non farli continuare nell'anarchia* – ma da chi era stata importata? – Fatta quella dichiarazione si pose mano ai plebisciti, in quel modo che oggi tutti sappiamo, e si venne a' così detti fatti compiuti. Il 18 marzo 1860 l'*eccelso* Farini si presentò al re Vittorio Emanuele, dicendogli: " Avendo V. M. sentito pietosamente il *grido di dolore de' popoli dell'Emilia,* ne accolga ora il pegno di gratitudine e di fede. " E quel sovrano decretava: " Le province dell'Emilia faran parte integrante dello *Stato.* " Il 22 dello stesso mese, il barone Bettino Ricasoli, presentò, al medesimo sovrano l'altra corona toscana, e fu decretato che anche farebbe parte integrante del Piemonte.

Il Papa, custode de' dritti temporali della S. Sede Apostolica, essendo legato da un solenne giuramento, il 24 marzo protestò ed il 26 fulminò la scomunica a tutti coloro, che in qualsiasi guisa avessero cooperato all'annessione delle Romagne. In quello stesso mese, anche protestarono i principi spodestati, cioè il granduca di Toscana, il duca di Modena, la duchessa di Parma e l'Austria. Oggi si dice, che simili proteste valgono meno della carta su cui furono scritte; attesi i tempi che corrono, cioè che oggi vale soltanto il dritto della forza, bisogna convenire esser questa una desolante verità!

È da tenersi conto però, che oltre delle proteste, trattandosi del Papa, vi è la scomunica, che non va soggetta nè a dritto pubblico, nè a fatti compiuti, nè a cannoni, nè a variar di tempi e di principii, ad onta che si vorrebbe far credere di essere uno spauracchio del *medio-evo.* Però se volgiamo uno sguardo agli uomini che furono fulminati dalla scomunica, perchè *cooperarono in qualsiasi modo per ispogliare il Papa,* non possiamo fare a meno che deplorare la loro trista o immatura fine, e convincerci che i fulmini del Vaticano non sono quello *spauracchio* che vogliono far credere a sè stessi gli spiriti forti, sebbene un fatto costante confermato da diciannove secoli di storia: que' fulmini potranno ritardare a colpirci, ma, se pertinaci noi saremo, ci atterreranno!

Non ho voluto interrompere i fatti avvenuti nell'alta e media Italia, affine di presentarli a' miei lettori sotto un sol colpo d'occhio; adesso però è tempo di ritornare molto indietro e ragionare d'altri fatti interessantissimi che si svolsero in questo Regno, la maggior parte qual conseguenza de' primi. Si è perciò che nel prossimo capitolo ripiglierò il racconto, sin dal cominciare dell'anno 1859.

CAPITOLO VII

Il principe ereditario Francesco di Borbone, duca di Calabria, fu promesso sposo a S. A. R. Maria Sofia Amalia, figlia di Massimiliano Giuseppe, cugino del re di Baviera. Le nozze furono annunziate officialmente il 4 gennaio 1859, e si celebrarono in Monaco, l'8 dello stesso mese, per procura tenuta dal principe Luitpoldo, germano di quel re.

Il duca di Serracapriola, alto commissario del re Ferdinando II, il duca di Laurenzana, cavallerizzo maggiore, la duchessa di S. Cesareo e la principessa Partanna, imbarcati sul *Tancredi* e sul *Fulminante*, il 9 gennaio, partirono da questa rada per Trieste per ricevervi la principessa ereditaria, duchessa di Calabria, e condurla a Manfredonia. La reale sposa fu accompagnata fino a Trieste dalla sorella, imperatrice d'Austria, e da costei consegnata alle sopra nominate dame, all'alto commissario e al cavalierizzo maggiore.

La partenza della real duchessa venne prorogata per varii giorni a causa della notizia della malattia di re Ferdinando; per la qual cosa non pria del 1° febbraio s'imbarcò sul *Fulminante*, ed il 3 dello stesso mese, in cambio di Manfredonia sbarcò in Bari, ove fu ricevuta dallo sposo, principe ereditario, dalla regina Maria Teresa e da' reali principi. Alle tre e mezzo di quello stesso giorno, i reali sposi ricevettero la benedizione dal vescovo di quella Diocesi. In memoria di quello sbarco e di quella benedizione, si fece in Bari una Piazza detta *Borbonica*.

Pel fausto avvenimento del matrimonio del principe ereditario, il re concesse i seguenti indulti: 1° La pena de' ferri fu diminuita di quattro anni, quella della reclusione e relegazione di tre. 2° Le pene correzionali di confine o di esilio furono diminuite di due anni. 3° Le condanne di detenzione, di mandato in casa, e di ammenda, per semplici contravvenzioni vennero condonate. Furono esclusi dalla sovrana indulgenza i condannati o imputati per furto, per falsità, per fallimento doloso e pe' reati forestali.

In occasione di quel matrimonio il re decorò sette individui di diversi gradi dell'Ordine *di S. Gennaro*, trentadue di quello *Costantiniano*, venti dell'Ordine militare di *San Giorgio la Riunione*, e centottantadue dell'altro real *Ordine del merito civile di Francesco I*. Inoltre nominò settanta gentiluomini di Camera, cinquanta maggiordomi di settimana, quattordici cavallerizzi di Campo e trenta dame di Corte. Infine largì danaro ai poveri, e sollevò dalla miseria varie oneste famiglie.

Per lo stesso fausto avvenimento, la Commissione privata di beneficenza, in Napoli, dispensò in S. Domenico mille e duecento pani a' poveri. Il Monte della Misericordia largì cento maritaggi di ducati dieci ad ognuna delle orfane, donzelle oneste e povere.

Ferdinando II avrebbe messo in *libertà* prima del 1859, i condannati politici, se la Francia e l'Inghilterra non avessero chiesta l'amnistia pe' medesimi e con modi che aveano della pressione. In quell'anno, trovandosi libero dalle importune sollecitazioni dei governi di quelle due potenze, per dimostrare che la sua clemenza era spontanea, si decise far grazia a' rei di Stato, approfittando della felice opportunità di quel matrimonio. Egli era convinto e persuaso che i graziati politici, abusando della sua clemenza, avrebbero ricominciate le antiche mene settarie, e suscitati altri trambusti e rivoluzioni. Per la qual cosa, sebbene l'11 gennaio di quell'anno 1859, avesse pubblicata l'amnistia pe' rei di lesa Maestà, pur tuttavia volle che costoro uscissero dal Regno. Gli amnistiati furono ottantatrè tra' quali il canonico Brienza, Faucitano, Settembrini, Spaventa e Poerio. Il re avea fatto una convenzione con la repubblica Argentina e con varii Stati di America per fondar colà una colonia di napoletani, esiliati in commutazione di pena, ma questi Stati, benchè repubblicani, si negarono di ricevere quella gente pericolosa, avendo fatto altre volte mala esperienza. Fu quindi costretto mandarli a Nuova-York, e senza alcuna convenzione con quel governo; però tutti coloro, che domandarono la grazia di non essere mandati in America, furono lasciati liberi, tra' quali il Nisco.

Per tutt'i rei politici che non chiesero grazia, si pattuì un legno inglese, per la somma di ottomila dollari, e con l'obbligo di condurli a Nuova-York, dando a bordo a' medesimi, tutto il conveniente trattamento, come passaggieri di 1ª classe. Que' che doveano essere deportati uscirono da' bagni e dagli ergastoli con negletti abbigliamenti; ed il re li fece vestire a nuovo e fornire di danaro; ordinò inoltre al nostro console di Nuova-York, che desse a' medesimi aiuti e soccorsi per farli ivi stabilire. Quando quegli esiliati furono condotti a Pozzuoli dal colonnello di gendarmeria, Francesco Dupuy ed intesero la determinazioni sovrane, Poerio rispose per tutti i suoi compagni[1], ringraziando la clemenza sovrana, e tutti i suoi compagni gridarono: *viva il re!* Ma quelle furono com-

---

[1] Suppongo che in quella circostanza il vestito e l'atteggiamento di Poerio erano simili alla sua statua, inalzata nel largo della Carità in Napoli, e che il celebre artista che la scolpì abbia voluto far della satira a quell'avvenimento.

medie, ed uno degli attori principali fu senza meno il colonnello Dupuy; il quale, non più che dopo un anno, si rese spergiuro, avendo rinnegato il suo passato con darsi alla rivoluzione.

Il legno inglese, che conduceva i deportati in America, fu scortato fino a Cadice da una fregata napoletana, lo *Stromboli*, comandata dal Brocchetti, che pure dopo un anno, volle esser servo de' suoi servi, cioè di coloro che scortava nell'esilio, addivenuti poi padroni dell'Italia. I deportati, appena entrarono nell'Atlantico, finsero protestare che avrebbero accusato il capitano inglese di violenza, se costui li avesse condotti a Nuova-York; era eziandio questa un'altra commedia. In effetti, quel capitano, dopo che s'intascò 8000 dollari, in cambio di condurli in America, li sbarcò a York, e da colà, nel mese di aprile si recarono a Londra, ove furono ben ricevuti e festeggiati da Palmerston e dal ministro sardo; maggiormente che giungevano quando si andava in cerca di Giuda napoletani, per tradire e vendere agli stranieri questo disgraziato Regno.

La stampa settaria li proclamò grandi patrioti e cime di sapienza, ed or sappiamo a nostre spese quanto essi valgano! Ferdinando II fu vituperato co' più odiosi nomi; mentre s'egli avesse lasciato ne' bagni e negli ergastoli que' rei politici, sarebbe stato meno bistrattato, e quel che più monta si è, che avrebbe salvata la sua dinastia ed i suoi popoli da una catastrofe memoranda: la clemenza, non di raro, è un errore pernicioso de' sovrani.

Per colmo di sventura un disgraziato avvenimento accadde in quell'anno 1859, e fu causa prima che il florido Regno delle Due Sicilie fosse stato manomesso da un piccolo Stato italiano, collegato con la rivoluzione cosmopolita. Intendo ragionare dell'immatura e misteriosa morte di Ferdinando II; costui cessò di vivere, appunto in quel tempo, che potea essere un ostacolo insormontabile alla ingordigia straniera e settaria. Contentissimo quel sovrano pel contratto matrimonio del suo amato *Laso* (così per vezzo chiamava il figlio Francesco principe ereditario) il dì 8 gennaio, partì da Caserta, insieme con la regina, i reali principi ed i ministri Murena e Bianchini, per incontrare in Manfredonia la principessa ereditaria di questo Regno, Maria Sofia Amalia di Baviera. La sera del 9 pernottò in Avellino, ed era indeciso di proseguire il viaggio a causa del cattivissimo tempo e della gran copia di neve caduta in que' giorni; ma essendo allegrissimo e premuroso d'incontrare la nuora, proseguì il viaggio fino ad Ariano. Ivi fu incontrato dal vescovo monsignor Caputo; il quale lo invitò a recarsi all'Episcopio, per riposarsi, prendere qualche ristoro, ed attendere che il tempo si fosse rimesso in calma. Caputo era stato protetto e beneficato da Ferdinando, quasi in opposizione della Corte di Roma, che ben conoscea l'indole di quel prelato; quindi il re accettò l'invito: e sebbene non era uso prender cibo in casa altrui, a causa delle minacce settarie, purtuttavia, fidando in un vescovo suo beneficato, pranzò alla mensa di costui. Dopo il pranzo palesò sentirsi male; e fu notato da taluni, che a quell'annunzio, il Caputo non potette trattenersi di mostrare in viso un ghigno di compiacenza.

Ferdinando volle proseguire il viaggio, ma per quanto si mostrò allegro fino ad Ariano, altrettanto divenne mesto ed abbattuto dopo di quel pranzo imbanditogli da quel Monsignore. Non trovava quiete nè a piedi, nè a cavallo, nè in carrozza, e giunto a Foggia s'intese brividi di freddo e dolori alle muscolature, passando la notte agitato ed in sogni stravaganti. Nonpertanto volle proseguire il viaggio, ed in cambio di Manfredonia, si diresse a Lecce, ove giunse il 16 di quel mese, sempre peggiorando col male che lo travagliava, ed a tal segno da non potersi più reggere in piedi.

Il 27 ritornò da Lecce a Bari, accompagnato sempre dalla real famiglia, e vi giunse lo stesso giorno cioè quando la città era parata a festa, prendendo alloggio anche nell'Episcopio. In Bari, il 3 febbraio, ebbe la somma consolazione di vedere per la prima volta la nuora duchessa di Calabria; ed ivi la sua malattia divenne seriissima, tanto da spaventare tutti coloro che lo circondavano. Si giudicò dapprima che fosse affetto da sciatica reumatica, prodotta da' freddi sofferti nel viaggio da Caserta a Foggia; e perchè era vessato eziandio dalle febbri intermittenti, gli si diè il chinino, che in cambio di guarirlo gli produsse il delirio.

La real famiglia, vedendo il re in quello stato, e trovandosi in una città che non offriva grandi mezzi per guarirlo, pregò l'augusto ammalato che avesse ordinato la partenza per Napoli, e questi aderendo, il 7 marzo, s'imbarcarono tutti nel porto di Bari per la volta di Napoli. Dopo una felice navigazione di 52 ore presero terra alla real Favorita. Dalla marina alla stazione della ferrovia Ferdinando II fa trasportato sopra una barella, in mezzo alla sua famiglia ed alla popolazione piangente e desolata; sembrava un convoglio funebre, anzi che l'ingresso della principessa ereditaria presso la capitale del Regno. Quello stesso giorno, 9 marzo, venne condotto a Caserta, e ad onta di tutti i rimedii dell'arte e delle fervide preci della grandissima maggioranza della popolazione al Datore della vita e della morte, l'augusto infermo peggiorava di giorno in giorno. Era egli affetto da febbre etica, emottisi e tabe; nel suo corpo, in varii luoghi, comparvero delle fistole, e da una coscia scaturivano abbondanti e' guasti umori. E durò in quello stato per altri due mesi e pochi giorni, soffrendo acerbi dolori, sottomettendosi con la rassegnazione di un santo a tutte le dolorose operazioni prescritte dai medici.

Sentendosi venir meno la vita, il 12 maggio, volle fortificarsi col pane eucaristico, in forma di Viatico, e il 20 ricevette l'estrema unzione. Alle persone che piangevano intorno al suo letto, disse: " Perchè piangete? io non vi dimenticherò. " E voltatosi alla regina soggiunse: " Pregherò per te, pe' figli, pel Regno, pel Papa, pe' sudditi amici e nemici, e pe' peccatori. " Prima della sua agonia disse: " Non credevo la morte fosse sì dolce... Non bramo già la morte come fine di sofferenza, ma per unirmi al Signore. " Queste parole fecero ripetere al cardinal Riario Sforza, ivi presente, le parole di Gesù Cristo: *Non invem tantum fidem in Israel!* indi soggiunse: *credea di* assistere *alla morte di un re, invece sto assistendo a quella di un santo!*

L'augusto moribondo, il 22 maggio, assicurò esser quello l'ultimo giorno della sua vita terrena, ed ordinò che si celebrasse la Messa degli agonizzanti; prescrivendo i più minuti particolari del servizio sacro. Quello stesso giorno ebbe la somma consolazione di ricevere, per telegrafo, la benedizione del S. Padre, con la indulgenza plenaria, delegata a Monsignor Gallo, arcivescovo di Patrasso, suo confessore ed assistente.

Il 22 maggio 1859, tanto fatale a questo Regno e all'Italia, era giorno di domenica, all'una pomeridiana, re Ferdinando s'intese venir meno, e disse che soffriva un tintinnio agli orecchi, e che si offuscava la vista. Nel medesimo tempo stese una mano alla Croce dell'arcivescovo Monsignor Gallo, suo assistente, con l'altra prese la mano della regina in segno di addio, ed inclinando il capo sul destro lato, spirò!... Va, anima benedetta, là nella patria de' beati, ove le armi della calunnia non possono giungere; i tuoi difetti spariscono a fronte della tua carità, della tua giustizia, della tua clemenza. Il tuo bell'angelo Custode senza tema potrà presentarti al tribunale del tremendo giudice; tu rispettasti ed amasti la Cattedra di Verità, tu fosti il migliore dei padri e de' re ed il più calunniato!

Ferdinando II nacque il 12 gennaio 1810 nel palazzo reale di Boccadifalco, presso Palermo; bello nella sua giovanezza, si ebbe atletica figura, voce fioca, ma spedita favella, ingegno straordinario, idee giuste e chiare. Raccontavami il ministro Murena, che quando si portava qualche ardua questione in Consiglio di Stato, preseduto da quel sovrano, costui senza averla studiata, la risolveva con tale ammirabile aggiustatezza da far meravigliare gli stessi ministri, che aveano fatto un lungo studio sulla stessa, e non aveano potuto trovare la vera soluzione. Fu sovrano sostenuto e clemente, uomo religiosissimo, ottimo padre di famiglia: egli vivea in mezzo a' suoi figli in modo patriarcale. Dalla seconda moglie lasciò nove figli, cioè Luigi, Alfonso, Gaetano, Pasquale, Gennaro, Maria Annunziata, Maria Immacolata, Maria Pia, delle Grazie e Maria Immacolata Luigia.

Il Regno di Ferdinando II di Borbone sarà memorando ne' fasti della storia delle Due Sicilie, e più di tutto, perchè essendo un piccolo Stato, ma interessante nel concerto europeo, si tenne sempre indipendente d'ogni straniera influenza; quel sovrano spinse tant'oltre la sua indipendenza, che si fece nemici i settarii ministri di Francia e d'Inghilterra. Egli non si mischiò ne' fatti degli altri Stati, ma volle sempre rispettato il suo. Il Regno di Ferdinando II sarà memorando per forza d'intelletto e di volontà, indipendenza nazionale, cresciute ricchezze, scemate tasse, per sicurezza pubblica e per ordine ammirabile. Sarà rammentato altresì per la pubblicazione di leggi eque, opportune e veramente progressiste; per le stupende opere pubbliche erette da quel benefico sovrano; per la organizzazione di un rispettabile esercito e di una flotta la prima di second'ordine in Europa; per l'incremento dato all'agricoltura, al commercio, alle arti ed agli studii, essendo stata protetta ed ampliata l'istruzione pubblica, con la fondazione di nuovi licei ed altre cattedre, richieste dal progresso dei tempi. Infine quel Regno sarà un dolce e santo ricordo a questi popoli, perchè il secondo Ferdinando ci resse con modi paterni; e più di ogni altro, perchè protesse la Religione Santissima de' padri nostri; lasciando imperituri monumenti della sua pietà, cioè tanti tempii da lui eretti, altri riedificati e molti riccamente corredati.

Il più bello elogio di Ferdinando II l'han fatto i suoi stessi nemici; i quali han confessato, anche in pubblico Parlamento italiano, che furono costretti ricorrere alla calunnia, per infamarlo all'estero e farlo odiare dai suoi popoli. L'odio stesso de' rivoluzionarii contro quel sovrano, ed i nomi vituperosi a lui prodigati, oggi che la luce si è fatta, dimostrano che egli era una valida diga contro la irrompente ingordigia settaria, che tutto volea invadere, cioè potere e ricchezza, e distruggere eziandio l'unico bene che resta all'uomo sventurato, la religione!

I napoletani ed i siciliani onesti non potranno mai dimenticare quel buono e clemente monarca; lo rammenteranno sempre quando il governo della rivoluzione li carica di tasse e sopra-tasse, e quando si vedono strappare i loro figli dal seno – specialmente i siciliani – per esser soldati, spesso in un clima diverso del nativo, e per battersi senta il vero scopo della libertà ed indipendenza della loro patria. Lo rammenteranno se rimangono in città, o vanno a villeggiare, od anche se si pongono in viaggio, non essendovi più sicurezza. Infine non potranno mai dimenticare che quel sovrano facea servire il suo governo al bene del popolo, e non già questo a quello del governo, come fanno i così detti governi liberali, che creano il *dio Stato*, al cui interesse si deve sacrificare quello sacrosanto del popolo, che per ironia chiamano *sovrano*: SOVRANO DELLA MISERIA!!

I settarii, con lo scopo sempre di calunniare, andavano spacciando, che re Ferdinando avesse depositato sopra i banchi esteri, e specialmente in quelli di Londra, centinaia di milioni di ducati; e tra gli altri epiteti che gli prodigavano, eravi eziandio quello del *re dell'oro*: oro, essi diceano, rubato a questo Regno. – MISERABILI! Ferdinando II non depositava danaro sopra i banchi esteri, perchè era un sovrano eminentemente nazionale; s'egli era avverso a far comprare generi esteri per non fare uscire la moneta dal Regno, come mai potea indursi a far fruttificare il suo danaro sopra i banchi stranieri? e poi, sopra quelli dell'Inghilterra! Ch'egli non avea danaro fuori di questo Regno, lo provi il fatto, che qui in Napoli, il dittatore Garibaldi trovò depositate le doti delle reali principesse, i majorascati de' principi reali, la dote di Maria Cristina di Savoia, e financo quella di Maria Teresa d'Austria: danaro tutto sperperato, ed in poco tempo, da quel *redentore de' popoli schiavi*.[2]

Qual sarebbe stata la ragione per cui quel sovrano avrebbe depositato ne' banchi esteri la sua fortuna privata, cioè le supposte centinaia di milioni di ducati? Forse per tenerle meglio in sicuro? ed allora perchè non assicurò allo stesso modo le doti delle figlie, i majorascati de' figli e le doti della prima e seconda moglie? Finalmente, che Ferdinando II non avea danaro all'estero la prova senza replica, dappoichè oggi i suoi eredi non vivono con quel lusso insultante de' *parvenus* Napoleonidi *déclassés,* tanto del 1° come del 2° impero.[3]

Quando re Ferdinando si convinse che la sua malattia era incurabile, fece testamento alla presenza del principe ereditario Francesco, de' suoi figli più grandetti, Luigi ed Alfonso e della regina Maria Teresa; trovandosi eziandio presente il suo confessore, l'arcivescovo Monsignor Gallo: ecco il testamento:

" Raccomando a Dio l'anima mia e chiedo perdono a' miei sudditi per qualunque mia mancanza verso di loro, e come sovrano e come uomo. Lascio, eccetto le *spettanze* matrimoniali della regina, gli oggetti preziosi ed i diamanti al mio primogenito. Si facciano della mia eredità dodici eguali porzioni: vadano una alla regina, e dieci a' miei cari figli. La dodicesima a disposizione del primogenito, che stabilisca Messe per l'anima mia, suffragi a' poveri, e ristauri e costruzioni di chiese ne' paesetti che ne mancassero sul continente e in Sicilia. I secondogeniti entreranno in possesso, compiuti gli anni trentuno; sino a quel tempo, ancorchè fossero coniugati, staranno a spese della real Casa. Ciascuna quota di secondogenito sarà a vincolo di maggiorato; e ove s'estingua, torni a Casa reale. Delle quattro porzioni delle femine voglio da ciascuna si tolga il terzo, il resto sia loro proprietà dotale con vincolo d'inalienabilità; e se maritate finissero senza figli, ritornino a Casa reale. Da tai prelevati quattro terzi, dono ducati ventimila a ciascuno de' miei quattro fratelli, Carlo (!) Leopoldo, Luigi e Francesco; ducati quindicimila al principe di Bisignano, e ducati cinquemila alla gente del mio servizio. Del rimanente si cresca la porzione de' maschi secondogeniti, ma disugualmente, distribuiti in ragion diretta degli anni di età di ciascuno; affinchè i minori di età abbiano col multiplicamento di più anni raggiunta la porzione pari a quella de' maggiori fratelli. La villa di Caposele a Mola, come bene libero, lascio al mio primogenito, *al mio caro Laso,* (così, come ho già detto, appellava per vezzo il principe

[2] V. un *Viaggio da Boccadifalco a Gaeta ecc.* pag. 418.

[3] Tutta l'eredità privata del pronipote di Carlo III, diversi da' beni di Casa reale, e disponibile, ammontava a SEI MILIONI SETTECENTO NOVANTACINQUEMILA OTTANTA ducati; però 566,080 ducati appartenevano alla regina Maria Teresa d'Austria.

ereditario Francesco). E voglio che questa mia disposizione abbia forza di legge di famiglia, non soggetta a giudizio di magistrato; ma giudice unico ed arbitro ne sia il mio successore o chi lo seguirà. "

Or dirò de' funerali fatti a quel benefico sovrano. I ministeri e le dipendenze degli stessi si chiusero per tre giorni; la Corte ed il pubblico presero il lutto per sei mesi, metà stretto e metà leggiero. Il 28 maggio il cadavere del defunto re, dopo di essere stato iniettato, si trasportò nella Reggia di Napoli, ed ivi venne esposto per tre giorni nella sala de' viceré, sopra un feretro riccamente eretto, corteggiato incessantemente dalla real Camera, officiando il clero Palatino. Gli ordini mendicanti recitarono l'officio de' morti e cantarono la *Libera*; si celebrarono inoltre varie Messe sopra quattro altari, eretti in quella vasta sala.

Il dì 31 dello stesso mese, il medesimo cadavere fu condotto nella chiesa di S.Chiara, e il funebre corteggio si componeva della real Camera, della Collegiata di S. Giovanni Maggiore, del Capitolo della Cattedrale, e del Clero Palatino; la truppa parte faceva ala al corteggio, parte lo precedeva, ed altra lo seguiva. Il 1° giugno in quella maestosa chiesa pontificò il Cappellano maggiore, ed il funebre eloquio lo recitò Monsignor Tommaso Salzano, vescovo titolare di Tanes. Il medesimo giorno, quelle spoglie mortali vennero collocate nella Cappella de' reali depositi; ove si leggono eleganti iscrizioni, dettate in quella circostanza dall'insigne comm. Bernardo Quaranta.

In tutte le chiese di regia giurisdizione ed in varie altre del Regno si celebrarono splendidi funerali in suffragio del defunto sovrano. Uno de' più notevoli fu quello solennizzato nel Duomo di Napoli, ove pontificò il Cardinale Arcivescovo, ed intervennero i rappresentanti gli ordini religiosi della capitale, vari vescovi, il Municipio, la real Camera, la Consulta di Stato, il ministero di Stato e il Corpo diplomatico. Il canonico D. Rosario Frungillo recitò una eloquente orazione funebre, e le iscrizioni di circostanza le dettò il dotto canonico D. Gaetano Barbato. Il 10 giugno, il Municipio di Napoli fece celebrare altro stupendo funerale nella chiesa di S. Lorenzo. Nel mezzo di quel vasto tempio, parato a bruno, sopra un elevato basamento, si alzò una tomba di stile gotico-egizio, sormontata da un lucernario; da un lato eravi rappresentata Partenope piangente, dall'altro il Genio borbonico. Pontificò Mons. Salzano; il dotto funebre eloquio lo recitò il canonico D. Giovanni Scherillo; le iscrizioni le dettò il noto letterato D. Gabriele Quattromani. A quest'altro funerale intervennero le medesime autorità, che assistettero a quello celebrato nel Duomo.

Anche l'esercito e la real marina vollero rendere gli ultimi e mesti omaggi alla gloriosa e pia memoria del loro duce e padre, col fargli celebrare, nella chiesa dello Spirito Santo, uno splendidissimo funerale. Sorgea in mezzo a quel tempio un cenotafio di stile greco-egizio, ornato di emblemi allusivi alla circostanza. La Messa di requie fu pontificata dal Cappellano maggiore, assistito dal clero

Palatino, e con musica del maestro Nacciarone; l'orazione funebre la recitò il P. Cerchi dell'ordine de' Minimi. La truppa era schierata dal Castel dell'Ovo a' gradini della detta chiesa dello Spirito Santo; ed eseguì tre scariche, cioè al principio, alla metà ed alla fine della Messa.

CAPITOLO VIII

REGNO DI FRANCESCO II

SOMMARIO

Subdoli consigli de' reali conti di Siracusa e di Aquila al successore di Ferdinando II, che salendo al trono degli avi suoi si titola: FRANCESCO II RE DEL REGNO DELLE DUE SICILIE ecc. Suo Proclama a' popoli di questo Reame. Insidie di Cavour. Nuovo ministero e suo programma. Decreti. Rimpatrio degli emigrati. Commissarii regi nelle province. Non si approfitta delle benevole disposizioni dell'Inghilterra verso di noi. Rivolta di 400 soldati elvetici. Conseguenze.

Lo stesso giorno che morì Ferdinando II, si diedero le disposizioni circa il giuramento dell'esercito e dell'armata, e ciò per evitare qualche subuglio; conciossiachè si buccinava, che taluni mestatori, per disunire la real famiglia, avessero voluto proclamare sovrano Luigi conte di Trani, primo figlio della regina Maria Teresa, mentre, in verità, erano inscienti l'uno e l'altra.

Leopoldo conte di Siracusa e Luigi conte di Aquila, credendo di guidare a modo loro la barca dello Stato, circuirono l'erede del trono, e per non farlo consigliare da altri, lo condussero nella Reggia di Capodimonte. Ivi cominciarono ad importunarlo, acciò il giovanetto re si fosse dato tutto a loro, promettendogli che eglino avrebbero accomodati tutti gli affari interni del Regno e quelli internazionali. Ma re Francesco, sebbene uso ad obbedire fino allora, nonpertanto conobbe lo scopo poco patriottico e disinteressato dei suoi zii, quindi non volle aderire a' consigli de' medesimi; perchè essi voleano comprometterlo co' popoli delle Due Sicilie e con le potenze allora combattenti sul Mincio. I due reali conti, dopo che insistettero per più giorni, affin di avvolgere nelle loro spire il giovine Sovrano si partirono disgustati; e son sicuro che fin d'allora cominciarono a tramare l'orribile tradimento, che perpetrarono l'anno appresso, cioè continuarono con più alacrità nelle fellonie, che aveano bene avviate sotto il defunto sovrano.

Il legittimo successore di Ferdinando II, salendo al trono degli avi suoi si titolò: FRANCESCO II RE DEL REGNO DELLE DUE SICILIE ecc. Taluni consiglieri del novello monarca aveano preparato una proclamazione à sensation, ma senza alcuna promessa di cambiamenti radicali circa gli ordini che vigevano in quel tempo. Altri più prudenti e sennati consiglieri fecero riflettere, che quella proclamazione non avrebbe contentato i così detti liberali, ed avrebbe compromesso il novello principe con tutte e due le grandi potenze allora lottanti in Lombardia. Per la qual cosa consigliarono pubblicarsi altro proclama grave e laconico, redatto in modo da non urtare, in que' terribili momenti, nè l'Austria nè la Francia; riserbandosi a guerra finita di far note le sovrane risoluzioni, circa tutto quello che potea avere relazione con la politica estera: questo secondo consiglio venne accettato.

Taluni politicanti da caffè dicono ancora, che se Francesco II, appena salito al trono, avesse proclamata la Costituzione, ed avesse intimata la guerra all'Austria, facendo lega co' franco-sardi, tutt'ora sarebbe il re delle Due Sicilie. Chi sentenzia in questo modo, fosse in buona fede, ignora per lo meno che già era stabilito dalla setta e dalla diplomazia settaria la esautorazione de' Borboni di Napoli, per dar questo Regno ad un Napoleonide, o annetterlo al Piemonte. Se quel sovrano avesse per poco agito nel modo che opinano ancora i sopradetti politicanti, sarebbe stato detronizzato prima del tempo, e senza quella imperitura gloria, che destò e desta l'ammirazione e l'invidia de' suoi stessi sleali nemici.

Il proclama, che Francesco II diresse ai popoli delle Due Sicilie, nunziava il suo esaltamento al trono; e dopo di avere invocato l'assistenza di Dio, promettea giustizia, osservanza delle leggi e benessere a' proprii sudditi, non tralasciando di lodare il defunto genitore; tutto ciò era quel che desideravano i popoli tranquilli di questo Reame. La setta però, coadiuvata e sorretta dal sire francese e da Cavour, avea interesse di far chiasso e discreditare qualunque atto del novello monarca; perlocchè cominciò a schiamazzare, che quel proclama era una sfida all'opinione pubblica; la quale si aspettava la solenne promessa di franchigie costituzionali e la lega co' franco-sardi; quindi i giornali faziosi ebbero l'imbeccata, e pubblicarono vituperii e calunnie contro il giovanetto re. Son sicuro che se costui avesse cacciato fuori una proclamazione, secondo fingevano desiderarla i rivoluzionarii, costoro l'avrebbero biasimata egualmente, dichiarando, per lo meno, che non accettavano franchigie ed aiuti da un Borbone: e ciò per le ragioni che ho già dette di sopra.

Il ministro Cavour mandò, in quel tempo, a Napoli il conte Salmour per istabilire le basi di una alleanza tra questo Regno e quello sardo. Le proposte di quell'astuto ministro non si poteano accettare da un governo onesto ed indipendente, perchè nascondevano una turpe fraude, cioè di cacciare il tedesco dall'Italia, che rispettava i reali di Napoli ed il Papa, per divenir mancipii di un settario coronato senza onore e senza fede, per tradizione di famiglia, spoliatore della nostra patria, e che, per le meritate umiliazioni sofferte dalla sua turbolente famiglia, dovea vendicarsi delle dinastie regnanti in Europa. Non si poteano accettare le proposte del Cavour, perchè in cambio dell'innocuo tedesco ci dovevamo sottomettere ad un fedifrago padrone, che carezzava l'*arrière pensée* di esautorare i Borboni di Napoli ed intronizzare il suo cugino Murat. Ciò non era un mistero, ma un fatto conosciuto dalla diplomazia europea, tanto che lo stesso lord Palmerston avea di già cominciate le sue pratiche per mandare a monte le mene ed i piani occulti del suo *amico* Bonaparte. Infine non si poteano accettare le proposte cavourriane, perchè nascondevano lo scopo di esautorare anche il Papa dal potere temporale e ridurlo come oggi lo vediamo!

Cavour sapea che l'alleanza col Piemonte non potea essere accettata dal governo napoletano, e ciò per le sopradette ragioni; ma egli, mandando a Napoli il Salmour con quella finta missione, mirava a due scopi, uno più sleale dell'altro, cioè di far gridare dai settarii che Francesco II fosse antitaliano, non accettando la lega contro l'Austria, e di suscitar trambusti in questa città e nel Regno, sotto la protezione del suo plenipotenziario. Difatti, la sera del 7 giugno, quando si seppe l'entrata de' franco-sardi in Milano, i rivoluzionarii presero il pretesto di gridare *viva ed abbasso* intorno a' palazzi de' loro protettori, cioè del conte di Siracusa c dell'inviato sardo. Peggio si schiamazzò quando, dopo pochi giorni, si seppe che il governo avea confermata la strettissima neutralità circa la guerra che si combattea nel Lombardo-Veneto.

Io l'ho detto altrove, e giova ridirlo: re Ferdinando II non potea morire più a proposito perchè si attuasse il programma settario in questo disgraziato Regno! Quell'uomo straordinario soltanto avrebbe saputo mandare a monte tutte le mene della setta cosmopolita, e quelle della diplomazia rivoluzionaria. Che far potea un giovanetto re, addolorato per l'immatura morte del padre, ed appena salito al trono assalito da un uragano di congiure, che dall'alto scendevano in basso, e da basso salivano in alto? Che far potea, ripeto, circondato da tanti traditori venduti agli stranieri, non esclusi due fratelli del suo augusto genitore?! Bisogna convenire che superò sè stesso, per aver lottato circa ventuno mesi prima di prendere la via dell'esilio; e lottò non solo perchè i soldati e gli uffiziali, fatte alcune eccezioni, erano tutti per lui, ma più di tutto perchè la grandissima maggioranza della popolazione era ed è tuttora eminentemente borbonica, ad onta di essere stata mistificata con parole altosonanti e con promesse, che poi si attuarono al rovescio.

Re Francesco, con una volontà ferma e risoluta, si decise salvar la monarchia ed il suo popolo; volendo rabbonire i suoi due zii, conte di Siracusa e di Aquila, l'invitò a consiglio, dovendo formare un ministero allora di somma importanza; il quale dovea assumere la missione di arginare una immensa valanga, che si rovesciava sul trono e sopra i popoli delle Due Sicilie. I due zii gli proposero di conferire il potere al tenentegenerale Carlo Filangieri; e debbo dirlo, la scelta non potea esser migliore; costui, volendolo, avrebbe potuto salvare la dinastia ed il Regno; ma egli, checchè se ne dica da' suoi appassionati ammiratori, abbandonò l'una e l'altro nel momento del più terribile pericolo. Carlo Filangieri, da uomo di onore e da soldato, dovea morir sulla breccia per coronare degnamente la sua vita politica e militare. Dapprincipio si mostrò di voler fare quanto desiderava da lui la gente onesta, ma in seguito divenne anch'egli esigente, e finì coll'abbandonare il giovine principe, quando poteagli essere più necessario. Si disse, che – al pari del tenentegenerale principe d'Ischitella – si fosse disgustato colla dinastia a causa dell'influenza che esercitava, ne' consigli della corona, la regina vedova Maria Teresa; consigli, diceano, che paralizzavano le azioni salvatrici dei fedeli al legittimo successore di Ferdinando II.

La supposta influenza di Maria Teresa è una calunnia come tutte le altre, è un ritrovato troppo triviale; quella regina non si mischiò mai negli affari della politica, nè del marito nè del figliastro; essa badava soltanto all'educazione de' suoi diletti figli e figlie, essendo una ottima madre di famiglia. Il dir poi che paralizzava le azioni salvatrici de' fedeli al legittimo successore del suo augusto consorte, è un parlare ed un sentenziare senza conoscere che quella regal donna aveva cuore pari alla mente; ed avendo interesse che la dinastia avesse superato l'uragano che la minacciava, volendolo e potendolo, non potea dare che sennati e salutari consigli. Si dica piuttosto, che si vollero accattare de' futili pretesti, per legittimare delle azioni inqualificabili, e da coloro che aveano il dovere di farsi uccidere, per sostenere non solo una illustre prosapia di sovrani, da cui tutto aveano ricevuto, ma un florido Regno che andava in rovina.

Fu il Filangieri, presidente del nuovo ministero e ministro della guerra; de Liguoro ebbe le finanze, Rosica l'interno, Ajossa i lavori pubblici, Casella la polizia, – in cui poi fu surrogato dal medesimo Ajossa – ed in cambio di Cassisi, ministro degli affari di Sicilia, venne destinato Cumbo.

Il programma del ministero Filangieri fu breve e compendiato, cioè obblio del passato, perdono a' ravveduti politici, perfezionamento delle nostre istituzioni, impedire disordini ed abusi: era tutto quanto si desiderava dalla grandissima maggioranza della popolazione, che erasi stretta alla patria bandiera ed a quella della dinastia che l'avea resa agiata e sicura.

Per contentare il desiderio secolare de' siciliani, il re avrebbe voluto mandare a Palermo un principe della real famiglia, in qualità di vicerè. I suoi fratelli erano troppo giovani; de' due zii, il conte di Siracusa e l'altro di Aquila non si potea fidare; per la qual cosa ne pregò lo zio conte di Trapani, affezionatissimo a lui. Questi sarebbe stato il vicerè che avrebbe contentati quegl'isolani, essendo un principe conciliante ed amabile; ma non volle accettare.

Il 16 giugno si pubblicarono varii decreti; con uno re Francesco accordava il perdono a tutti gli emigrati politici; però quando i medesimi avrebbero domandato la grazia di ritornare nel Regno e promesso di rispettare le leggi dello Stato. Quel decreto giungeva simile a quello di Pio IX, pubblicato in Roma, appena quel santo Pontefice salì sulla Cattedra apostolica; l'uno e l'altro produssero i medesimi amarissimi frutti. Fu quello un errore imperdonabile del ministero Filangieri, cioè di far rimpatriare proprio in quel tempo tutti i settarii, che aveano dato prova della loro audacia e persistenza in voler suscitare altre rivoluzioni.[1] Nonpertanto tutti quegli emigrati – ora nostri padroni – supplicarono il re, secondo le condizioni espresse nel decreto di grazia; e ve ne sono non pochi, che oggi, col coraggio de' codardi, offendono i Borboni in esilio, lusingandosi che sieno ignorate le servilissime espressioni da loro usate nel domandare la grazia del rimpatrio. Espressioni non chieste dal giovane e cavalleresco sovrano; anzi costui dovette indegnarsi nel rilevare tanta abbiettezza in coloro che si atteggiavano a nemici del suo Casato.

In forza del decreto di amnistia del 16 giugno, rimpatriarono 190 emigrati politici, tutti fior fiore di setta e quindi agenti di Napoleone, di Cavour e di Mazzini. In effetti parte di que' rimpatriati si sparsero nelle province, ed un buon numero prese stanza in Napoli; tutti aveano il mandato di suscitar difficoltà al governo ed organizzare la rivoluzione. Eravi però molto screzio tra loro; taluni opravano per Cavour, altri per Mazzini e non pochi per Murat: nondimeno erano tutti concordi nel principio di straziare questa nobile patria e venderla agli stranieri, a patto che eglino dovessero gavazzare da sottopadroni nel disordine e nell'abbassamento della stessa.

Con un altro decreto venne annullata la lista de' così detti *attendibili*; costoro erano sorvegliati dalla polizia ed esclusi da taluni impieghi; si dicea per opinioni contrarie al governo, ma in realtà perchè la maggior parte de' medesimi erano ladri in guanti gialli e persone immorali. Onde che il direttore di polizia Casella diè ordine a' suoi subalterni di tener sempre gli occhi addosso agli *ex attendibili*. Appena si seppe quella disposizione, i liberali diedero del traditore al Casella, e fecero grandi chiassi; tanto che il governo in omaggio all'opinione *pubblica* lo tolse di carica, dando quel posto ad Ajossa.

Volendosi attuare quella parte del programma governativo, cioè di migliorare le nostre istituzioni, si mandarono de' commissarii regi nelle province per conoscere i bisogni delle popolazioni, l'andamento della giustizia, il personale de' funzionarii e de' magistrati, le casse demaniali, lo stato de' municipii, le opere pubbliche e la pubblica istruzione. Però non tutti que' commissarii adempirono al mandato ricevuto; ve ne furono taluni, che in cambio fecero propaganda rivoluzionaria, ed altri per vezzo o per paura vollero fare i liberali, badando poco a'

---

[1] Lo stesso liberale marchese Rodolfo d'Afflitto diceva a questo proposito: " Meglio che resti fuori simile canaglia; ritornando in patria, provocherebbe altri subugli e pulcinellate: " — ed il ministero Filangieri li facea ritornare nel Regno!

bisogni delle province e agl'interessi del Regno. Il giovanetto sovrano, che con buona e ferma volontà volea migliorare le condizioni de' suoi popoli, in quella baraonda non fu secondato da quelli cui lealmente si affidava; anzi fu tradito per ignavia o per paura. Ed in vero non pochi, che fino allora erano stati caldi borbonici, teneano gli occhi fissi sopra i fatti che si svolgevano nei campi lombardi, e davano facile ascolto alle fatali insinuazioni degli agenti sardi.

Come ho già detto, l'Inghilterra, gelosa che Napoleone III cominciasse ad acquistar non influenza ma padronanza in tutta l'Italia, e sospettando che Murat fosse insediato re in questo Regno, in giugno mandò nella rada di Napoli una flotta; la quale, anche co' tiri de' cannoni della nave ammiraglia, salutò la nostra bandiera. Quella benevola dimostrazione della potente Albione, in un tempo quando la medesima non avea ministro accreditato presso Francesco II, era un segno non dubbio, che avrebbe voluto proteggere costui, per mandare a monte i progetti napoleonici.

Filangieri avrebbe dovuto profittare del corruccio inglese contro il sire della Senna e della dimostrazione del governo brittannico a nostro vantaggio, atteso le fatali circostanze in cui trovavasi questo Regno, essendo allora insidiato da potenti nemici esterni, aiutati da quelli interni. Egli avrebbe dovuto gittarsi nelle braccia dell'Inghilterra, nostra naturale alleata, e fare, a questa nazione tanto corriva agl'interessi materiali, qualunque sacrifizio commerciale; era quello il tempo di far sacrifizii, si avrebbe dovuto perdere il poco per salvare il tutto. Se il governo brittannico avesse voluto proclamata la Costituzione in questo Regno, gli si avrebbe potuto far riflettere, che quello non era un tempo opportuno, avuto riguardo allo stato interno ed a' fatti che si svolgevano nel resto d'Italia. E se infine quel governo si fosse ostinato a volere immediati cambiamenti politici in questo Reame, sarebbe stato un male minore proclamarli allora sotto la formale guarentigia della potente Inghilterra, anzi che poi, dopo un anno, sotto la protezione di un settario coronato, di un ben conosciuto fedifrago, di un Luigi Bonaparte, titolato *Napoleone III.*

Io non posso affermare, che Filangieri non seppe o non volle approfittare di quella favorevole circostanza per salvare la dinastia ed il Regno, essendo stato egli un politico non ordinario; il certo però si è che si fece sfuggire quella favorevole occasione, forse l'unica e sola che avrebbe potuto salvare le Due Sicilie da una memoranda catastrofe. Malgrado del grande rispetto, che io ho per la brillante figura storica di Carlo Filangieri, nondimeno debbo dire, che anche egli si lasciò trascinare dalla corrente di coloro, che nel supremo pericolo della patria non ebbero nè mente nè cuore per salvarla. Il non avere approfittato delle benevole o interessate disposizioni dell'Inghilterra a nostro riguardo, non fece che rendercela più nemica, ad onta che il re avesse riannodate le interrotte relazioni diplomatiche con questa nazione e con la Francia. Onde che tornarono a

Napoli i ministri Elliot inglese e Brenier francese, il primo per uno scopo, il secondo per un altro, tutti e due però con intendimenti ostili e malvagi. Essi si unirono co' caporioni della rivoluzione e co' traditori, che circondavano il giovine monarca e congiurarono contro di costui sotto l'egida della inviolabilità.

È da sapersi però che l'inviato inglese cominciò a congiurare contro Francesco II, dopo che il suo governo si decise per l'unità italiana. Difatti i governanti della Granbrettagna, malgrado che il governo napoletano non avesse fatto alcun caso della loro buona disposizione in favore di questo Regno, purtuttavia avrebbero voluto ancora sostenerlo, temendo sempre che si fosse attuato in Italia il programma napoleonico, cioè la Confederazione italica con Murat in Napoli ed il principe Napoleone in Toscana. Que' governanti tentarono l'ultima prova; si rivolsero a Poerio, Settembrini e Spaventa, allora in Londra; e costoro accettarono l'incarico di sostenere l'autonomia delle Due Sicilie e la dinastia borbonica.

Ed invero que' tre caporioni si recarono a Torino, ed ivi si spacciarono borbonici, sostenitori dell'indipendenza ed integrità di questo Regno, con un governo rappresentativo sotto lo scettro di Francesco II. Pubblicarono un manifesto, firmato da altre cinque persone, col quale dichiaravano, che avrebbero sostenuto la dinastia borbonica, quante volte il re avesse dichiarata la guerra al tedesco, e come si può supporre, col sottinteso che avrebbe dovuto nominarli ministri tutti e tre. Nel medesimo tempo vennero firmati altri due manifesti, uno anche in Torino in casa di Stanislao Mancini, col quale si protestava contro la neutralità, proclamata da Francesco II, e si riconoscea sovrano di tutta l'Italia re Vittorio Emmanuele; l'altro manifesto si firmò in Parigi da Manin unito ad altri rivoluzionarii napoletani, i quali si dichiaravano favorevoli all'insediatamento di Luciano Murat sul trono di Napoli. Tutti que' patrioti, dissidenti nel creare un padrone alla loro patria, non aveano altro appoggio in questo Regno che quello della setta rivoluzionaria, la quale nulla potea fare da sè senza l'appoggio e la protezione delle armi straniere.

L'Inghilterra, conosciuta la disunione e l'impotenza de' rivoluzionarii italiani ad opporsi alle mire napoleoniche, si decise di proteggere la rivoluzione unitaria, capitanata dal Piemonte, unico mezzo che le restava per evitare che i Napoleonidi ghermissero due interessanti stati della nostra Penisola, e che il Mediterraneo divenisse un lago francese. Fu allora che il governo inglese cominciò a proteggere il movimento della setta unitaria italiana, con tutti i suoi potenti mezzi e manovre poco leali: Napoleone III fu costretto seguirla suo malgrado. Sin da quel tempo cominciarono gli agenti inglesi e francesi a dar, non chiesti, subdoli consigli al giovine re ad usare le più sfacciate pressioni e congiure a danno di costui e del Regno, per mandare in rovina l'uno e l'altro e così attuare il loro programma in Italia.

Palmerston, Napoleone, Cavour e tutta la caterva de' settarii di gabinetto e di piazza aveano capito, che per abbattere il trono delle Due Sicilie era necessario intristire e corrompere il valoroso e fedele esercito nazionale, che nel 1848 e 49 avea dato splendide prove di fede e di valore. Per la qual cosa, non potendo corrompere i soldati, si rivolsero agli ufficiali, tra cui trovarono non pochi Giuda, che vendettero onore e patria per meno di trenta danari; mostrandosi eziandio bassamente ingrati verso quella dinastia che li avea tratti dal nulla e troppo li avea beneficati. Non è qui il luogo di far conoscere tutti gli uffiziali subalterni e superiori, che vilmente si vendettero alla setta ed agli stranieri, facendo meravigliare l'Europa civile or con le loro inettezze, or con turpi tradimenti, ed or con l'ingorda brama di acquistare *onori* e ricchezze; però, al far de' conti rimanendo disillusi e disprezzati. Se i miei benevoli lettori volessero conoscere le geste di sì vituperevole gente, potrebbero leggere *Un Viaggio da Boccadifalco a Gaeta ecc.*, già pubblicato in apposito volume. I sopra nominati settarii in veste diplomatica non ignoravano che in questo Regno trovavansi quattro forti reggimenti svizzeri, che in ogni tempo aveano dato prove di fede e di bravura, e che, nel 1848 e 49, aveano coadiuvato potentemente per istritolare la rivoluzione in Napoli ed in Sicilia. Que' quattro valorosi reggimenti intorbidavano i sogni dorati degli unitarii e degli esteri protettori dell'unità italiana; onde che tutti costoro si collegarono per togliere al Reame delle Due Sicilie quel valido appoggio. Dapprima si rivolsero a' loro fratelli, facienti parte della Dieta elvetica, per richiamare in patria, sotto varii pretesti, i loro connazionali al soldo napoletano; non riuscito questo mezzo, ricorsero alle consuete armi della setta, cioè alla corruzione ed alla menzogna. È necessario che qui io narri caso tristissimo accaduto in Napoli, in luglio del 1859, per far meglio conoscere un altro abominevole mezzo usato dalla setta cosmopolita per detronizzare i Borboni di Napoli, non avendolo potuto ottenere col suscitare fittizie rivoluzioni popolari.

Ho detto altrove, ragionando della rivoluzione militare del 1820, che il governo napoletano dal 1825 al 1829 assoldò quattro reggimenti svizzeri, in forza di una così detta capitolazione stipulata con taluni Cantoni elvetici, e che dovea durare 30 anni. Siccome quelle truppe estere aveano resi grandi servizii, la setta, come ho già detto, si argomentò togliere tanto valido appoggio al trono delle Due Sicilie. I settarii, fin dal 1848, aveano intrigato presso la Dieta elvetica per far richiamare in patria i componenti i quattro reggimenti svizzeri, accusandoli di aver tenuto una biasimevole condotta nella guerra di quell'anno nefasto. In effetti quella Dieta mandò a Napoli due commissarii, Colini e Francini, per la rescissione della capitolazione fatta nel 1829; ed il governo napoletano difese la condotta di que' soldati, provando che costoro aveano difeso quella Costituzione politica, voluta dagli stessi rivoluzionarii.

Per allora le cose rimasero come si trovavano; però nel 1849, essendo entrati nella medesima Dieta federale gran numero di radicali di quella repubblica, costoro decretarono la rescissione delle capitolazioni, stipulate anteriormente con Napoli, ordinando che i loro connazionali ritornassero in patria, e proibendo di darsi altre reclute. Ad onta di una tale ingiunzione, que' quattro reggimenti rimasero al servizio napoletano, e vollero continuarlo fino al 1859, anno in cui spirava il termine del contratto. Compiuto quel tempo, dopo varie trattative co' capi de' corpi svizzeri, si convenne che costoro rimanessero al servizio delle Due Sicilie per altri 30 anni, e senza il permesso de' Cantoni elvetici a cui appartenevano. Il Consiglio federale elvetico, mentre non impediva a' suoi connazionali di prender servizio in varii eserciti di Europa, perchè spinto dalla demagogia, a capo della quale il ministro sardo Cavour, ordinò che a quelli al soldo napoletano fossero tolte dalle bandiere le armi cantonali, che erano unite allo stemma regio. Per mettere in esecuzione quell'ordine, mandò a Napoli il commissario sig. Latour, e quelle armi furono tolte senza alcun chiasso

La setta, che tutto avea preparato, cominciò a susurrare che gl'individui facienti parte de' corpi svizzeri rimaneano esclusi dalla cittadinanza elvetica, e non aveano più dritto ad alcuna protezione dal governo della loro patria. Tali insinuazioni non avrebbero ottenuto alcun risultato senza l'oro del governo sardo, profuso in que' reggimenti; e difatti gli uffiziali vedevano spesso nelle mani dei loro subalterni delle monete da 20 franchi, che poi costoro erogavano, gavazzando a danno della disciplina, mentre pel passato si erano mostrati disciplinatissimi in tutti gli avvenimenti.

Dopo che gli emissarii del Piemonte avvolsero nelle loro settarie spire buon numero di soldati svizzeri, consigliarono a' medesimi di agire, col suscitare una rivoluzione mititare in questa bella e pacifica Napoli, che andar dovea in rovina insieme con la Corte.

Era la sera del 7 luglio 1859, e mentre alla ritirata de' soldati svizzeri al Carmine si assicurava non esservi alcuna novità, sebbene si vedevano molti di costoro cogitabondi e con guardo bieco, un soldato della stessa arma consegnò una lettera ad un suo camerata, che trovavasi alla porta del quartiere. Dopo la ricezione di quella lettera s'intese un fischio, al quale succedette un gridìo, e poi un baccano d'inferno nelle compagnie scelte de' granatieri e de' cacciatori; i quali si armarono, incitando i compagni ad imitarli, ed uscirono in folla dal quartiere in numero di 160, tirando fucilate all'impazzata. In quello atteggiamento ed a suon di tamburo, corsero a S. Apostoli, quartiere delle compagnie fucilieri, ove si presero le bandiere del reggimento. Indi assaltarono l'altro quartiere di S. Giovanni a Carbonara, ove, rovesciati i cancelli, ferirono il maggiore Wolf, perchè questi si oppose all'irruzione di que' compri forsennati. Ivi presero pure le bandiere, ed ingrossati di altri 120 congiurati di quel reggimento, mossero nella stessa guisa verso l'altro quartiere di S. Polito, dove avea stanza il 4° svizzeri. Quivi non avendo complici, ne avvenne un conflitto, perchè erano anche accorsi varii uffiziali allo strepito degl'incessanti spari di fucile. Nondimeno, essendo in maggior numero, sbaragliarono gli opponenti, dopo di avere uccisi il tenente Roverea con tre soldati, e feriti i tenenti Stuler e Snetler ed il maggiore Morel: impossessatisi delle bandiere, in numero di 400, presero la via di Capodimonte, ove trovavasi il re e la regina.

Quando que' sediziosi giunsero presso quella Reggia, re Francesco, e coloro che lo circondavano, sapendo l'avvenuta rivolta, supposero che fosse un rinforzo di truppe che andava per tutelarli; ma qual non fu la loro sorpresa nel conoscere che erano i soldati ribelli, che si avanzavano in atteggiamento ostile!

Si diè l'ordine di chiudersi i cancelli della Villa di Capodimonte, e due aiutanti di campo di S.M., il retro ammiraglio del Re e il tenente generale duca di Sangro, più il generale Ferrari ed il tenente colonnello Schumacher del 1° svizzeri corsero da una parte a schierar la guardia innanzi i cancelli, consistente in 24 uomini, dall'altra affrontarono i ribelli, chiedendo il motivo di quella scandalosa e colpevole attitudine, ed imponendo a' medesimi di ritirarsi immediatamente ne' loro quartieri. Quella sediziosa soldatesca rispondeva in flotta, e tra' tanti gridi intelligibili, si sentivano le parole di *bandiere, di dritti*, e vi fu qualcheduno che anche gridò: *viva Garibaldi!*[2]

La condizione in cui trovavasi la Corte in Capodimonte era assai compromessiva, da un momento all'altro potea essere aggredita da que' furibondi; ma fu salvata da una possibile violenza, dal 4° reggimento svizzeri. Questo corpo, niente sedizioso, e desiderando di riacquistare le tolte bandiere, fu riunito immediatamente dagli uffiziali còrsi in quartiere, ed unito ad altre compagnie, acquartierate in S. Domenico Soriano, si fece ad inseguire i ribelli, conducendo eziandio una sezione di artiglieria, tutti sotto gli ordini del generale svizzero Wittenbach. I rivoltosi, vedendosi inseguiti da una forza maggiore, fuggirono da Capodimonte verso il Campo di Capodichino: ove, in tutta la notte di quel giorno, trascesero alle più brutali violenza contro gli abitanti di quelle adiacenze, scassinando case, involando oggetti, percuotendo quanti venivano loro innanzi, giungendo fino alla ferocia di uccidere un bettoliere, dopo di essere stati da quell'infelice provveduti di Commestibili e di vino.

Al rumore di quella rivolta soldatesca, il tenente generale Carlo Filangieri, ritornato allora da Sorrento, unito co' generali Lanza, Garofalo ed Alessandro Nunziante, dopo di avere tutelata la città da qualunque criminoso allentato, fece riunire gli svizzeri del 13° battaglione cacciatori, rimasti fedeli, e comanda-

[2] In quell'imminente pericolo, per tutte le persone della Corte, i più coraggiosi si mostrarono i giovanetti sovrani. Maria Sofia volle assistere dal balcone a quella scena, che minacciava una catastrofe incalcolabile e strepitosa.

ti dal colonnello Von Mechel, e congiunti col 4° svizzeri, mossero tutti alla volta del campo di Marte, il dì seguente 8 luglio. A quelle truppe si diedero ordini severi di non far fuoco contro i ribelli, se prima non si fosse ordinato da' rispettivi colonnelli. Con simile temperamento si sperava che que' traviati si fossero sottomessi all'apparato della forza maggiore, risparmiandosi un deplorevole combattimento tra soldati della stessa nazione. Ma non valsero nè le preghiere nè le minacce; quindi fu necessario circuire quella soldatesca faziosa e ribalda, intimandosi alla stessa di depositare le armi; e questa, in risposta, trasse le prime fucilate contro i suoi connazionali, ferendo il tenente Thormann e varii soldati. Fu allora che prevalse il sentimento della giustizia, cioè di non tener più esposte quelle fedeli truppe a' micidiali colpi di un pugno di ribaldi. Perlocchè si trassero pochi colpi di cannone a mitraglia, nel momento che i ribelli si slanciavano per impossessarsene: ne rimasero 20 uccisi e 75 feriti – sopra i quali si rinvennero molti napoleoni di oro – Gli altri, erano 305, parte si arresero, il resto fuggirono per quelle campagne, ove furono poi disarmati ed arrestati dalle guardie urbane.

Dopo la rivolta di que' 400 soldati elvetici, si comprese che non poteasi tenere più oltre al servizio militare della gente corrotta dalle mene settarie; maggiormente che il colonnello del 4° svizzeri, che avea messo in ragione i faziosi suoi connazionali, dichiarò di non poter più contare sulla disciplina del medesimo suo reggimento dopo tutto quello che era accaduto. Gli stessi generali elvetici consigliarono il re a licenziare tutti i soldati della loro nazione, ritenendo soltanto quelli che volentierosi dichiarassero di voler rimanere sotto il comando di que' superiori immediati, che non avessero osservazioni a fare in contrario. Il tenente generale Filangieri, in un lungo rapporto, diretto al re, dopo di aver reso giustizia alla disciplina e alla bravura de' reggimenti svizzeri, lo supplicava di licenziarli ed in cambio, secondo il progetto del colonnello Von Mechel, formar due altri battaglioni di carabinieri esteri, oltre del 13°, reclutandoli in Baviera, nel Wurtemberg e nel Tirolo. Conchiudeva quel rapporto con queste precise parole: " Tròvomi nel convincimento di non potersi più avere dalla Svizzera demagogica se non soldati mazziniani, degni più di Garibaldi, che di far parte del suo onorato e fedele esercito. "

Francesco II, contro il suo manifestato desiderio, fu costretto disfarsi de' reggimenti svizzeri, non solo per aderire a' consigli dei suoi più distinti generali, ma più di tutto per togliere un campo ubertoso, ove i suoi sleali nemici seminavano facilmente la corruzione e la sedizione. Difatti le mene del Piemonte, dirette dal ministro Cavour, quelle di Francia per opera di un Murat, non che le manovre dell'Inghilterra erano tutte dirette a togliere a questo Regno il valido appoggio de' reggimenti svizzeri, corrompendoli e ribellandoli. Si è perciò che si evitò il male maggiore, licenziando quelli che non vollero più servire, ritenendo gli altri che dichiararono voler rimanere, e che erano ben visti da' superiori immediati.

Si disse che vi furono de' brogli, anche tra taluni generali napoletani per far licenziare quella soldatesca; io non lo metto in dubbio, atteso quanto successe un anno dopo in questo disgraziato Regno. Ritengo però opportuno il licenziamento di que' soldati; l'essersi costoro mostrati accessibili alla corruzione settaria, il guardarsi bieco l'un l'altro, dopo i fatti successi sul campo di Capodichino era una certezza che alla prima circostanza propizia per loro, coadiuvati da' settarii, avrebbero messo a soqquadro questa capitale. Gli è perciò che trovo misteriosa, o per lo meno trascurata, la condotta de' generali e de' capi di que' corpi, i quali non si curarono d'istruire un formale processo, per conoscere i fautori immediati della rivolta militare del 7 luglio; se ciò avessero fatto, chi sa quanti altri mali si sarebbero scongiurati, conoscendosi a tempo opportuno tanti traditori che circondavano il re!

Dopo un decreto reale in due articoli, i quattro reggimenti svizzeri furono sciolti e licenziati, dandosi ad ogni soldato, che volle partire, ducati 60[3], e di quelli che dichiararono di voler continuare il servizio, parte furono incorporati nel battaglione estero, e parte formarono i quadri degli altri due battaglioni, che si andavano ad organizzare.

La setta, dopo che riuscì ne' suoi abominevoli proponimenti, trepidò al sentire che altri battaglioni di elvetici si formassero in servizio di questo Reame; e quel che più la scottava si era, che i medesimi sarebbero stati diretti da' fidi e valorosi uffiziali della medesima nazione, già facienti parte de' 4 disciolti reggimenti; perlocchè mise in opra tutti i suoi infernali mezzi per non farne ottenere i risultati. A quale scopo fondò un comitato in Boemia, ove si reclutavano soldati pel servizio napoletano, dando ordine a' componenti il medesimo d'intrigare per mandarci la gente più trista, rotta a tutti i vizii ed ascritta alle società segrete; e ciò affin di contagiare la brigata estera, che si stava formando. Quel comitato riuscì a meraviglia nel suo intento; e noi ne sperimentammo gli effetti nel 1860, cioè in Salerno, a' Ponti della Valle ed in Mola di Gaeta! Coloro che

---

[3] Quella somma largita ad ognuno che avesse voluto lasciale il servizio, era troppo scandalosa, perchè sufficiente a far decidere i dubbiosi a partire; in effetti non pochi di que' soldati svizzeri che prima aveano dichiarato di voler restare sotto le nostre bandiere, quando videro luccicare quell'affascinante metallo, si disdissero e vollero partire, il commissario di guerra Pianelli, padre del generale, era il pagatore di quelle somme, ed invitava gl'indecisi a prenderle; appena accettate, egli tirava un grosso sospirone di trionfo, come se si avesse tolto di attorno un nemico pericoloso. Parecchi di que' soldati partivano piangendo, e non pochi minacciavano ritornar da nemici: infatti chi di loro prese servizio in Algeri, chi in Piemonte, e ve ne furono molti che si andarono ad arruolare nelle legioni garibaldesche; ciò prova sempre più che non lasciarono il servizio napoletano per amor delle bandiere elvetiche, che si erano tolte, ma perchè sobillati ed ingannati dalla setta.

in Boemia aveano lavorato a tant'opera nefanda, vennero poi a Napoli per ricevere il guiderdone dal dittatore Garibaldi: e costui fu prodigo verso quei malfattori col danaro particolare de' Borboni trovato ne' Banchi di Napoli.[4]

[4] Vedi: Rustow *Rimembranze d'Italia*. Vol. 2° pag. 28 Lipsia 1861.

CAPITOLO IX

SOMMARIO

Condizioni del Regno sotto Francesco II. Finanze. Magistratura, frizioni del Regno. Polizia. Istruzione pubblica. Esercito e flotta. Ordinamenti amministrativi ed opere pubbliche.

Prima di narrare gli altri mezzi nefandi de' quali la setta diplomatica e di piazza si servì per abbattere dinastia e trono delle Due Sicilie, credo necessario far conoscere a' miei lettori qual'era lo stato dell'amministrazione di questo Regno e quanto bene arrecò al medesimo il giovinetto sovrano, Francesco II, in un anno e pochi mesi che regnò tra insidie, tradimenti e trambusti. – Comincio dalla finanza.

Il marchese Bernardo Tanucci, governando questo Reame sotto Carlo III e nella minorità di Ferdinando IV, non impose mai nuovi balzelli; e quel benefico sistema fu preso a modello da tutti i Borboni di Napoli. I quali non aggravarono mai di nuove tasse i loro popoli, anzi diminuirono quelle regalateci o dalla dominazione francese o da' rivoluzionarii; e ciò ad onta de' cresciuti bisogni dello Stato, avendosi dovuto duplicar le forze dell'esercito e della marina militare, far bonifiche, strade ferrate, telegrafi elettrici ed altre maggiori spese in tutti i rami amministrativi.

In questo Regno si pagava la tassa fondiaria, ricordo lasciatoci da' francesi nel decennio, che cominciò col cinque per cento e salì al dodici. Dappiù avevamo quattro altre tasse indirette, cioè una sulle dogane, sali, tabacchi, polveri da sparo e carte da gioco; in Sicilia si pagava soltanto quella delle dogane, invece eravi il dazio sul macinato: le altre tre erano sulla lotteria, sul registro e sulle poste. Noi non conoscevamo altre tasse, se non quelle che ho nominate, e che non furono mai aumentate dopo il 1815; nonpertanto, attesa la proverbiale onestà ed economia del governo de' Borboni di Napoli, non solo bastarono a tutti i bisogni ordinarii e straordinarii dello Stato, ma si fecero tante e tante opere stupende di pubblica utilità, che non son quelle de' nostri rigeneratori, fatte a furia di *carrozzini e carrozzoni*, scorticando i popoli all'impazzata, e scaraventando tasse illogiche ed immorali. I Borboni di Napoli provarono co' fatti, contro le teorie de' novelli economisti, che un Regno può esser ricco, anche di opere pubbliche, coll'imporre mitissimi balzelli; e che il miglior governo è quello che costa poco.[1]

---

[1] A' tempi vicereali, siccome la ricchezza nazionale era quasi stazionaria, a causa del poco commercio e di una agricoltura senza progredimento le tasse governative erano invariabili; un tal sistema non era però esente

L'aumento momentaneo di qualche tassa e del debito pubblico di questo Regno era stato un deplorevole effetto delle rivoluzioni; e quest'ultimo, dal 1799 fino 1848, si sarebbe accumulato in un modo spaventevole, se i nostri benefici sovrani non l'avessero scemato, e poi ridotto a minime proporzioni. Il debito pubblico, ch'è il flagello di tutti i regni del mondo, per questo delle Due Sicilie, fu quasi tutto all'opposto essendosi negoziato fino al *centoventuno per cento!* Il bilancio dello Stato, sotto re Francesco II, fu l'ultima volta chiuso il 22 giugno 1860, e saliva per introito ed esito a poco meno di trentuno milioni di ducati, entrandovi per un quarto la Sicilia. Or che siamo *redenti*, non deesi meravigliare che soltanto un Municipio come ad esempio quello di Napoli, oltrepassi quella cifra pe' semplici bisogni del Comune, allora sufficienti per quelli di circa dieci milioni di abitanti. Riguardo alla finanza del Regno delle Due Sicilie, un sol difetto si potrebbe notare al governo de' Borboni: la troppa economia. Ma appunto perchè questa non facea arricchire gl'impiegati ed i ministri, formava l'agiatezza ed il benessere del popolo: checchè ne dicano i cerretani delle novelle teorie di economia politica. Una crudele esperienza ci ha fatto conoscere quanto valgano quelle teorie; le quali se proseguiranno ad essere mantenute in atto da' nostri padroni, in Italia, tra non molto, si conteranno pochi straricchi, il resto poverissimi.

Il più volte citato statista, barone Giacomo Savarese, fece un confronto tra le condizioni finanziarie di questo Regno con quello del Piemonte, e provò che quest'ultimo, per ragion di popolazione, fece debiti per ventiquattro volte di più del nostro; avendo anche emanato *ventidue* leggi per aggravare le vecchie tasse, mentre il governo napoletano nessuna ne avea aumentata. Notò inoltre, che qui non si era venduto un palmo di terra demaniale, mentre i governanti di Torino vendettero i beni nazionali, e financo lo stabilimento metallurgico di San Pier d'Arena.

di grandissimi inconvenienti, maggiormente ove padroneggiavano gl'ingordi e prepotenti baroni. Secondo il nuovo sistema finanziario i proventi dello Stato non sono più invariabili, ma salgono e scendono a seconda del progresso o il decadimento della ricchezza nazionale; di modo che l'agiatezza de' privati forma quella dello Stato: dappoichè questo siegue le fasi di quelli. I Borboni di Napoli adottarono questo benefico sistema; e così senza aggravar di novelle tasse le popolazioni, avendo accresciuta la ricchezza nazionale, crebbero eziandio l'entrate del fisco. In questo modo potettero far nuove spese, richieste dal progresso de' tempi e dagli accresciuti bisogni dello Stato, spese che faceano strabiliare i settarii, credendo che in questo Regno vi fosse qualche miniera di oro, conosciuta soltanto da' Borboni. Qual'è il sistema fiscale o finanziario de' nostri attuali padroni, proclamati dai gonzi quali cime di sapienza nell'economia politica? Io non l'ho potuto ben capire, soltanto osservo, che i medesimi altro non san fare, per non far naufragare la sdrucita barca dello Stato, che moltiplicar prestiti rovinosi, affin di colmar l'annuale disavanzo, accrescere e duplicare le tasse esistenti, e scaraventarne altre, senza riflettere, o conoscere, che son quasi tutti esiziali alla ricchezza nazionale, al commercio, all'agricoltura ed allo stesso progresso intellettuale. Il sistema finanziario attuale del Regno d'Italia a buon dritto può dirsi un *comunismo governativo!*

La magistratura napoletana era ammirata ed encomiata dall'Europa civile, perchè dottissima ed integerrima. Vi fu, è pur vero, qualche rara eccezione; ma que' magistrati che si contaminarono con la disonestà e l'infedeltà, furono proclamati grandi patrioti dalla setta; e quando questa ghermì il potere, ne fece i principali funzionarii del Regno d'Italia: quel che eglino sapessero fare già l'abbiam veduto, e lo vediamo ogni giorno. Però tutti costoro erano avvocatuzzi, o come si addimandano in Napoli *paglietti*, cioè non dotti, ma cavillosi, capaci di vendersi all'uno e all'altro cliente: insomma questa specie di avvocati sono i veri *camorristi* de' tribunali. Fu questa classe che favorì la setta per iscalzare le basi del trono patrio, col vendersi a' primi venuti, credendo di far fortuna; in cambio fu gratificata con le tasse di ricchezza mobile, di registro e con quelle di successione; e tutto ciò oggi è la principale causa de' pochi affari e scarsi lucri che si fanno nelle preture e ne' tribunali.

Sotto il Regno di Ferdinando II le prigioni furono migliorate; erano ampie, nette e divise per classi; i detenuti aveano occupazioni non noiose, pratiche di morale cattolica, e buon nutrimento. Sotto il regime di quel sovrano si erano edificati splendidi edifizii penitenziarii, di cui i più notevoli sono quelli di Palermo, Avellino, Santa Maria, Aversa, Campobasso e Trani. Con tuttocciò, appena salì al trono Francesco II ordinò che s'istituissero delle commissioni destinate a visitare i luoghi di pena e proporre de' miglioramenti.

Si gridò tanto contro le sevizie della polizia borbonica, maggiormente negli ultimi anni, cioè prima di scoppiare la rivoluzione del 1860; mentre appunto in quel tempo era rimbambita, avendola resa tale il suo direttore Bianchini, perchè circondato di settarii di ogni gradazione. Inoltre costoro, per accattar odio al governo, spesso inveivano contro la gente onesta, o faceano gradassate per cose di poco momento, mentre lasciavano tranquilli i loro *fratelli*, cioè gli emissarii di Cavour e di Mazzini. In quell'amministrazione eranvi eziandio funzionarii ed impiegati onestissimi e fedeli al re; ma erano impotenti a fare il bene ed a tenere a segno i settarii, perchè il loro capo Bianchini li tacciava di troppo zelo e di visionarii, come coloro che avessero voluto dar ragione alle calunnie estere. Bianchini, che accettò i fondi segreti, che già avea rifiutati il suo predecessore comm. Orazio Mazza, lasciava poi la bassa polizia sfornita di quel potente mezzo, che la fa oculata e potente ne' governi rivoluzionarii. Eravi ancora un altro inconveniente nella polizia di questo Regno, cioè che i bassi agenti della stessa aveano scarso soldo, e spesso per mance rendevano servizi a' ricchi, e pesavano sulla povera gente.

Maniscalco, direttore di polizia in Sicilia, appena fece sapere simili inconvenienti, ottenne che i suoi subalterni avessero aumentato il mensile, anzi raddoppiato; però con l'obbligo di pagare i furti che si perpetravano un miglio fuori l'abitato, mentre le compagnie d'armi erano obbligate pagar quelli che avvenivano in campagna. Perchè Maniscalco sapea e volea fare il direttore di polizia, la maggior parte dei suoi subalterni furono operosi ed onesti, e non solo tennero a bada i rivoluzionarii, ma in Sicilia i furti e le grassazioni si contavano come straordinarii avvenimenti. Se quel direttore fosse stato coadiuvato da' generali la rivoluzione del 1860 o non sarebbe scoppiata, o sarebbe stata soffogata sul nascere; quant'odio si attirò egli dalla setta, e come questa tentò assassinarlo, io dirò tra non molto.

Non credo necessario ragionare a lungo del come trovavasi in questo Regno l'istruzione pubblica nel 1859 e 60, avendo detto già abbastanza tutto quel che fece Ferdinando II per farla progredire, fondando università, licei, collegi, ginnasii, nuove cattedre richieste dal progresso delle scienze, musei, accademie, convitti per l'uno e l'altro sesso, e concedendo pensioni a' letterati poveri ed agli artisti per istudiare in Roma. Che questo Regno contava più uomini illustri in lettere, scienze e belle arti di tutti gli altri Stati d'Italia, lo prova che il Piemonte dava cattedre agli emigrati napoletani e siciliani. Oggi, sebbene i nostri più dotti ed onesti scienziati e letterali si sieno ritirati, nonpertanto quando il governo italiano ha avuto bisogno di uomini per farlo figurare all'interno ed all'estero, ha dovuto ricorrere a' magistrati ed a' politici di queste province, a lui devoti, che ne' tempi passati non brillavano tra' primi.

Non so con quanta impudenza si accusava il governo napoletano di avversare l'ingegno, mentre qui il vero merito non restò mai senza pane e senza fama. Gli scienziati, i letterati e gli artisti erano protetti in tutti i modi; si davano le cattedre, gl'impieghi e le professioni per esami e concorsi; e le opere che si stampavano, di qualche merito, erano raccomandate dal ministero a' comuni per farle vendere; lo stesso rivoluzionario Carlo Troya ottenne dal governo immensi soccorsi per istampare e vendere la sua *Storia d'Italia*. Oltre de' soccorsi che largiva il ministero ai letterati poveri, eravi una rendita di quattromila ducati annui per soccorrerli; appena venne tra noi Garibaldi, quella rendita ed il capitale sparirono, cioè furono *annessi*. Il governo de' Borboni avversava soltanto la falsa dottrina, e le produzioni letterarie che tendevano a calunniare la religione dello Stato, ed a seminare il mal costume nelle masse.[2] Perchè i governanti di oggi fanno tutto al contrario, circa l'istruzione pubblica, stiamo raccogliendo gli amarissimi frutti della irreligiosità da essi protetta, cioè insubordinazione e

---

[2] Basterà questo rinfaccio a' nostri rigeneratori: Pietro Micheletti, il noto poeta letterato, sebbene di principii repubblicani, si ebbe da' Borboni sempre aiuti pecuniarii ed il massimo della pensione, destinata ai letterati poveri. Dopo il 1860, perduti quegli assegni, si è veduto mendico per Napoli, e morire desiderando un pane per sè e pe' suoi figli digiuni. Mentre scrivo, l'altro letterato e poeta, Antonio Epifania, vecchio e miserando, giace nelle sale degl'Incurabili, maledicendo forse la libertà settaria ed i *dotti e progressisti* ministri, che lo fanno morire in un ospedale.

disprezzo verso le cose e le persone più rispettabili, scostumatezza, furti, omicidii e suicidii; orrori che pel passato non erano che rari e reputati straordinarii avvenimenti.

Si disse, e da taluni si ripete ancora, che l'attuale governo abbia migliorato l'istruzione pubblica; ma gli stessi così detti liberali han dovuto confessare e pubblicare per le stampe, che altro non si è fatto che moltiplicare scuole ed aggravar la studentesca di tasse. Con le prime il governo ha creduto crearsi una classe interessante di professori a sè dipendenti e con le seconde far *quattrini*, che è il suo vero scopo, anzi il suo *ultimo fine* nel reggere lo Stato. Intanto la gioventù è costretta a studiare scienze e lingue così dette *morte*, di niuna utilità alla professione o carriera a cui dovrà addirsi dopo gli studii liceali; ed in questo molto sacrifica un tempo prezioso, che potrebbe dedicare agli studii più necessarii, mentre invece rimane debole in quelli che poi le saranno necessarissimi, verificandosi il noto adagio: *Chi troppo abbraccia nulla stringe*. A che imporre l'obbligo di svariate conoscenze, se di queste poco o nulla rimane, anche a' giovani di talento e studiosi? Sopra cento di essi, dopo il primo anno di Università, dieci soltanto san leggere il greco, o fare qualche operazione di aritmetica[3] in rotti o decimali; in quanto poi a geometria ed algebra troverete quasi tutti *tabula rasa*!

Un solo apparente bene ha fatto l'attuale governo circa l'istruzione pubblica, ed è quello di avere bene organizzato gli studii elementari in tutt'i piccoli paesi; ed ove capitano buoni maestri, il profitto non è indifferente. Però si notino due principali inconvenienti: il primo che i piccoli comuni sono stati aggravati di troppo pel mantenimento delle scuole comunali, senza ricevere alcun aiuto governativo; l'altro più interessante si è che in cambio di maestri, spesso si mandano in que' paesi bellimbusti, ignoranti e presuntuosi, che si dichiarano atei per darsi importanza e son la peste che ammorba tanti ragazzi bene educati.

Mi resta a dir qualche cosa circa l'esercito e la flotta, cioè in quale stato trovavansi nel 1859 e 60. Perchè l'uno e l'altra erano stati giudicati insufficienti a lottare contro una grande potenza, re Ferdinando, per non aggravare i suoi popoli di altre tasse, dopo il 1849, non volle arrecarvi aumento. Nel 1858, per ragion di economia, l'esercito era nei quadri piuttosto che nel fatto; si trovavano reggimenti ove appena si contavano seicento uomini; i quali non erano muniti di fucili di nuovo modello, allora inventati, come anche l'artiglieria mancava di cannoni rigati. I comandanti dei battaglioni cacciatori ed i colonnelli, capi de' reggimenti, credendo di farsi merito, faceano economie ributtan-

---

[3] Col dir ciò non intendo asserire che i giovani delle classi ginnasiali non debbino studiare l'aritmetica; quel che mi sembra un dippiù si è la radice quadrata e la cubica.

ti. Un capo di corpo giunse a far vendere la cenere del fuoco de' ranci, togliendola alle povere lavandaie, mogli de' soldati; un altro facea vendere le carte, ov'erano avvolti i maccheroni, destinati pel rancio delle compagnie; altri faceano economia sul lustro e sul lume, facendo spegnere di buon'ora i fanali delle caserme; l'ispettore della cavalleria scemava il fieno e la biada a' cavalli; non la finirei più se volessi dir per minuto simili vergogne, che in verità non erano praticate da tutt'i capi battaglioni o colonnelli.[4]

Sul finire del 1858, quando cominciavano a comparire i punti neri sull'orizzonte politico d'Italia, il governo napoletano si argomentò ingrandire e fortificar l'esercito; perlocchè chiamò sotto le armi varie leve, che diedero un contingente di trentaseimila uomini, oltre di un gran numero di volontarii siciliani. Con que' novelli soldati si riempirono i vuoti che trovavansi ne' battaglioni cacciatori e ne' reggimenti di linea, formandosene qualche altro dell'una e dell'altra arma. Nel principio del 1860, l'esercito era composto di sedici battaglioni cacciatori, tre di carabinieri esteri, sedici reggimenti di linea, un altro di marina, due di granatieri ed uno di cacciatori della guardia reale, un battaglione scelto di tiragliatori anche della guardia, due di zappatori e pionieri, uno di pontonieri.

La cavalleria contava nove reggimenti, uno di cacciatori, due di lancieri, uno di carabinieri, tre di dragoni e due di usseri, oltre di uno squadrone delle guide. Vi erano inoltre settemila gendarmi, tra cavalieri e fanti, sparsi in tutto il Regno. Eranvi due reggimenti di artiglieria, quindici batterie di campo e di montagna, ed una a cavallo: ogni batteria avea otto pezzi di cannone. I battaglioni dei cac-

---

[4] È pure a notare la troppa rigorosità di taluni generali circa il vestire del soldato, la maniera pedantesca d'istruire le reclute, e come procedeva il servizio interno, prescritto dall'ordinanza di Piazza, in massima parte dettato dal generale Roberto de Sauget il quale non giunse mai a far compilare un esatto regolamento sul servizio di campagna, egli che menava vanto di tutto fare per l'istruzione dei sottuffiziali ed uffiziali dell'esercito!

Ma che cosa si poteva sperar di più dall'eroe di Palermo del 1848, e da colui, che il 7 settembre 1860, andò ad incontrar Garibaldi a Salerno, vestito da guardia nazionale?

Giova eziandio qui rammentare, che al protetto Alessandro Nunziante, allora non più che colonnello di Stato Maggiore, si affidò il comando e l'istruzione di 16 battaglioni cacciatori, bellissimi nella forma, ma in parte fradicii nella sostanza, per la violenza morale cui si soggettavano gli uffiziali sotto il comando di taluni superiori ligi al medesimo Nunziante; ed il servizio interno che si pretendea dalla bassa forza era tale da porre in disperazione qualunque individuo di buona volontà. Mi rammento che una compagnia di cacciatori, dopo di avere assistito ad una parata, ritornando la sera nel quartiere, partì la notte per trovarsi la mattina a' Bagnoli, onde esercitarsi al bersaglio; restituitasi alla caserma, il giorno stesso, fu immediatamente mandata al Campo di Marte; appena rientrata, vi ritornò per l'ordine aperto; e nel giorno medesimo fu ad istruirsi nel maneggio della baionetta. Vale a dire, che se la truppa ebbe qualche ora di riposo a tanto trapazzo, gli uffiziali neppure ebbero tempo di cambiarsi gli abiti di mangiare!

Si solea dire: i soldati fan troppo, per non far nulla!

ciatori di linea erano formati di otto compagnie, i reggimenti di dodici, ognuna di 160 uomini, non sempre al completo. Ogni reggimento di cavalieri facea cinque squadroni ciascuno di quattro pelottoni, ed in ogni uno di essi si contavano 25 uomini. Tutto l'esercito napoletano, nel 1860, sommava a poco meno di centomila soldati, tra' quali 2869 uffiziali, e vi erano 9194 animali da sella e da tiro: in Sicilia si trovavano allora 24864 soldati e 1338 animali. Però togliendosi i gendarmi, gl'invalidi ed i mancanti, tutto l'esercito riducevasi a meno di settantamila uomini pronti a combattere.

Quell'esercito, ad onta delle grette economie degl'ispettori, era ben vestito e meglio nutrito; non era costretto a vestir di tela nell'inverno, ed indossare, come oggi, il calzone di panno ed il cappotto sotto la canicola di luglio; avea uniformi per l'està e per l'inverno, uno di gala, l'altro giornaliero. Non avea due zuppe acquatiche al giorno, ma un solo ordinario abbondantissimo di maccheroni e di carne, che non pochi soldati divideano co' poverelli; i quali, all'ora che si somministrava, accorrevano ne' quartieri militari con pentole e pentoline. Oltre di che i soldati napoletani non erano obbligati pagare il bel vestiario, ma lor restava ogni giorno non meno di quattro grana di *prest* (17 centesimi) per farne quell'uso che avessero voluto.

I soldati dell'esercito napoletano erano ottimi, maggiormente quelli appartenenti a' battaglioni cacciatori di linea; perchè gente indurita alle fatiche, a' disagi, alla parsimonia, ed insieme svelti e coraggiosi. La classe dei sott'uffiziali si era molto civilizzata ed istruita, e spesso in antitesi con non pochi uffiziali, che sebbene istruiti nel maneggio delle armi, del resto sapeano poco di storia, geografia, matematiche, tattica e strategia. Eravi eziandio l'altro gran difetto, che molti di costoro erano vecchi, nè si pensava mandarli al riposo, per sostituirli con giovani baldi ed istruiti; ed era una gran disgrazia per l'esercito, che, financo in tempo di guerra, dovea farsi più conto dell'antichità degli uffiziali, anzi che del merito.

Gli uffiziali di artiglieria erano tutti istruiti meno di qualche eccezione: ma non pochi de' medesimi si erano ascritti alla setta rivoluzionaria, sin da quando studiavano nei collegi militari a spese o dello Stato o del re Ferdinando II. Ivi le società segrete faceano assai adepti, perchè facile le riusciva ingannare la gioventù entusiasta ed inesperta; maggiormente che a quell'infame opera si cooperavano gli stessi professori, e con particolarità Mariano d'Ayala. Per la qual cosa eravi molto marcio nell'esercito e poca coesione; difatti i corpi di linea e quelli della guardia reale e dell'artiglieria si guardavano in cagnesco, perchè quest'ultimi si credevano gli aristocratici del medesimo esercito.

Eravi pure in questo Regno un altro elemento di forza, cioè le guardie urbane, che venivano scelte tra gli agricoltori, artigiani, mercanti e possidenti. La Guardia urbana era una delle migliori nostre istituzioni, avendo resi immensi servii in tutti i tempi. Essa perseguitava ed arrestava i ladri di campagna, di che poi se ne faceano merito i gendarmi; teneva l'ordine pubblico ne' paesi, ed avrebbe schiacciata la rivoluzione se fosse stata protetta da chi preparava la rovina della dinastia e del Reame. Difatti furono le guardie urbane che nel 1844 combattettero ed arrestarono i rivoluzionarii stranieri, condotti da' fratelli Bandiera; nel 1849 in Arce respinsero a fucilate Garibaldi ed i suoi volontarii, e nel 1857 sconfissero ed arrestarono gli sbarcati di Sapri. Perchè la Guardia urbana non era un elemento di rivoluzione, ma serviva l'ordine pubblico pel solo amor di patria, si volle abolire, col pretesto di alleviare i comuni dal casermaggio, cominciandosi dalla città di Catania. Intanto, nel medesimo tempo, si erogarono grandi somme per istituire la Guardia nazionale, buona soltanto a far pompa dell'uniforme militare e soprusi alla gente pacifica, proteggendo i disordini ed i ribelli. Anche quest'altra istituzione rivoluzionaria, detta ampollosamente il *Palladio della libertà*, la sostenitrice de' dritti del Parlamento nazionale, in Italia fa abolita vergognosamente da quelli stessi che ne vollero l'istituzione sotto il governo de' Borboni.

La flotta napoletana era delle prime di second'ordine in Europa, la prima in Italia. Nel 1860, componevasi di due vascelli, il *Monarca* con 90 cannoni ed il *Vesuvio* a vela con 84, dodici pirofregate, quattro corvette, cinque brigantini, un *cotter*, quattro golette, una bombarda, trentanove barche cannoniere e bombardiere, e varie navi di trasporto. I marinai erano ottimi; gli uffiziali, surti per favoritismo, non erano nè molto istruiti nè onesti, ad eccezione di pochissimi. Per maggior disgrazia della marina militare, nel 1850, si creò il Consiglio dell'ammiragliato, dandosi la presidenza al conte d'Aquila D. Luigi di Borbone, che fece di tutto per demoralizzare i suoi subalterni. Ed invero, quel real conte non apprezzava i talenti degli uffiziali di marina, ma piuttosto quelli che lo servivano in turpi tresche. Costoro approfittavano del favoritismo, e senza tema di essere molestati, facevano i loro affari sulle costruzioni de' legni, sulle vettovaglie, polveri, carbon fossile e financo sulla mercede degli operai dell'arsenale. La flotta napoletana costava all'erario due milioni e settecentomila ducati annui; chi volesse sapere quel che seppero fare quegli uffiziali quando doveano difendere la dinastia e l'onor patrio, potrebbe leggere il *Diario dell'ammiraglio piemontese conte Carlo Persano* ed, *Un Viaggio da Boccadifalco a Gaeta* ecc.

Or che si è dato un rapido sguardo all'amministrazione dello Stato ed alle forze che lo sostenevano militarmente, vediamo quel che fece Francesco II in un anno e pochi mesi di Regno, malgrado che questo benefico e cavalleresco giovine sovrano fosse stato circondato da traditori ed insidiato dalla setta rivoluzionaria. Appena salì egli al trono, tutto si dedicò a studiare e correggere l'amministrazione, e molto lavorò per avvantaggiare i suoi amati popoli, disposto a contentarli in tutto quello che fosse giusto e lecito. In effetti, nel Consiglio di Stato del 20 ottobre 1859, dopo di avere disapprovato l'accentramento amministrativo, rivolse a' suoi ministri le seguenti patriottiche e sapientissime parole: " I governi debbono subito concedere quel ch'è giusto e lecito; l'affermativa per sè esser bella, la negativa doversi giustificare con le ragioni e la necessità. " Avendo disposto che si cedesse alle giuste proposte de' Consigli provinciali circa la libertà dei comuni, ordinò poi che si eseguissero le leggi, ma in modo da non inceppare gl'interessati con vani giri di carte e procedure.

In Palermo accordò delle franchigie daziarie, in Messina abolì il doppio dazio di stallaggio su' depositi in quel portofranco, in Catania istituì un tribunale di commercio e le casse di Corte e di sconto. Condonò in Sicilia gli avanzi del dazio sulle aperture; in febbraio 1860 dimezzò la sopra imposta del macinato, abolì il dazio diretto sulle case terrene, ove abita la povera gente e ridusse le tasse doganali, in ispecie quella su' libri esteri che fu ridotta a ducati sei ogni quintale. Ordinò riforme radicali nel modo di riscuotere i dazii, cioè che fossero favorevoli a' contribuenti. In marzo diminuì le tasse sulle mercanzie estere; e così, al sol modo che si poteva, mise in pratica il libero scambio tanto gradito agli economisti rivoluzionarii, ma proseguì a proteggere le industrie patrie. Con decreto del 31 marzo 1860, concesse le Borse di cambio a Reggio di Calabria ed a Chieti, e con regolamenti simili a quelli della Borsa di Bari.

Ordinò altresì che si aprissero altri monti frumentarii di pegni, di casse di prestanza e di risparmio, cioè in varii paesi che ne erano privi. A causa degli scarsi raccolti, essendo mancato qui il grano, come mancò in tutta Europa, i rivoluzionarii tentarono trarne profitto, susurrando contro il governo del re; mentre questi avea di già proibito la estrazione de' cereali dal Regno, e disposto, avendone dati i mezzi, che se ne facessero venire altri dall'Asia. Difatti quando giunse una gran quantità di grano, granone, farine ed avena, comprati ad alti prezzi in que' lontani paesi, re Francesco volle che si vendessero qui con perdita, per fare concorrenza agl'incettatori di granaglie; per la qual cosa varii municipii del Regno faceano vendere il pane a grana cinque il rotolo (21 centesimi!). Gli avidi mercanti alzarono la voce, come se si fosse attentato al tristo dritto – che suppongono di avere! – cioè da una parte affamare le popolazioni e dall'altra scorticarle, vendendo i generi di prima necessità a carissimi prezzi. I patrioti, dicentisi filantropi ed amici spasimanti del popolo, fecero eco alle impudenti lagnanze de' mercanti monopolisti, perchè videro fugata la carestia, da cui speravano suscitare trambusti e rivoluzioni; onde che gridavano alla tirannide del governo, perchè facea mangiare il pane a buon mercato; dicendo che fosse contro qualunque principio economico proibire la estrazione de' nostri cereali e comprarli all'estero e così impoverire lo Stato di moneta: sempre due pesi e due misure ed impudenti contradizioni!

Re Francesco si dedicò ancora a migliorare l'istruzione pubblica, ordinando maggior sorveglianza nelle scuole primarie comunali; ed ove mancassero i fondi pagasse la provincia o il governo.[5] Creò altre cattedre, licei e collegi; delle prime, tre in Foggia, cioè di dritto romano e patrio, patologia, ostetrica e medicina pratica e legale. Ordinò che in Chieti vi fosse una cattedra di agronomia, ed in Trani una pel dritto civile ed un'altra pel penale. Provvide all'agricoltura delle feraci terre siciliane, avvantaggiando i capitali e le popolazioni rurali col permettere le permutazioni de' beni patrimoniali dei comuni. Volle che si ampliassero e si soccorressero gli stabilimenti di beneficenza poveri, e non pochi ebbero larghi soccorsi; fu severissimo nel farli sorvegliare da persone oneste circa l'amministrazione e dopo tutto quello che era accaduto nell'Orfanotrofio militare di Napoli.[6] Continuò le opere pubbliche cominciate ed altre ne intraprese. Istituì una Commissione[7] per l'ampliamento e miglioramento di Napoli; sanzionando un regolamento all'uopo, ed un altro per opere pubbliche di qualunque genere.

Quella Commissione, la cui anima era il generale Escamard, perchè dotto e valente in ingegneria, essendo direttore del genio militare, studiò il progetto di ampliar Napoli dalla parte orientale, cioè dalle paludi che si estendono al di là della stazione della ferrovia, e dell'altra occidentale, cioè da' giardini dietro i fabbricati lungo la strada dell'Ascensione a Chiaia e da S. Maria in Portico, fino sul limitare della falda, che da san Martino si estende a Posilipo. Circa l'ammigliormento eravi il progetto della via S. Giovanni a Carbonara, oggi detta via Cirillo, quella del Duomo, e l'altra delle *Fosse del Grano*, oggi salita del Museo. Nell'ampliare e migliorare questa bella città, gli attuali nostri padroni altro non han fatto, che adottare ed eseguire alla lettera il progetto di Francesco II, già studiato e preparato dalla sopradetta Commissione. Quindi, che cessino una volta

---

[5] In quel tempo detto, da' rivoluzionarii e dai gonzi, di *oscurantismo*, le migliori scuole erano quelle de' PP. Gesuiti; i quali non solo destinavano ai licei ec. i più dotti della Compagnia, ma nulla faceano pagare agli alunni, anzi agevolavano in ogni maniera gli studenti poveri, dando a tutti coloro che si fossero distinti de' premii di opere interessantissime: qualche mio conoscente le conserva ancora, con la firma del rettore e col timbro della casa religiosa di que' benemeriti padri.

[6] Mentre il maresciallo Roberto de Sauget trovavasi presidente dell'Orfanotrofio militare di Napoli, con Anzillotti, uffiziale amministrativo, sotto la sua dipendenza, sparirono trecentomila ducati! La colpa si attribuì a quest'ultimo, e quella somma fu perduta pel pio stabilimento. Fu destinato il brigadiere di artiglieria de Focatiis in cambio di de Sauget, ma non potette riparare a quel grande disastro. Il re volle affidare quell'amministrazione al generale del genio Luigi Escamard: costui in un anno e pochi mesi colmò quel *deficit*, e si ebbe in compenso la Croce di Francesco I° di classe " in considerazione dello zelo e de' servigii resi nel vantaggiare le rendite dell' Orfanotrofio militare. "

[7] Ed era composta de' seguenti nomi illustri della nostra cittadinanza, cioè comm. Antonio Spinelli (!) di Scalea vicepresidente, principe d'Ottajano, comm. barone Giacomo Savarese, comm. Lopez Suarez, comm. Carlo Cianciulli. Principe di Alessandria, allora Sindaco di Napoli, comm. Antonio Carafa di Noja, generale Luigi Escamard, cav. de Obertis, col carico di segretario.

le meraviglie ed i vanti de' così detti liberali, avendoci di troppo stomacato col magnificare il loro genio nelle opere di ampliamento ed ammiglioramento di questa città. Dovrebbero essi piuttosto confessare, se fossero onesti, che tutto quel che han fatto è una esecuzione di quanto avea progettato quel benefico sovrano; e se costui non fosse stato costretto a prendere la via dell'esilio, avrebbe eseguiti i suoi benefici progetti in poco tempo, senza aggravar questa popolazione d'inqualificabili tasse, senza permettere *carrozzini e carrozzoni*, ed infine senza porre sulle spalle de' napoletani un enorme debito comunale, che minaccia di schiacciarli da un momento all'altro.

Verso aprile del 1860 re Francesco ideò di stabilire in Napoli, per impiantarli poi in tutto il Regno, de' mulini a vapore governativi, affin di offrire a' suoi soggetti la macinatura gratuita de' grani. Lo propose nel Consiglio di Stato, ma vi trovò qualche opposizione da parte del generale d'Agostino; opposizione facilmente dettata da interessi di famiglia, perchè il genero di costui avea varii molini in Sarno; ma non curando l'opposizione di quel generale, ordinò allo stesso di consultare il professore P. D. Michele Giovanetti della Compagnia di Gesù, direttore dell'opificio metallurgico presso i Granili, e dargli i mezzi per costruire i molini a vapore. Il Giovanetti, perchè valente in simili opere, e perchè filantropo e caritatevole, trattandosi di un'opera di tanta pubblica utilità, dopo di avere ribattuto tutte le capziose difficoltà del generale d'Agostino, si era alacremente dedicato alla realizzazione del benefico progetto ideato dal re. Se non che, primi i moti rivoluzionarii di Sicilia, e poi quelli del continente napolitano, mandarono in fumo quest'altra paterna idea del sovrano.

Francesco II si dedicò soprattutto e con alacrità ad arricchire il Regno di strade ferrate. Ho ragionato altrove dell'eterna e stupida accusa lanciata dai rivoluzionarii e da' gonzi al governo de' Borboni, circa le poche strade ferrate di questo Reame; ma come ho già dimostrato, le prime che si videro in Italia furon fatte costruire da Ferdinando II. Difatti il conte di Cavour, quando non avea ancora inventata la teoria de' *gridi* di dolore, ecco quel che facea pubblicare, nel 1845, nella *Revue Nouvelle;* " Grazie al Cielo, eccoci nel Reame di Napoli, ove si posseggono le strade ferrate, già compiute, *mentre in Piemonte non sono neppure cominciate;* ed altre sono in costruzione, moltissime progettate, saggiamente studiate e prossime ad eseguirsi. *Napoli è il primo Stato d'Italia, che abbia inaugurato le strade ferrate.* Da molti anni le locomotive circolano da Napoli a Castellammare e da Napoli a Capua. Questo governo ha de' grandi progetti. Le agitazioni rivoluzionarie hanno conseguenze funeste, perchè i GOVERNI ATTACCATI CON LA CALUNNIA debbono pensare a difendersi, ed i grandi lavori pubblici non potranno eseguirsi in Italia, sino a quando i veri amici della loro patria non saranno aggruppati intorno a' troni, che hanno profonde radici nel suolo italiano. " È questo quello stesso Cavour, poi ministro del Piemonte, che attaccò *con la calunnia il primo Stato d'Italia*, ed unito ad un Gladstone lo proclamò *governo della negazione di Dio*, mentre facea strombazzare da' giornali da lui pagati, che il Piemonte, depauperato e governato dalla setta, fosse il *governo modello!*

Appena re Francesco salì al trono, chiese stretto conto, perchè le ferrovie, che doveano farsi dalle società private non fossero state eseguite, ordinando che si eseguisse subito quella che da Napoli corre a Roma. Con decreto del 28 aprile 1860 prescrisse che si fosse compiuta l'altra linea che congiunge Napoli con Foggia, ed indi per le rive dell'Adriatico estenderla fino al Capo di Otranto. In pari tempo decretò, che se ne eseguissero altre due, una per Basilicata e Reggio, l'altra per gli Abruzzi. Nel sopra citato decreto avea stabilito di farsi una rete di strade ferrate in Sicilia; però da eseguirsi prontamente quella da Palermo per Messina, passando da Catania, ed un'altra da Girgenti a Terranova. A quale scopo si creò una Commissione per istudiare i disegni, ed esaminare le domande di concessioni circa l'appalto delle ferrovie.[8] Tutto era pronto per l'esecuzione della rete ferroviaria sicula; conciossiacchè si sa da tutti, che i Borboni di Napoli non ischiccheravano decreti *ad pompam*: e se fosse continuato a regnare quel giovine sovrano, a quest'ora il Regno delle Due Sicilie sarebbe il più ricco anche di strade ferrate, senza dissanguare i suoi popoli, oltrecchè i prezzi di trasporto sarebbero mitissimi.

Altre opere pubbliche avea decretate e cominciate quel benefico sovrano; difatti con legge del 1° marzo prescrisse a tutt'i fondi la servitù degli acquedotti, e con questo mezzo vietò gl'impaludamenti, guarentì la salute pubblica e favorì l'irrigazione de' campi. Dispose che si compisse il disseccamento del lago Fucino, fece continuare il raddrizzamento del fiume Sarno, con iscavarsi un canale navigabile, lungo 200 palmi, largo 24, ed ordinò che si proseguissero i lavori alle paludi napoletane e lo sgombro delle foci del Sebeto.

Francesco II, pronipote dell'immortale Carlo III di Borbone, figlio di Ferdinando II e della venerabile Maria Cristina di Savoia, dal primo ereditò la magnanimità ed il genio delle opere di pubblica utilità, dal secondo l'ingegno e l'onesto vivere, e dalla genitrice un immenso amore alla religione degli avi suoi, ed un profondo rispetto alla Cattedra del Sommo Piero. Quel giovine sovrano si ebbe severi studii nelle matematiche e nell'ingegneria; e checchè se ne disse in contrario, egli ha un ingegno svegliatissimo, e nello stesso tempo calmo e meditabondo. Indovina il vostro pensiero alla prima parola che profferite alla sua presenza, e spesso, con qualche motto a proposito, vi agevola a bene svilupparlo. Parla varie lingue e con una facilità ed un accento da far meravigliare gli stranie-

---

[8] Vedi: *Giornale delle strade ferrate* di Palermo, di quell'anno.

ri che lo sentono a favellare nel loro idioma. Ma la scienza sua prediletta è la legislazione; ed in questo vasto ramo dell'umano sapere, a buon diritto può reputarsi il più istruito sovrano di Europa. Francesco II non ha l'estraordinario acume di Ferdinando II, ma è più colto, perchè molto studiò sotto la direzione degli uomini più insigni di questo Reame. Tutti coloro che hanno avvicinato quel cavalleresco ed esule sovrano, anche i più male prevenuti, han dovuto ricredersi di tante stupide e maligne accuse, lanciate da' settarii allo stesso; come del pari son rimasti incantati della sua non comune amabilità. Illustre esule! io, interprete di tanti tuoi concittadini, dalle rive del tuo caro Sebeto, t'invio un amorevole e rispettoso saluto; accoglilo tra le nebbie del Settentrione ove ti confinò l'amore pel tuo popolo, la troppa tua clemenza; accoglilo perchè disinteressato: l'invia chi nulla ebbe nè dalla tua portentosa prosapia nè da te, e che nulla agogna o spera. Oh! non pochi di coloro, che i tuoi predecessori e tu stesso innalzasti dalla polvere ed amasti, oggi fan causa comune coi tuoi nemici, ed accusano chi conserva per te una cara e rispettosa rimembranza. Io non ascrivo a colpa la tua immensa bontà e clemenza, ma a tua gloria imperitura. Però, nell'essere ingannati per la prima volta da' nostri nemici, la colpa ricade tutta sopra di costoro; per la seconda, sopra di noi.

CAPITOLO X

SOMMARIO

La diplomazia settaria si decide oprare energicamente. Traditori intorno al trono di Napoli. Melense dimostrazioni sediziose. *Comitato dell'ordine.* Si manda un piccolo corpo di esercito negli Abruzzi. Proteste del governo sardo. La setta decide ribellar la Sicilia. Malcontento de' siciliani. Comitati rivoluzionarii in Sicilia. Dimostrazioni rivoluzionarie. Tentato assassinio del direttore di polizia. Consigli e minacce dei ministri di Francia ed Inghilterra. Gli ex galeotti proclamano da Torino la esautorazione di Francesco II. Lettera del Conte di Siracusa al re. Nuovo Ministero. Preparativi e prodromi della rivoluzione sicula. Conclusione.

Eccoci vicini al termine di questo ben troppo lungo lavoro, che nel compilarlo ho veduto moltiplicarsi le materie allo scorrere della penna. Pochi fatti mi restano a narrare, che sono il preludio della totale catastrofe della nazionale dinastia e del Regno.

Già l'avversa diplomazia di Londra, di Parigi e di Torino, manipolata da tre capi settarii, uno coronato, avendo tutto disposto, diè l'ordine a' suoi agenti ed a' rivoluzionarii di piazza di dar fuoco alle preparate mine, scavate e preparate sotto il vetusto trono delle Due Sicilie, affin di mandarlo per aria e farlo sparire dalla Carta di Europa. Però i caporioni di quella rivoluzionaria diplomazia, temendo allora le recriminazioni delle potenze nordiche, voleano ottenere il loro malvagio intento con trambusti, suscitati da' rivoluzionarii di piazza, facendo rappresentare a costoro la parte del popolo. Gli agenti diplomatici di que' tre governi, mentre agevolavano e proteggevano tutto quello che di turpe ed anarchico si perpetrava in questo Regno da' loro cagnotti, consigliavano ed anche minacciavano il giovine sovrano di usar moderazione; ed or con un pretesto, or con un altro paralizzavano le forze ed i mezzi che questi avea a sua disposizione. L'opera nefanda dapprima voleasi cominciare nelle province al di qua del Faro, per compiersi più rapidamente; ma trovando maggiori opposizioni in queste province continentali, si rivolsero alla sempre irrequieta e sventurata Sicilia.

Prima di ragionare di tutto quel che si fece per ribellare quell'Isola, non voglio tralasciar di far conoscere, chi fossero coloro che circondavano il re, e lo consigliavano non già contro gl'interessi de' nemici di questo Regno, ma contro quelli della dinastia e del treno secolare delle due Sicilie: narrerò eziandio i meschini conati fatti da' ribelli, per organizzare un simulacro di rivoluzione a furia di ridevoli dimostrazioni.

L'eterna ed orrida genia de' traditori di Corte con più animo si strinse intorno al trono di Francesco II; vi erano felloni del 1820 e 1848, ed i figli di coloro che nel 1799 aveano fatto il mestiere di repubblicani. In effetti quando cotesti messeri videro abbattuta la rivoluzione di quelle tre epoche nefaste, divennero reazionarii, accusando e perseguitando i loro complici; e così si fecero avanti ghermendo alti posti nella magistratura, nell'esercito ed in Corte. Quando però intesero la bufera che minacciava il Regno, stesero subito la mano a' nemici dello stesso e nel medesimo tempo si strinsero al giovine sovrano, per ispiarlo e consigliarlo in modo da perderlo al più presto possibile. Nel 1860 sbucò fuori, e circondò il trono delle Due Sicilie, un'altra turpe genia di traditori che non si erano compromessi nè al 1820 nè al 1848, anzi erano figli di onesti magistrati o di prodi e fedeli uffiziali; e perchè aveano sì belli antecedenti, potettero più facilmente rendersi utili a' nemici de' loro benefattori e della stessa loro patria.

Ma qual fu, mi si dirà il movente che spinse tutti quegli alti personaggi, tanto stimati in Corte, ad oprare contro il proprio sovrano e contro questo Regno? Il gran principio dell'unità italiana, essi vi risponderanno; – ed io rispondo, che li mosse il turpe principio dell'egoismo. Perchè da' Borboni aveano ricevuto ricchezze e potenza, quando videro costoro insidiati dalla setta cosmopolita e da due potenti governi, e quindi prossimi ad essere abbattuti, si argomentarono tradire i loro benefattori, convinti e persuasi che i nuovi padroni, in considerazione del perpetrato tradimento, avrebbero lor lasciato ricchezze e potenza. Queste anime di fango, perchè i meno sospetti a tradire, furono i più esiziali al re ed allo stesso popolo. Essi, i primi, a tutti i baciamani di Corte, mentre parlavano di santi e di miracoli, facendo inchini a destra ed a sinistra, nel medesimo tempo osavano accusare il sovrano delle loro malvage opere. Essi cominciarono a seminare la corruzione e il tradimento anche intorno al trono, col profferire sotto voce qualche principio volteriano, qualche frizzo liberalesco; a coloro che l'approvavano, stringevano la mano in modo diverso dalla comune usanza; a coloro poi che si mostravano inorriditi, con sorrisi e moine, faceano comprendere come avessero detta una celia, per mettere in caricatura i liberi pensatori ed i ribelli. Essi faceano di più: affin di ridurre il sovrano senz'appoggio e senz'amici, con ipocrito zelo discreditavano i vecchi signori, notissimi per onestà ed attaccamento alla dinastia. Con questi ed altri simili mezzi aiutavano i settarii, e fingevano di essere i soli sostenitori della nazionale monarchia, mentre la demolivano dalle fondamenta; conciossiacchè, consigliando il giovine principe, presentavano le questioni politiche, che allora agitavansi in Italia, sotto un aspetto falso, in modo da fargli prendere delle risoluzioni contrarie a' veri interessi del suo Reame. Difatti l'indussero a spedire il principe d'Ischitella a Napoleone, ed il principe di Ottaiano a Vittorio Emanuele, con la missione di congratularsi per le riportate vittorie contro i tedeschi. Quella missione non potea essere che fatale agl'interessi di questo Regno; oltre di trovarsi in contraddizione con la dichiarata neutralità, isolava il monarca delle Due Sicilie, facendogli l'Austria nemica, unica che avrebbe potuto soccorrere nel bisogno, e senza fargli amici coloro che lo insidiavano.

Ed invero, qual vantaggio ottenne il nostro governo di essersi mostrato contento delle vittorie franco-sarde? non altro che quello di rimanere isolato in mezzo a tanti nemici; i quali, conoscendo le triste condizioni dello stesso, con più audacia e slealtà l'assalivano. Nel tempo stesso che si mandavano ambasciatori, per congratularsi col re sardo e col sire della Senna, gli agenti di costoro faceano ribellare i reggimenti svizzeri al soldo napoletano, ed il ministro francese, Brenier, accreditato presso Francesco II, lavorava alacremente per combinare dimostrazioni sediziose in questa capitale. Quel ministro, profittando che il giorno onomastico di Napoleone, 15 agosto, i francesi usavan far cantar Messa solenne e *Tedeum* nella chiesa di S. Giuseppe a Chiaia, combinò una dimostrazione, che dove a cominciare con gli *evviva* al suo padrone e finire con grida sediziose contro il re nostro.

Si era di già riunita la falange rivoluzionaria, per eseguire quella dimostrazione, ed avea all'uopo ricevuto gli ordini opportuni dai suoi caporioni. Però la polizia, che tutto sapea, essendovi allora un prefetto energico ed onesto, questi postò un buon numero di guardie orbane de' vicini villaggi, armate di bastoni; la vista di questi nuovi venuti ed il loro atteggiamento poco rassicurante, fecero passar la voglia a' liberali di gridar *viva e morte*. Costoro si limitarono soltanto a presentare in chiesa al ministro Brenier alcuni mazzolini di fiori, accompagnati dal motto scritto: *Napoli inneggia la Francia*. Dopo che finì la Messa, quel ministro si trattenne molto tempo con altri personaggi, sugli scalini del tempio girando lo sguardo da ogni banda, ed aspettando indarno i promessi *evviva* al suo sovrano e le grida sediziose contro il nostro; ma fu costretto ritirarsi con le pive nel sacco.

Nondimeno quello che non potettero fare i rivoluzionari, lo praticarono talune autorità militari, cioè fecero un chiasso, un diavolìo senza alcuna necessità, ed indirettamente furono la causa di una dimostrazione, tanto desiderata da Brenier e da' suoi cagnotti. Non so con certezza chi fu l'insipiente generale; suppongo il comandante della piazza, che diè ordine ad un ufficiale degli usseri di entrare nella Villa reale con 24 soldati e cacciar via tutta quella gente che tranquillamente vi passeggiava. Quel pelottone di cavalieri, con le sciabole in pugno, percorse lo stradale della Villa al trotto, fecendo ridicola mostra di sè, con ispaventare soltanto le innocue persone che passeggiavano, in particolarità la donne ed i fanciulli, e con gran piacere di tutti i rivoluzionarii.

Altre ridevoli dimostrazioni si tentarono in Napoli, promosse, aiutate e protette da Brenier, Elliot e Villamarina, ministri di Francia, Inghilterra e Piemonte, accreditati presso Francesco II; ma quegli sleali diplomatici, che avrebbero voluto oprare energicamente per subissare in poco tempo il trono delle Due Sicilie, non erano coadiuvati da' così detti liberali per quanto le circostanze l'avrebbero richiesto, dappoicchè costoro erano paurosi, mentre prometteano mari e monti.

E perchè si vollero magnificar tanto le geste del *Comitato dell'Ordine* in Napoli, io credo necessario esporre la verità anche intorno a quest'argomento.

Il tanto vantato *Comitato dell'Ordine*, che avrebbe, con varie fasi, durato dal 1850 al 1860, non ha esistito affatto in que' dieci anni, se per comitato non si volesse intendere il liberalismo ad acqua di rosa di pochi individui, come i fratelli Giuseppe ed Andrea Colonna, il marchese d'Afflitto, il barone Gallotti, i fratelli Baldacchini, principalmente Saverio, ed altri. I quali, nel più gran segreto, discorrevano fra di loro degli avvenimenti politici *en amateurs* e secondo il loro gusto; però tutti si prostravano al nome di Luigi Napoleone, da essi reputato il più grand'uomo del secolo, come politico, guerriero ed amministratore. Difatti, quando si principiò a parlare di riforme politiche pel Napoletano, essi si riunivano in casa del suddetto marchese d'Afflitto, intervenendovi eziandio Forte, de Blasio ed il celebre D. Liborio Romano, e colà non faceano che propugnare il voto di uno *Statuto alla francese*, esclusa anzi tutto l'amnistia pe' rivoluzionarii, che erano rimasti all'estero, e che il d'Afflitto chiamava sempre *canaglia*, applaudendolo gli astanti.

Avvenute le battaglie del 1859, si cominciò qui a spargere il *Piccolo Corriere d'Italia*, redatto dal La Farina, e così cominciarono le prime dimostrazioni di piazza, aiutate e protette dal ministro sardo; gli agenti erano sempre persone di questo settario in veste diplomatica, a capo de' quali un figlio di cuoco della Corte, il quale dopo essersi sfamato con la broda della cucina reale, oggi fa il diplomatico e l'aristocratico. Distributore del *Corriere* era il Lazzaro, successore del Pateras, ed avea a' suoi ordini un esattore del teatro de' Fiorentini, soprannominato *Ragostella*, e che poi raggiunse una comica celebrità co' ridevoli proclami sottoscritti *O. Pan-grazy* (si chiamava Eduardo Pangrazio). Costui una sera, compì la grande impresa di gettare di soppiatto da un palco di 5ª fila del teatro de' Fiorentini, una pioggia di cartelle tricolori. Il pubblico la ricevette a fischi!

Incalzando gli avvenimenti dell'alta Italia il Lazzaro, che promettea grandi cose al La Farina, per la prima volta parlò timidamente a' fratelli Colonna, della necessità di formarsi un comitato rivoluzionario; e costoro più timidamente accettarono di farne parte. Per comunicare le novelle del giorno con gli altri membri del comitato, con tutta precauzione si recavano alla Borsa, però provvisti di una carafina di olio e di una mostra di grani, affin di comprovare, in caso di sorpresa sul luogo, che andavano colà a negoziare di olii e di grani. Oh, il gran coraggio civile!

In quel tempo si cominciò pure a stampare il *Corriere di Napoli*, redatto dal Lazzaro principalmente; ma de' 3 numeri che si pubblicarono, il 2° soltanto fu impresso qui, il 1° e il 3° venivano belli e stampati da Genova, con la data di Napoli; tutti temeano di compromettersi ad onta della fiacchissima polizia e dell'appoggio e protezione de' ministri esteri Villamarina, Brenier ed Elliot.[1]

Quel comitato, ad acqua di rosa, altro dunque non seppe fare che dimostrazioni innocue e ridevoli, come per esempio, gettare anche cartoline tricolori dal ponte di Chiaia – che venuti i tempi nefasti anche i borbonici praticarono lo stesso – ed altri simili pulcinellate, messe in ridicolo dall'arguta popolazione. Anche la patria di Pulcinella si volle distinguere in simile agone di burattinate; ma il Municipio di Acerra protestò, mandando un indirizzo al re. I rivoluzionarii di piazza, e quelli costituenti il *Comitato dell'Ordine* visto che erano derisi da quel popolo che voleano *redimere dalla schiavitù borbonica*, cominciarono a strombazzare che quelle dimostrazioni fossero state opera dello stesso governo; assicurando a' gonzi che la polizia promoveva trambusti per inveire contro *essi pacifici cittadini*. Però, quando non ebbero più paura, si fecero un vanto di quelle *prodezze,* cioè di quelle burattinate e pulcinellate, e dell'arguta accusa lanciata alla polizia.

La media Italia era stata ingannata dalla setta unitaria; le nostre popolazioni, non già perchè meno incivilite, ma più di buonsenso, sprezzarono le moine e le ampollose promesse degli unitarii, stringendosi al nazionale governo, da cui ritraevano benessere morale e materiale. I governi ostili al nostro, ed i rivoluzionarii cosmopoliti strepitavano in vedere che questo Regno soltanto non volea ribellarsi al suo sovrano; e quindi forte rimproveravano il *Comitato dell'ordine* ed il resto de' nostri congiuratori, accusandoli di dappocaggine, di codardia e peggio; tanto che già si buccinava essere necessario assalire questo Regno con truppe straniere, per farlo a forza libero, indipendente ed italianissimo. Per la qual cosa il re si decise di mandar soldati alla frontiera degli Abbruzzi: anche perchè il Garibaldi, alla testa de' suoi irrequieti volontarii, scorazzava in Toscana e nelle Romagne, minacciando le Umbrie e questo Reame.

---

[1] Per mostrar come quel comitato fossa vigliacco, basta accennare il seguente fatto. Si stabilì da qualche scavezzacollo (dopo la Costituzione data da Francesco II ed il ritorno degli altri emigrati) che si dovessero armare i facinorosi de' bassi quartieri di Napoli di picche per far la rivoluzione; e la fabbricazione delle stesse venne affidata a *Rogostella*, che le fece eseguire dall'attrezzista del teatro! Erano una cinquantina, niente di più. Ebbene il comitato, già accresciuto di Camillo Caracciolo di Bella presidente, Spaventa e Settembrini, non permise che si armasse niuno, temendo per se! Sicchè, l'8 settembre, quelle picche furono distribuite alle generose, che fiancheggiavano la carrozza del dittatore Garibaldi quando costui si recò da *sovrano* a Piedigrotta!

Si spedirono negli Abruzzi dodici battaglioni, con buone artiglierie e varii squadroni di cavalieri, comandanti i medesimi i generali de Benedictis, Fonzeca e Viglia, generale in capo fu proposto dal Filangieri il Pianelli[2]: ed essendo costui meno antico di quegli altri tre, lo si promosse a tenentegenerale. Que' quattro generali, ad eccezione di Viglia, si diedero poi alla rivoluzione; e questa, la Dio mercè, li trattò secondo i loro meriti: difatti di simili generali, oggi se ne vedono in Napoli taluni che sembrano ridevoli ciabattini, mentre io ed altri li ricordiamo tutti gallonati, burbanzosi e pettoruti come gallinacci – *Ben provvide il cielo, che uom per delitti mai lieto non sia!*

Il generalissimo Pianelli, unico a cui la setta ha lasciato i galloni, forse per gli straordinarii servigi resi alla stessa, ottenuto il posto di comandante in capo negli Abruzzi, con sommo dispiacere di de Benedictis, se ne avvalse per ricominciare le sue manovre affin di far detronizzare il figlio del suo benefattore, e far cancellare la propria patria, una delle più antiche monarchie di Europa, dalla Carta delle nazioni. Egli sarebbe stato il Landi degli Abruzzi, se Garibaldi fosse entrato in questo Regno dalla frontiera romana, o sbarcato sul littorale tra Giulianova e Pescara; ma quel che non potette compiere da generale in capo delle forze mandate negli Abruzzi, lo compì poi e come membro del comitato rivoluzionario, che riunivasi presso il Corpo di Napoli, ed in qualità di ministro della guerra dopo il 25 giugno 1860, epoca della fatale Costituzione.

Non essendosi presentata alcuna favorevole circostanza per servire i *fratelli* unitari, il Pianelli si baloccava negli Abruzzi con trapazzar di molto i soldati, sotto i suoi ordini, esercitandoli in marce e contromarce senza alcun vantaggio pel servizio militare; mostrandosi con tutti altiero, e minacciando i soldati defatigati co' suoi soliti fulmini, cioè di far loro contare, sul sedere, le consuete *patriottiche legnate,* che egli solea largire a' suoi dipendenti, altra volta acquartierati in Pizzofalcone. Girava quelle province, insieme con la moglie, la quale viaggiava in isplendida carrozza, in mezzo a squadroni di cavalieri; onde che gli abruzzesi la chiamavano *regina degli Abruzzi*, facendole ovazioni e luminarie da sovrana!

Pianelli facea qualche viaggetto misterioso al di là della frontiera, ad esempio in Rieti, ove era ricevuto in casa de' più spinti rivoluzionarii e festeggiato.

---

[2] Disgraziatamente i generali preposti a qualche comando interessante, dal sommo Carlo Filangieri, e che erano sue creature, meno il Viglia, fecero sempre cattiva riuscita. Non bisogna dimenticare che anche il maresciallo Roberto de Sauget fu proposto dal medesimo Filangieri per domare la rivoluzione siciliana del 1848, ed altro non fece, come ho già dimostrato, che ingigantirla e coprir di vergogna l'esercito delle Due Sicilie. Lo stesso Carlo Filangieri, scrivendo al re dopo la presa di Messina, ed alludendo alla condotta dal de Sauget tenuta in Palermo, diceagli: *Se si fossero rinnovate le vergogne de' Quattroventi, mi sarei fatto saltar le cervella!*

Quando poi fu invitato un giorno dall'illustre e fedele generale del Papa, Lamoricière, a secreto convegno, vi si negò, adducendo frivole scuse; meno male che avea la verecondia, e chiamatela pure lealtà, di non voler conoscere i piani segreti di un generale nemico de' suoi *fratelli* unitarii.[3]

Il governo sardo, mentre calpestava tutte le leggi internazionali invadendo gli Stati della media Italia, avea l'impudenza di protestare contro quello di Napoli,

[3] Il Tenente generale conte Salvatore Pianelli, oggi a capo di uno de' cinque comandi dell'Italia unita, assicura, che egli servì con fedeltà i Borboni di Napoli, e che non tradì mai i medesimi; difatti dice di avere nelle sue mani i documenti giustificativi. Egli, il Pianelli, che è tanto istruito, a parer mio ha fatto male di non pubblicarli fin'oggi, dopo 18 anni! corredandoli di un suo solito aureo scritto; che se l'avesse fatto, al certo avrebbe ricacciato in gola a molti scrittori gli epiteti poco onorevoli, che gli han prodigati. Egli, al pari di Liborio Romano, suo collega del 1860, avrebbe dovuto pubblicar la sua difesa, e fino a che si asterrà, tutte le apparenze e le circostanze lo dimostrano soldato istruito e valoroso, ma fellone, politico di poca levatura e fedifrago verso il suo sovrano.

Io, che ho la pretensione di credermi imparziale con tutti, sarei lietissimo di smentire tutto quello che ho scritto circa il sig. generale Pianelli, se costui avesse l'amabilità di farmi comunicare un documento, comprovante il contrario di quanto ho asserito sulla sua condotta politica e militare circa i fatti del 1848 e 1860. Vorrei un documento comprovante com'egli non fece parte del comitato rivoluzionario di Cosenza nel suddetto anno nefasto 1848 che per orrore venne arrestato e condotto in S. Elmo col battaglione sotto i suoi ordini, ove lo stesso fu anche disarmato. Al certo il sig. generale Pianelli non dirà per sua giustificazione, che fece parte di quel comitato rivoluzionario per carpirne i secreti e palesarli al governo di Ferdinando II; i suoi nemici personali sarebbero lietissimi di una simile giustificazione. Dunque...? Vorrei un altro documento com'egli non facea parte dell'altro comitato *rivoluzionario-sleale*, nel 1860, che riunivasi in un palazzo presso il Corpo di Napoli, ed ivi andava a confabulare col maresciallo Alessandro Nunziante, col ministro Sardo Villamarina, e con altri simili caporioni, veduto varie volte da un uffiziale dello Stato Maggiore, che credo conveniente non nominare, mandato appositamente da S. A. R. il Conte di Trapani. Desidero altresì un documento giustificante, che il sig. generale Pianelli non avesse fatto lega col celebre D. Liborio Romano, ma che invece oprò legalmente in tutto il tempo che fu ministro della guerra nel 1860, e che i suoi ordini dati o non dati fossero stati tutti nell'interesse della dinastia e del Regno. Come ad esempio, le disposizioni poco militari delle truppe di Calabria, il non voler sentire osservazioni de' generali, che trovansi in quelle province, arresto del generale Mirra, perchè costui fece delle sennatissime osservazioni militari, il nessuno provvedimento alle catastrofi della truppa *non pugnante* in Calabria, il defatigare la soldatesca di Napoli senza nulla conchiudere, il tenere per varii giorni tanti piroscafi con la macchina accesa, fingendo di voler partire per Calabria, imbarcando e sbarcando i suoi cavalli, le persecuzioni contro i fedeli al re e la protezione in favore de' ribelli, degli anarchici e degli stessi militari felloni e tante e tante di simili disposizioni od omissioni inqualificabili.

Vorrei sapere eziandio perchè il sig. generale Pianelli volle la dimissione da ministro della guerra e dal suo grado, andandosene all'estero appunto nel momento del più terribile pericolo per la dinastia e del Regno: un soldato di cuore e leale non domanda la sua dimissione di fronte al nemico.

Infine son desideroso conoscere perchè Francesco II, nell'ultima udienza che accordò al Pianelli, disse a costui, che domandavagli la dimissione: *adesso che hai fatta la frittata domandi la dimissione?! Va..!* e gli additò la porta! Tutto ciò fu inteso da varii uffiziali di Stato Maggiore che trovavansi nell'anticamera del re.

Perchè il generale Ruiz de Balestreros mi favorì un documento, giustificante la sua condotta militare di Calabria e del Morrone, tenuta nel 1860, io non esitai un momento a pubblicarlo, rettificando le mie assertive poco benevole per questo generale, sebbene poggiate sopra varii scrittori e sopra gli stessi giudizii del generale in capo Giosuè Ritucci: lo stesso desidererei di fare col sig. conte generale Salvatore Pianelli.

perchè questi avea mandato un piccolo corpo di esercito sulle frontiere abbruzzesi. Gli si rispose, che egli non avea alcun dritto di fare simili osservazioni o preteste, perchè trovavasi ben lungi dal nostro Regno; al più il solo governo pontificio avrebbe potuto chiedere spiegazioni circa invio di quella soldatesca alle proprie frontiere. Siccome allora il Cavour pensava a compiere le annessioni de' Ducati si tacque; però, temendo la congiunzione delle forze napoletane con quelle dello Stato romano, intrigò presso il papà Napoleone, acciò questi lo vietasse a Pio IX in nome del *non intervento*, come costui effettivamente fece sotto la forma de' soliti *consigli disinteressati*. Quel crimine coronato riteneva come un attentato al *non intervento* la riunione degli eserciti di due principi italiani, per difendersi dalla rivoluzione cosmopolita; intanto, quando questa assalì poi il nostro Regno, e trovavasi di già fiaccata in Capua, non trovò alcuna irregolarità contro il *non intervento*, che l'avesse aiutata il governo sardo co' suoi battaglioni!

Malgrado di tutte le mene settarie, delle gherminelle e pressioni diplomatiche, di tutti i traditori che comandavano negli Abbruzzi e di quelli che circondavano il giovine re, si giudicò pericoloso assalire il Regno al di qua del Faro, perchè non era disposto a novità. Fu allora che gli occhi di tutti i rivoluzionarii di piazza e di gabinetto si rivolsero alla Sicilia, donde si decise che dovea partire il primo grido di rivolta, affin di trovare il pretesto di mandar colà in aiuto de' ribelli un così detto *filibustiere*, secondo il ministro Cavour[4], e secondo Vittorio Emmanuele[5] *un guerriero devoto all'Italia ed a me*. Epperò gli si diè questa seconda qualifica, quando il *filibustiere* di Cavour era divenuto dittatore di questo Regno in nome del re sardo.

La Sicilia fu per ben due volte il baluardo della monarchia borbonica, cioè dal 1798 al 99, dal 1806 al 1815, soccorrendola con le sue sostanze e col sangue de' suoi figli. Ciò mi sembra di averlo dimostrato abbastanza nel corso di questo lavoro; come ho dimostrato eziandio, che i siciliani son di cuore affettuoso, facili a contentarsi, quando si sappiano prendere per il loro verso; ma si trasformano in feroci belve, se angariati e più di tutto se disprezzati. La setta, che avea bene studiato il carattere di quegl'isolani, sin dal 1820, cominciò la sua propaganda, non solo per disaffezionarli alla nazionale dinastia, ma per trasformarli in irreconciliabili nemici della stessa. Come ho detto altra volta, dopo la grande rivoluzione francese del 1789, la medesima setta, sebbene con varia fortuna, tenne sempre i suoi caldi adepti presso i legittimi sovrani, per consigliarli a mal fare, affin di attirar loro addosso l'odio popolare. Per

---

[4] Vedi: *Dispaccio* del ministro Cavour al governo napoletano, in maggio 1860.

[5] Vedi: *Proclama* di Vittorio Emmanuele del 9 ottobre 1860 a' popoli delle Due Sicilie.

la qual cosa i settarii che circondavano il trono borbonico, a nome dello stesso sovrano, cominciarono a contradire tutto ciò che ha di caro e decoroso il popolo siciliano. Difatti, sebbene in quell'Isola si pagassero meno tasse del Napoletano e si fosse esenti dal tributo di sangue, la leva, nonpertanto ecco in che più ferivasi l'amor proprio de' siciliani. Prima di tutto la Sicilia soffriva male la troppo dipendenza da Napoli, e che tutto dovesse giungerle da questa città; tanto che diceasi per celia: *se mancasse il boja, lo manderebbero da Napoli!* Palermo non potea dimenticare di essere stata la culla della monarchia, intanto era ridotta come a' tempi vicereali; desiderava di essere visitata dal re, anche per pochi giorni in tutto il corso dell'anno, ed a questo lodevole desiderio, dopo il 1849 specialmente, si rispondeva col disprezzo, quasi che i siciliani fossero indegni di vedere la faccia del loro sovrano, attribuendosi anche a troppa presunzione, ciò che ritornava ad onore della stessa dinastia regnante. Si desiderava in quell'Isola un principe reale in qualità di viceré, e dopo che fu esonerato di tal carica il conte di Siracusa, Leopoldo di Borbone, e per quelle ragioni altrove esposte, si volle mandar sempre un luogotenente del re, il cui ufficio era quello soltanto di passar carte al ministro di Sicilia residente in Napoli. A' siciliani era indirettamente vietato recarsi nella capitale del Regno, ove risedeva il loro sovrano, atteschè erano tali e sì numerose le difficoltà che si trovavano per ottenersi un passaporto, che molti sacrificavano i loro più vitali interessi per non sottomettersi ad una lunga e noiosa inquisizione poliziesca.

Tutto ciò, come testé ho detto, era un lavorìo degli adepti della setta, insediati in varii rami dell'amministrazione governativa e presso lo stesso sovrano: a cui faceano intendere che i siciliani erano incontentabili, orgogliosi, rivoluzionarii e nemici della dinastia; e quindi che bisognava tenerli a segno colla forza delle baionette. Tanti nobiloni napoletani, o per invidia verso l'aristocrazia siciliana, ch'è la più antica del Regno, o per farla da pappagalli, appoggiavano presso il sovrano le mene settarie, e, senza saperlo, coadiuvavano alla rovina del trono ed alla propria. I siciliani tenevano in gran pregio il luogotenente del re Carlo Filangieri, sol perchè il medesimo non voleasi assoggettare al ministro di Sicilia in Napoli, ma volea far da sè, o per meglio dire, perchè, conoscendo il desiderio de' siciliani, facea di tutto per renderli indipendenti, nelle cose di lieve momento, dal ministro residente in questa capitale: quasi a dispetto, lor venne tolto e surrogato dal principe di Castelcicala. Era costui un ottimo signore, ma troppo ligio al Cassisi, ministro di quell'Isola presso il re; non avea i requisiti necessarii per occupare un posto tanto interessante ed in tempi fortunosi; di più si lasciava dominare da un Gallotti, che poi si diede alla rivoluzione; per la qual cosa il Castelcicala veniva designato, per antonomasia, col nome di *sesta statua!* [6] Tutte quelle contraddizioni, disprezzi e dispetti, fatti a' siciliani da chi circondava il re, trasformarono un gran numero di costoro in irreconciliabili nemici della dinastia, e diedero facile ascolto alle fatali insinuazioni della setta, che promettea l'età dell'oro. Arrogi a tutto questo che i medesimi buoni cittadini di quell'Isola non si opposero energicamente alle mene de' settarii, perchè, la maggior parte, neppure conoscevano la real famiglia e lo stesso re; quindi non riuscì lor doloroso cambiar di padrone, maggiormente che speravano di essere ben trattati da quest'ultimo.

Quando il Regno dovea essere tutelato da uomini fidi ed energici per opporsi a' progressi della rivoluzione, in Napoli si dava la direzione di polizia ad un Bianchini, troppo compiacente co' caporioni della setta, ed inopportunamente rigoroso co' volgari ribelli o con la gente innocua, ed in Palermo si mandava luogotenente del re il Castelcicala, mediocre diplomatico, buono soltanto a rappresentare all'estero il governo delle Due Sicilie. Difatti sin d'allora in Palermo, e nelle primarie città della Sicilia, si costituirono de' comitati rivoluzionarii che opravano senza mistero. Il principe S. Elia presiedeva quello della capitale dell'Isola, coadiuvato da un Marinuzzi, da un Nicola Botta, da un Vergara, da un Cozzo, da un La Loggia e da un'ostetrico Raffaele, inventore della *Cuffia del silenzio,* ed in istretta relazione con Gladstone. Quello di Termini lo presiedeva un Pietro Grullo, cognato del La Musa, in Cefalù dirigevalo un Carlo Botta, coadiuvato dal barone Agnello, in Partinico un Antonio Modica, in Trapani un Turillo Malato, in Girgenti un Gaetano Lo Re; e così in altre città e paesi, financo in Gratteri, piccolo paese presso Cefalù, eravi un Comitato presieduto da un Francesco Bonafede.[7] Que' comitati erano in corrispondenza con la *Società nazionale* di Genova, e co' caporioni della setta residente in Torino; spargevano notizie false ed allarmanti, raccoglievano sussidii, attiravano a sè i militari vili e

[6] In Palermo sorgevano allora cinque statue, quattro marmoree de' re di Casa Borbone, cioè di Carlo III, Ferdinando I°, Francesco I° e Ferdinando II, erette nel Foro Borbonico, oggi detto Italico; la quinta in bronzo di Carlo V di Spagna, eretta in piazza Bologna... e la sesta in carne, secondo i siciliani, era Castelcicala!

[7] Varii preti facean parte di que' comitati, e poi quando trionfò la rivoluzione, si trovarono male. In Sicilia, in Palermo specialmente, vi è un clero dignitoso ed esemplare; nonpertanto anche in questa distinta classe della società sicula, la setta seminò il suo veleno, conoscendo benissimo che il popolo tien gli occhi sul sacerdote, che gli è guida, moderatore ed esempio. A' giovani leviti siciliani si faceano studiare tutori di filosofia e di dritto canonico poco commendevoli; ed il tribunale della Regia Monarchia, concesso da Onorio II a Ruggiero I° re di Sicilia, era divenuto la primaria causa dell'indisciplinatezza e del rilasciamento de' costumi di quei preti, che l'interesse, e non già la vocazione, avea condotti all'altare: quel tribunale emancipavali dai loro vescovi! Buon numero di que' preti si diedero alla rivoluzione perchè poco esemplari, ed ignoranti; altri, sebbene reputati dotti, erano imbevuti d'idee rivoluzionarie e contrarie a' poteri del sommo Gerarca: basti dire, che il *Gerofilo,* giornale cattolico siciliano, redatto da ecclesiastici, meritò di essere messo all'Indice! Tanti di que' traviati ministri del Signore si sono ravveduti; oggi deplorano lo scandalo che diedero in quel tempo di fatale vertigine, e son divenuti esemplari. Sia benedetto Iddio! che, per sua maggior giuria e nostro vantaggio, suscita, la luce dalle tenebre, il bene dal male.

felloni, spargevano il malcontento nelle popolazioni, assicurandole che sarebbe ritornata l'età dell'oro, immaginata da poeti, appena la Sicilia si fosse emancipata dal Borbone e si fosse annessa al Piemonte.

Mentre tutto ciò avveniva in Sicilia, il luogotenente del re Castelcicala dormiva tranquillamente nella Reggia di Palermo, il ministro Cassisi in Napoli era contentissimo, perchè dopo la partenza di Filangieri avea accentrata nelle sue mani tutta l'amministrazione di quell'Isola, ed il direttore di polizia Bianchini credeva o fingeva di credere, di aver salvato la dinastia ed il Regno, sol perchè avea fatto radere il pizzo della barba ad alcuni scapati, vietate talune foggie di cappelli e proibiti i gelati a tre colori!

La rivoluzione di Sicilia sarebbe scoppiata prima del tempo, se non fosse stato direttore di polizia il comm. Salvatore Maniscalco. Costui era un uffiziale di gendarmeria energico, scaltro e nel medesimo tempo moderato; venne elevato a quel posto in ottobre del 1851, ed ebbe plausi da tutt'i cittadini, avendo quasi in tutto estirpata in Palermo la mala pianta de' ladri, che ivi sono astuti ed audaci. In quella città, nel tempo della rivoluzione, dal 1848 al 49 si rubava in pieno giorno nelle strade principali – appunto come si fa oggi in Napoli, ove non siete sicuri nè in piazza nè in casa; – e quel direttore di polizia, come ho di già accennato, oltre di avere distrutte le associazioni de' malfattori, da una parte volle che gli uomini della polizia ed i compagni d'armi avessero un soldo sufficiente a poter vivere collo stesso, dall'altra ordinò, che tutti i furti commessi in città fossero pagati dai primi, e da' secondi quelli avvenuti in campagna, cioè un miglio fuori l'abitato. D'allora non s'intesero che rarissimi furti; ed in Palermo, in qualunque ora, si potea passar soletto anche sotto l'arco dell'ospedale civico che un tempo metteva i brividi al sentirlo solo nominare.

I rivoluzionarii, che amano i proprii e non i vantaggi della popolazione, torneano ed odiavano Maniscalco, non solo perchè perseguitava i ladri ed avea procurato a' siciliani il maggior bene sociale, la sicurezza pubblica, ma più di tutto, perchè non era della loro pasta ed in cambio oculato ed intransigente trattandosi d'ordine pubblico: insomma nato, direi quasi, per essere direttore di polizia. Eglino speravano che col Filangieri fosse stato esonerato anche il Maniscalco da quell'importante posto, ma questi rimase; e per quanto i tempi e le circostanze glielo permisero, lottò solo, con coraggio ed avvedutezza, contro l'irrompente rivoluzione, patrocinata e protetta da tre governi stranieri. Dapprincipio fu encomiato dal nobilume fazioso, per tirarlo nella setta; e perchè a nulla valsero quelle seduzioni, fu poi proclamato *sgherro della tirannide borbonica*, cioè quando impedì in Palermo di farsi dimostrazioni e pazzie col pretesto delle vittorie di Magenta e Solferino, riportate da' franco-sardi a danno degli austriaci.

I caporioni della setta aveano mandato l'ordine a Palermo di festeggiare quelle vittorie; ed invero il 3 luglio 1859 si fecero inviti per illuminarsi splendidamente la città; però ad onta di tutti gli sforzi del comitato, si riuscì ad illuminare qualche balcone nella strada de' Centorinari, il Caffè di Sicilia alla Madonna del Cassero, ed il Casino di compagnia de' nobili, in piazza Bologna. Maniscalco mandò persone di sua fiducia, affin di persuadere i promotori di quelle illuminazioni ad astenersi dal far dimostrazioni e pazzie, e così non compromettere il governo, essendosi dichiarato neutrale tra la lotta de' francosardi con gli austriaci. Gli ambasciatori del direttore di polizia vennero fischiati e minacciati; fu allora che Maniscalco si recò, accompagnato da dieci poliziotti, al Casino di compagnia di piazza Bologna, nello scopo di persuadere il nobilume fazioso a smettere da quelle dimostrazioni contradicenti la neutralità, dichiarata dal re. Ma in risposta anch'egli venne fischiato; onde che, irritato, ruppe col bastone que' doppieri, accesi e destinati a festeggiare la vittoria de' franco-sardi. Se va ammirato il coraggio di Maniscalco, per essersi esposto a triste eventualità, con le sole dieci persone di sua fiducia, in mezzo a centinaia di rivoluzionarii, dall'altra parte, avendo riguardo al posto che occupava, va censurato per essersi mischiato personalmente in quella dimostrazione di piazza.

Siccome i rivoluzionarii hanno avuto sempre la straniomania, così il giorno dopo, per far dispetto a Maniscalco, fecero una ovazione nella Flora al console inglese, che in nessun modo entrava nelle vittorie franco-sarde. A causa di tutte quelle dimostrazioni, furono arrestati 43 faziosi e messi in carcere; per la qual cosa si gridò alla tirannia, insinuandosi financo che la stessa polizia avesse organizzato quelle dimostrazioni, per avere il pretesto d'inveire contro i pacifici e nobili cittadini, e che i lumi si erano accesi, nel Casino di piazza Bologna, senza alcuno scopo politico, ma per semplice piacere. Alle dimostrazioni di Palermo risposero Messina, Catania ed altri paesi e città, cioè ove funzionava il comitato rivoluzionario.

Dopo gli avvenimenti del 3 e 4 luglio, cominciarono in Sicilia i tentativi di rivolta, che sebbene protetti dagli agenti piemontesi, francesi ed inglesi, nonpertanto venivano repressi al solo comparire di una pattuglia di soldati. L'8 ottobre di quell'anno, la gente facinorosa del contado, sobillata da' capi faziosi, era pronta per iscendere a Palermo ed assalire la guarnigione; però si astenne, perchè la polizia, di accordo con le autorità militari, occupò que' luoghi, ove dovea riunirsi la gente armata e marciar contro la città. Sessanta dei più facinorosi, provenienti da Bagheria, furono investiti e rotti da pochi birri; ed il giorno seguente a quel tentativo di rivolta, il comandante la Piazza ordinò il disarmo, promettendo di restituir le armi a' proprietarii, dopo che non sarebbe più turbato l'ordine pubblico: e quelle armi furono poi restituite quando la truppa lasciò Palermo in potere di Garibaldi!

L'energia e l'oculatezza del direttore di polizia era il solo ostacolo allo scoppio della rivoluzione in Sicilia; per la qual cosa il comitato di Palermo, impaziente d'indugi, perchè temea di essere scoperto ed arrestato, e perchè da Torino gli giungevano pressanti ordini per dar principio alla rivolta, si argomentò togliere di mezzo l'ostacolo che inutilizzava tutte le sue criminose azioni, cioè si decise di fare assassinare il Maniscalco. Costui, nel suo esilio di Francia, scrisse le sue *Memorie*, in cui rivelò interessanti circostanze e particolarità circa il suo tentato assassinio, designando eziandio le persone che pagarono e diressero il sicario, che dovea ucciderlo. Egli dice che i principi di S. Elia, di S. Cataldo, di Monteleone e di Niscemi, il marchesino Rudinì, il prof. Casimiro Pisani, un Francesco Riso ricco fontanaio, ed altri, per seicento ducati, trovarono un Vito Farinetta per assassinarlo, dandogli anche il pugnale.

Il 27 novembre 1859, giorno di domenica, mentre pioveva dirottamente e le strade di Palermo erano quasi deserte, Vito Farinella assalì il Maniscalco nella Cattedrale di quella città in mezzo a due figlietti e la moglie incinta, e nel momento che costui avvicinavasi alla pila dell'acqua santa, presso la porta piccola di quel tempio. Gli vibrò una pugnalata nelle reni e fuggì; la vittima vacillò, ma ebbe tanta forza d'inseguire il suo assalitore fino ad un certo punto, dopo di che lo perseguitò un domestico di lui, Maniscalco, che trovavasi ivi presente; ma lo perdette di vista ne' viottoli dietro la Cattedrale. Farinella gittò la finta barba ed il cappuccio, di cui erasi premunito per camuffarsi, e si mescolò in mezzo le persone accorse alla notizia del tentato assassinio del direttore di polizia. Il ferito fu condotto subito all'ospedale civico, ove gli si prodigarono le prime cure; ma la sua ferita si trovò lieve. Venne anche visitato da coloro che aveano prezzolato Farinella per assassinarlo nel tempio del Signore; essi neppure ebbero il coraggio del loro delitto! giacchè, atteggiati a dolore, gli sciorinarono non poche ipocrite e cortigianesche frasi di circostanza. Dopo che si accertarono di non esser sospettati mandatarii dei sicario, scrissero corrispondenze a' giornali esteri faziosi, plaudendo a costui qual novello Marco Bruto; e nel medesimo tempo andavano susurrando per la città, che quel tentato assassinio non avea alcuno scopo politico. I giornali rivoluzionarii del Piemonte inveirono non contro l'assassino, ma contro Maniscalco; e alla fin fine il succo di tutte quelle invettive e contumelie, per coloro che sapeano interpretarle, si riducea a dire, che il direttore di polizia di Palermo avea fatto malissimo, anzi era stato un infame, perchè trattandosi della *redenzione d'Italia* non si era fatto assassinare. Anche quella testa bislacca di Victor Hugo, da Francia lanciò la sua pietra contro la vittima, plaudendo al sicario: e son questi gli uomini che diconsi di cuore! Farinella fu poi arrestato, ed i tribunali, volendo mostrare troppa imparzialità, gli accordarono la libertà provvisoria. Appena scoppiata la rivoluzione si unì co' ribelli; e quando Garibaldi giunse a Palermo, si presentò allo stesso, vantandosi del tentato assassinio, ed in comprova gli presentò il certificato, rilasciatogli da Monteleone e dal barone Riso; e l'*umanitario* dittatore delle Due Sicilie, *reden-*

tore dell'Italia, gli accordò una pensione di ducati 15 mensili, che oggi, a vergogna eterna dell'Italia unita, paghiamo noi *redenti* italiani!

L'agire troppo benevolo de' tribunali verso Farinella, lo stato in cui trovavasi Maniscalco, ed il tirarsi indietro di talune alte autorità palermitane, diedero più ardire al comitato di Palermo, denominato del *Bene pubblico*, di affrettare la rivoluzione; difatti i componenti il medesimo, fin d'allora, e senza mistero, cominciarono a far collette per comprare armi e munizioni, spargere proclami sediziosi e tentar la fede degli uffiziali regi. Sul finire del 1859, comparvero le prime bande, che scorazzavano nelle vicinanze di Palermo; e le autorità militari furono costrette a mandar colonne mobili per disperderle; nel medesimo tempo tenevano consegnati, in quartieri varii battaglioni ed uno accantonato, *paglia a terra*, nell'atrio della regia Università.

Mentre la rivoluzione alzava in Sicilia la sua laida faccia, i ministri di Francia e d'Inghilterra, accreditati presso il re in Napoli, non contenti di proteggerla materialmente, vollero pure aiutarla moralmente. Difatti, affin di spargere dissidii ed inceppare la efficace azione del governo del giovine sovrano, tribolavano costui con consigli non chiesti ed inopportuni, co' quali faceano pressione sullo stesso per acccordare, in que' terribili momenti, uno Statuto costituzionale; nel medesimo tempo accusavano le autorità del Regno, e con particolarità quelle di Sicilia, di provocatrici di disordini popolari. I marchesi di Bella e Vulcano, perchè faceano propaganda rivoluzionaria, furono dal governo allontanati dal Regno; ed eccoti subito il ministro inglese Elliot, che si reca dal re e patrocina la causa di que' due signori sediziosi, non tralasciando di accusare anche le autorità di questa capitale di visionarie e provocatrici; non avendo ottenuto quel che desiderava, ne scrisse al suo governo, e dipinse questo di Napoli *provocatore, ingiunto e tirannico*.

Dall'altra parte gli emigrati napoletani e siciliani fomentavano da Torino la sicula rivoluzione. Il messinese La Farina, presidente della *Società nazionale*, il 22 marzo, diresse all'esercito delle Due Sicilie un'ampollosa proclamazione, che fu diffusa ne' nostri reggimenti per mezzo degli Officiali felloni, venduti alla setta. Tra le altre cose assicurava in quella cicalata: *i Borboni essere stirpe di vigliacchi, i re savoini razza di eroi*. Quel sedicente letterato o ignorava, o fingeva ignorare la storia di Francia, di Spagna e di Napoli, per ingannare coloro che intendea illuminare. Finiva dicendo: " Già la metà, di voi è preparata unirsi a noi come vede la nostra bandiera ": e così seminava nella nostra bassa milizia la sfiducia ed il sospetto, principalmente verso i capi. Il rinnegato La Farina la sbagliò anche in questo; non la metà ma tutta la truppa napoletana, in cambio di unirsi alla bandiera della rivoluzione, le fece una guerra ad oltranza, ad onta della viltà e del tradimento di varii de' suoi generali.

Gli altri emigrati napoletani e con particolarità quelli usciti di fresco dagli ergastoli e dalle galere, riuniti in Torino, aiutavano in tutti i modi la sicula rivoluzione e gli stranieri ad impossessarsi di questo Reame. In una riunione di quegli ex galeotti, presieduta da Poerio ma diretta da Cavour, con una sicumera degna di simile gente, si permisero decretare la esautorazione di Francesco II da re del Regno delle Due Sicilie, dichiarando questo annesso a quello del Piemonte – e poi ci lagniamo che i fratelli allobrogi ci disprezzino! – Queste e simili spacconate venivano pubblicate dai giornali sardi, levando alle stelle il patriottismo ed il *coraggio civile* degli emigrati ex galeotti napoletani.[8]

Quasi che non bastassero tanti rivoluzionarii indigeni e stranieri, per infamare ed abbattere la gloriosa monarchia di Ruggiero il normanno e augusta dinastia popolare di Carlo III, ecco che esce in campo un Borbone rinnegato, ad uso *Egalité*, per dar appoggio e forza morale alla rivoluzione, già scoppiata in Boccadifalco presso Palermo. Il real conte di Siracusa, Leopoldo di Borbone, fratello di Ferdinando II, consigliato da Villamarina, ministro sardo in Napoli, il 3 aprile, osò scrivere e render pubblica per le stampe una lettera al suo augusto nipote, Francesco II, in cui lo consigliava, a ripristinare la Costituzione e così salvarsi collegandosi col Piemonte.

Fu quella la più scellerata perfidia del real conte, perpetrata contro il suo tribolato nipote e sovrano. Egli sapea gl'intendimenti del governo sardo, cioè che si volea annettere questo Regno; non ignorava che gli ex-galeotti, riuniti in Torino, e diretti dal ministro Cavour, aveano decisa e pubblicata l'esautorazio-

---

[8] Affin di far conoscere a' miei lettori in che consista talvolta *il coraggio civile* de' così detti patrioti, mi piace raccontare il seguente fatto, avvenuto qui in Napoli bel 1861. Dopo la capitolazione di Gaeta, la Guardia nazionale di questa città avea la smania di arrestare i poveri soldati capitolati, perchè sapea che si trovavano senz'armi e che non avrebbero fatta alcuna resistenza — dando ai medesimi la qualifica di *briganti* — mentre quelle onorate e valorose reliquie di un disgraziato tradito esercito erano stati i soli cittadini che aveano difeso l'indipendenza, la dignità e l'onore del Regno. La Guardia nazionale conducea per Toledo quegli arrestati, per pavoneggiarsi e riceversi gli applausi de' faziosi e della gente stupida. Un giorno ne conducea quattro di que' soldati e bene ammanettati tra i soliti applausi delle turbe briache; quando, presso lo sbocco della strada di S. Giacomo esce dalla folla un uomo, che al vestire sembrava di civile condizione e che si avventa su uno de' soldati ammanettati e vilmente lo schiaffeggia, dandogli del brigante e del nimico della patria. Seguì uno scoppio di battimani, e la Guardia nazionale, in cambio di proteggere *il suo prigioniero*, applaudiva con gli altri. Il nostro eroe schiaffeggiatore di soldati ammanettati, inorgoglito di quel turpe trionfo, salta sul marciapiede, s'inalza per quanto più può sulla punta de' piedi, onde far vedere la sua *marziale* figura, e grida alla folla: *Io sono un' uomo terribile, non guardo pericoli ed il mio coraggio civile giunge fino alla temerità!* mentre nuovi e strepitosi applausi coronarono le parole del nostro *terribile sprezzator di pericoli*. Io, che trovavami vicinissimo a costui, non so come potetti frenarmi dal dirgli per intero quel che si meritava! *Il coraggio civile* di coloro che detronizzarono in Torino Francesco II è simile al nostro bravo, il quale schiaffeggiò un soldato che non potea rendergli la pariglia, essendo quello altresì guarentito dalle guardie nazionali Oh! se i patrioti non ci facessero tanto male, sarebbero utili in qualche cosa: cioè il popolo non avrebbe più bisogno di correre a' teatri per esilararsi co' Pulcinella, co' Pasquini, con gli Arlecchini e co' Gianduja.

ne del suo re, annettendo questo Reame a quello sabaudo, senza che que' governanti, almeno per salvar le apparenze, avessero protestato contro quell'inqualificabile attentato alla sicurezza de' troni; che anzi l'aveano fatto pubblicare sopra i loro giornali officiosi! Egli ben conosceva il vero scopo di tutti i subugli che suscitavano i rivoluzionarii di piazza e quelli di gabinetto, scopo cioè assolutamente antidinastico e distruggitore del trono de' suoi magnanimi antenati; quindi il consigliar Costituzione in que' momenti era lo stesso che voler l'abdicazione del suo augusto nipote; perchè quella nuova forma di governo avrebbe scissa la nazione, e dato le armi in mano a' nemici del suo Casato. Ed invero i fatti che poi si svolsero confermarono, che la pubblicata Costituzione del 25 giugno 1860, e la tanto decantata lega col Piemonte varie volte tentata, furono le due principali leve che rovesciarono la dinastia di Carlo III ed il più vetusto e possente trono d'Italia. Circa l'oprare in quel modo del conte di Siracusa, si disse, e non senza fondate ragioni, che egli vi fosse stato indotto dalle promesse di Cavour, cioè che costui l'avrebbe nominato vicerè delle Due Sicilie, se l'avesse aiutato ad annettere questo Regno a quello del Piemonte. Si è perciò che quel real conte bisogna più commiserarsi anzi che maledirsi, essendo stato più stolto che reo.

Tu quoque Brute fili mi? Sì, anche il sommo Filangieri congiurò indirettamente allo sfacelo del trono delle Due Sicilie, dopo di averlo consolidato undici anni prima; egli che avrebbe potuto sorreggerlo e salvarlo, col suo senno e col suo braccio! Appena scoppiata la rivoluzione in Palermo, il 4 aprile, volle dimettersi da presidente de' ministri e da ministro della guerra, e con esso si dimise anche Cumbo, ministro degli affari di Sicilia, residente in Napoli. Non par vero come un Carlo Filangieri abbia potuto commettere un'azione tanto degradante pel suo illustre nome; i posteri, dopo di aver letta con tanto entusiasmo la vita politica e militare di tant'uomo, giunti al 1869, rimarranno spoetizzati; egli disertava in faccia al nemico!

Il re, dopo di aver fatto delle infruttuose pratiche per far ritirare la dimissione al Filangieri, elesse a presidente del nuovo ministero il principe di Cassero, ottimo signore e distinto uomo di Stato in tutto il significato della parola; ma che essendo troppo vecchio, quel non trovava più in sè l'energia del 1840, per opporsi al gran torrente rivoluzionario che straripava terribile da per ogni dove. Del resto il male era già fatto, ed egli giungeva troppo tardi per darvi riparo; quell'impetuoso torrente l'avrebbe potuto arrestare il solo Carlo Filangieri, perchè politico e guerriero. Cassero, accettando la presidenza del ministero, fece l'ultimo ed il più nobile sacrifizio alla dinastia ed al Regno che tanto amava.

In cambio di Cumbo, fu nominato ministro di Sicilia il principe di Comitini, con Bracci direttore, ma quello non accettò. Al ministero della guerra fu destinato il generale Winspeare, alla giustizia Gamboa, gli altri ministri rimasero.

Mentre le sopraccennate cose avvenivano in Napoli, altri fatti più interessanti si svolgevano in Palermo: il caposetta Giuseppe Mazzini avea spedito in Sicilia i suoi cagnotti, accompagnati da Rosolino Pilo, fratello del conte da Capace, ottimo signore, allora intendente di Palermo. Anche il ministro Cavour, per l'intermediario Farini dittatore dell'Emilia, avea spedito Francesco Crispi; costui e Pilo aveano la missione di preparare lo scoppio della rivoluzione; e quindi si posero di accordo tra loro e col comitato di quella città. Cavour avea fatto assicurare il Crispi, che la rivolta sicula sarebbe stata aiutata da una spedizione di volontarii, già allestita in Genova dalla *Società nazionale*, a capo della quale eravi Giuseppe Garibaldi. Costui però ricordandosi della fuga d'Arce e della sorte toccata al Pisacane nella spedizione di Sapri, prima che si fosse recato in Sicilia, volle che questa si ribellasse; dappoichè, egli dicea, una volta ingaggiata la lotta, vi sarebbe stata meno probabilità di esser lasciato solo co' suoi volontarii alle prese colla truppa regia.

Il direttore di polizia Maniscalco non ignorava le mene e gl'intendimenti de' settarii a danno di questo Regno; e nondimeno trovavasi nell'impotenza di dare un mortale colpo all'imminente rivoluzione. Conciossiachè il luogotenente del re, principe di Castelcicala, simile al de Majo del 1848, circondato dal nobilume fazioso, che l'adulava bassamente, essendosi recato a Napoli, in marzo di quell'anno, ebbe la dabbenaggine di assicurare il re che *la Sicilia era tranquilla*; e per conseguenza ostacolava l'energica azione di quel direttore, che di già avea messo le mani addosso a varii membri del Comitato rivoluzionario di Palermo. Castelcicala non dubitò dar la qualifica di visionario al Maniscalco; proprio come avea praticato il de Majo col vecchio generale Vial!

Varii nobili e ricchi di Palermo, taluni anche gentiluomini di Camera del re, da parecchi mesi, mantenevano nelle vicinanze di quella città delle bande armate che erano avanzi di coloro che nel 1849 aveano voluto l'amnistia pe' delitti comuni, in compenso di non aver messo a soqquadro la capitale della Sicilia. Sia per non prodigar più danaro e sussidii alle medesime, sia che temessero di essere scoperti dalla polizia ed arrestati, ma più di tutto perchè era giunto l'ordine da Torino di gettare il dado, diedero il segnale della lotta, che cominciò il 3 aprile sopra i monti di Boccadifalco, cui il giorno appresso tenne dietro in Palermo il fatto dei convento della Gancia, tanto celebrato da' rivoluzionarii.

Qui finisce questo mio qualsiasi lavoro, avendo di già descritta la terribile catastrofe di questo Regno in un'altra operetta col noto titolo: *Un Viaggio da Boccadifalco a Gaeta: Memorie della rivoluzione del 1860 al 1861*. Ivi i miei troppo benevoli lettori troveranno quali furono le conseguenze di tant'anni di congiure, menzogne, pressioni diplomatiche, infamie inaudite e tentati regicidii, perpetrati da' settarii di piazza e di gabinetto.

CONCLUSIONE

Qualche mal prevenuto lettore potrebbe dire, che io, ragionando de' Borboni di Napoli, mi sia dichiarato partigiano de' medesimi, e specialmente di non avere conservata la dovuta calma dello storico ne' miei apprezzamenti e giudizii; ma chi ragionasse a questo modo si dichiarerebbe egli partigiano della menzogna e della calunnia. Si rifletta che io non ho occultato punto i torti di que' sovrani, che non son quelli però addebitati loro dai settarii; senza capziosità o declamazioni ho additato a' miei lettori le stupende opere di utilità pubblica, erette da' re di Casa Borbone, ed ho esposto fatti incontrastabili, appoggiati sopra documenti, che la Dio mercè, si conservano ancora negli archivii pubblici: opere e fatti che dimostrano all'evidenza non essere stati que' regnanti quali per turpe interesse li volle dipingere la setta rivoluzionaria. In quanto poi a' miei apprezzamenti e giudizii, son quelli che troverete in tutte le storie, maggiormente in quelle contemporanee. Chi potea rimanere indifferente a fronte di tante iniquità, perpetrate da' rivoluzionarii e con insultante cinismo, mentre si proclamano i veri amatori del bene pubblico? Nonpertanto mi sono studiato di esporre coscienziosamente quel che avvenne in questo Regno nel corso di circa due secoli; ed altro non ho aggiunto, che la difesa della virtù sventurata e della verità spesso svisata, sistematicamente poi calunniata da' rivoluzionarii e dagli empii. Tacito, Livio, Botta, Colletta ed altri, perchè flagellarono non pochi de' loro contemporanei, e spesso ingiustamente, ebbero encomii; a me non è forse lecito difendere la verità, e nel medesimo tempo far conoscere le turpitudini de' detrattori della stessa, sol perchè sono un povero scrittore? cioè perchè *veni non in sublimitate sermonis aut sapientiae?* Ma il dritto della difesa l'abbiano tutti e per noi e per gli altri, ch'è il più nobile; in questo agone la dottrina, il bello stile ed infine la magna eloquenza, oltre di essere cose accessorie, servono talvolta ad ingannare; invece la vera forza della difesa sta nell'esporre con semplicità le vere ragioni che ribattono non solo la calunnia, ma che svelano altresì la malafede e l'abbiettezza de' calunniatori. Il difendere i Borboni di Napoli in me non è stato nemmeno un effetto di riconoscenza; conciossiacchè nè i miei antenati, nè io ricevemmo mai favori da que' sovrani; l'amore alla verità soltanto mi ha fatto scrivere, non curando le critiche e le minacce di chi, ne' tempi felici, faceasi un vanto dichiararsi servo de' servi di Casa reale. Del resto, in quanto a me nulla agogno o spero, che non sia il trionfo della giustizia, e l'età mia è di già sul tramonto! Se poi, nel difendere la verità, mi sono dichiarato partigiano della stessa, oh! questo pensiero mi lusinga troppo, e mi compensa di tante dorate fatiche, ed anche de' superati pericoli; perchè è appunto la verità, raggio di luce divina, che spesso ferisce, atterra e distrugge i suoi nemici, paggio del ferro e del fuoco.

Dacchè cominciai a leggere la storia del nostro paese, e particolarmente quella moderna, rilevai che gli storici contrarii a' Borboni si contraddicono grossolanamente; e mi son sempre meravigliato che i medesimi son citati come un quinto evangelo, e quel che più monta, si è, da persone o poco istruite o ingannate in buona fede. Per la qual cosa mi sono sobbarcato ad una rude fatica, per isbugiardare quegli storici malevoli e con le loro stesse assertive contraddittorie, narrando in pari tempo i fatti quali veramente avvennero.

Ragionando del glorioso regno di Carlo III di Borbone, ho fatto conoscere, che questo Reame, povero ed abbrutito, a causa della dominazione straniera, e degli esosi baroni, fu da quel magnanimo sovrano reso indipendente, ricco di averi, di ottime leggi, di splendidi monumenti e di gloria militare, mettendosi sulla via del vero progresso; e di ciò ne convengono, tra gli altri, gli stessi storici Colletta e Botta. Carlo III, sol perchè non represse alcuna rivoluzione, soltanto La Cecilia, il Dumas, ed altri scrittori *à sensation*, che sistematicamente declamano contro i Borboni nelle loro pubblicazioni, osarono schizzare qualche idea velenosa o malevola che non ha alcun valore; ed io nel farla nota a' miei lettori, non ho tralasciato di ribatterla o metterla in ridicolo.

Ferdinando IV, poi I, proseguì la gloriosa opera civilizzatrice dell'immortale suo genitore; e sino a' primi conati rivoluzionarii del 1795, manifestati in questo Regno, nulla trovo d'interessante che si sa scritto contro di lui, se non si volesse far caso delle stupide accuse scagliate dai sopra nominati scrittori: accuse, che se fossero vere, riguarderebbero l'individuo soltanto, anzi che il sovrano. Da quell'epoca nefasta, perchè costretto dal dovere di padre a difendere sè stesso e la sua famiglia, da quello di re guarentire la pace, le sostanze e l'indipendenza del suo popolo, addiviene pe' faziosi e per gli abbietti servi dello straniero, un truce tiranno. Particolarmente poi viene accusato, anzi calunniato, con più furore pe' fatti del 1799, 1815 e 1820; ed io altro non ho fatto, che esporre gli avvenimenti di quelle tre epoche, quali veramente furono; e nel confutare i detrattori di quel sovrano, non solo li ho messi in contraddizione tra di loro, ma ho riportato taluni brani storici de' medesimi, che provano la lor mala fede, e tutto il contrario di quello che essi intendeano provare a danno o disdoro di quel sovrano.

Coco e Colletta, i due principali storici che scrissero con lo scopo d'infamare la memoria di Ferdinando IV di Borbone, si contraddicono vergognosamente tra loro e con sè stessi. Sopra le assertive di questi due storici, quelli venuti appresso alzarono – mi si permetta l'espressione – quella piramide di spudorate calunnie che si è rovesciata poi sopra gli stessi calunniatori, i di cui ruderi mostrano le impronte del partigianismo del livore e della sistematica opposizione ad un re, che altra colpa non ebbe, se non quella di non essersi fatto condurre al patibolo come l'augusto ed infelice suo cognato, Luigi XVI di Francia, e di aver lottato per salvare il suo popolo dalla più spaventevole delle rivoluzioni che rammenta la storia dell'umanità.

Il regno di Francesco I di Borbone fu breve, e non presenta grandi avvenimenti. Questo sovrano mentre mostravasi benigno, anche co' suoi più sleali nemici, o dedito a riparare i mali prodotti da tante rivoluzioni ed invasioni straniere, i settarii, supponendolo fiacco ed indeciso, tentarono altre rivoluzioni; e perchè perdonati, ritentarono la prova con più coraggio e con maggiori danni arrecati alle popolazioni. E perchè fu allora necessario il rigore, quel religioso principe fu proclamalo *bigotto, sanguinario e tiranno*.

Francesco I aggiunse altri splendidi monumenti a quelli de' suoi maggiori, promulgò ottime leggi, migliorò l'amministrazione dello Stato, protesse il commercio, e più di tutto l'industria nazionale. Ma il bene maggiore ch'egli fece a questo Regno, fu quello di averlo liberato dall'occupazione austriaca, che costava ingenti somme: e tutto ciò a causa de' devoti di S. Teobaldo carbonaro.

Però il sovrano che compì l'opera civilizzatrice e di vero progresso fu Ferdinando II di Borbone. Se nel tempo che costui regnò non fossero avvenuti varii moti rivoluzionarii, ed uno radicale e terribile, quello del 1848, il suo Regno sarebbe stato più benefico e splendido di quello stesso dell'avolo suo Carlo III. Bisogna essere partigiano della menzogna e della calunnia per negare l'immenso bene che fece questo glorioso principe a questa gran parte d'Italia; perlocchè fu invidiato ed odiato da' governi stranieri, e più di tutto per essersi emancipato da' medesimi, tanto per la parte industriale che per quella politica. Fu questo il gran *torto* di Ferdinando II, col quale si spiegano tutte le persecuzioni e sistematiche calunnie, scagliategli dalla setta cosmopolita, unita a' settarii di gabinetto ed a' rivoluzionarii di questo Reame, vilmente venduti agli stranieri. La prima l'odiava, essendo egli il più acerrimo difensore del dritto storico, e la più valida diga contro le irrompenti passioni anarchiche, i secondi perchè non poteano spogliare questo Regno e tenerlo a sè soggetto, gli ultimi perchè era lor vietato di afferrare il potere, per divenir ricchi ed opprimere la religione de' padri nostri.

I Borboni furono e sono odiati da' settarii di tutte le gradazioni, perchè rappresentano in Europa il dritto storico, perchè son simbolo di pace e di benessere de' loro soggetti, perchè vogliono una onesta libertà, *perchè la loro amministrazione, sotto qualsiasi forma governativa, è organizzata in modo, che un ministro qualunque non può rubare o sperperare il pubblico denaro*, perchè si dedicano al vero bene de' loro soggetti, e son poco facili a prestarsi per farli opprimere e spogliare da' sedicenti patrioti, infine perchè son cattolici e vogliono rispettata la religione dello Stato. Leggete con attenzione gli autori che scrissero contro Ferdinando II, essi, senza saperlo, si tradiscono; dappoicchè troverete nelle loro declamazioni ed accuse contro questo sovrano, il livore, il dispetto, perchè il medesimo non si volle rendere mancipio dei governi protettori de' sediziosi, e non volle prestarsi a' biechi fini della setta rivoluzionaria per opprimere il popolo e la religione dello Stato; quel che han fatto i nemici di quel benefico principe contro l'una e l'altra, dopo che si sbarazzarono dello stesso, prova all'evidenza il mio asserto.

Furono queste le vere cause per cui i liberali non vollero mai attuata la Costituzione politica sotto il Regno de' Borboni di Napoli; e non già perchè costoro fossero stati nemici delle forme rappresentative, avendone concesse all'occorrenza delle più ampie e liberali.

Avendo detto quanto coscienza dettava circa i mali del governo de' Borboni di Napoli, dirò eziandio, che que' mali erano un effetto della debolezza e la difettibilità dell'umana natura: gli altri Stati, i più civili di Europa, ne hanno avuto e ne hanno oggidì di gran lunga peggiori, e pur nessuno con tanta pervicacia li condanna! I nostri mali governativi erano per lo più suscitati e voluti da chi facevali palesi ed ingrandivali; ma tuttavia erano sopportabili per la bontà de' nostri sovrani e delle patrie leggi. Il governo de' Borboni di Napoli, per dirsi veramente *modello*, di altro non mancava, che di migliore scelta nei funzionarii, severa punizione de' felloni e dei rivoluzionarii, premii a' distinti cittadini. Forse che la setta trionfante corresse i mali che addebitava al governo passato? ah no: anzi ne aggiunse altri peggiori ed insopportabili. Essa non potea fare diversamente, perchè il suo essere è la menzogna, l'errore, l'oppressione de' popoli, senza di che non può regnare; e quindi per necessità deve distruggere il bene ed elevare a sistema il male, essendo in principio ed in fatto la vera *negazione di Dio*. Per la qual cosa essa dovette abolire le buone leggi e promulgar le sue che sono in antitesi con la morale cristiana e cittadina; fu costretta scacciare i funzionarii e gl'impiegati onesti per sostituirli co' suoi adepti, nutriti, negli antri settarii, di vendetta e di sangue, ed i quali poi si vendicarono bruciando paesi e città, deportando e fucilando o innocui cittadini, o coloro che voleano opporsi al loro vandalico furore. Infine la setta trionfante si trovò nella necessità di sostituire l'arbitrio alle leggi, imporre tasse, vuotar l'erario per infamarsi e satollarsi, e quel ch'è più tentare la distruzione della religione dell'*Uomo-Dio*, perchè Questi è la vera sua antitesi, essendo la *Via, la Verità, la Vita!*

Suol dirsi: dimmi con chi pratichi e ti dirò chi sei; per ragione inversa si potrebbe anche dire: dimmi chi sono i tuoi nemici, e ti dirò se sei un galantuomo all'antica, una vittima od un malvagio; onde che per conoscersi infine se i Borboni di Napoli fossero stati buoni o cattivi, è necessario che dessimo un rapido sguardo a' loro nemici e detrattori. Per non ritornare troppo indietro, mi limito a mostrarvi quelli che perseguitarono e calunniarono gli ultimi due sovrani, cioè Ferdinando II e Francesco II. *In capite libri* un lord Palmerston, maestro di menzogne e d'insidie, carnefice degl'indigeni dello isole Jonie, fucilatore

Giuseppe Buttà

in massa de' ribelli alla superba Albione, l'apologista della ghigliottina a vapore usata contro gli oppressi e spogliati indiani, l'esterminatore della tribù del Turgs, il superbo democratico, adirato contro Ferdinando II, perchè costui non volle farsi suo servo, e si negò di largire il titolo di altezza reale a sua nipote Penelope Smith, non avendo voluto riconoscere il matrimonio contratto tra costei e il principe Carlo di Borbone.

L'altro che perseguitò Ferdinando II e tradì il figlio di costui è il ridicolo proclamatore del 2° impero napoleonico, prima in Strasburgo e poi in Boulogne, Luigi Bonaparte, o meglio *Malaparte*, come chiamavansi i suoi antenati. Quest'altro flagello dell'Europa, dopo di avere ingannato i francesi, li mitragliò, dichiarandosi dittatore e tiranno della Francia, che disgraziatamente lo vide nascere. Egli dopo di aver tradita la sua patria, i popoli, i sovrani e la stessa setta sua nutrice, trascinò a Sédan il nobile e valoroso esercito di Francia; ove, a causa della sua viltà, lo coperse di immeritato vituperio, e tale da oscurare le avite e memorabili glorie del passato: è questi l'altro persecutore di que' due sovrani!

Il terzo principale calunniatore de' due ultimi re di Napoli fu Cavour, che era la sintesi di tutte le iniquità che deturpavano Palmerston e Bonaparte[9]; aggiungendo di più la ingordigia di spogliare il popolo da lui governato, anche con associarsi a' monopolisti di grano, e lo avere barattato due nobili province italiane: uomo, infine, capace di qualunque immoralità, anche da farla da lenone[10] per ottenere un risultato favorevole alla sua politica ed a' suoi personali interessi.

Degli altri nemici e detrattori di second'ordine di que' due sovrani, non val la pena di nominarli, son quelli stessi che ci han governato dal 1860 fin'oggi, e con quanta sapienza ed onestà lo sappiamo tutti a nostre spese. *Questi sapienti ed immacolati cittadini* han messo in esecuzione tutto quello che di tirannico e di turpe aveano calunniosamente attribuito a' re Borboni, aggiungendo altre infamie e turpitudini, non esclusa quella che essi chiamano *indelicatezza o carrozzini* e che noi secondo il Decalogo chiamiamo FURTO; facendo eziandio tacere,

---

[9] Nel Diario dell'ammiraglio piemontese conte Carlo Persano leggesi il seguente brano di lettera di Cavour, datata sotto il giorno 22 ottobre 1860, e diretta al medesimo Persano: " Se il codice napoletano non punisce di morte i disertori in tempo di guerra, pubblichi un decreto a tale effetto, ed ove ve ne sieno, *li faccia fucilare. Il tempo delle grandi misure è arrivato.* "

Si badi, che quel fattore dell'Italia una intendeva per disertori que' giovani napoletani e siciliani, che, chiamati, non si fossero presentati a far parte della flotta sarda, prima della proclamazione del Plebiscito, quando ancora Francesco II trovavasi col suo esercito pugnante sul Volturno, ed il suo ministro in Torino, accreditato presso quella Corte. Si badi Infine, che Cavour riteneva tanto miti le leggi del governo della *negazione di Dio*, da non punire di morte i disertori in tempo di guerra.

[10] Vedi: *Rivelazioni* di Filippo Curletti.

s'intende in qual modo, qualche deputato che abbia chiesto conto in pubblico Parlamento di centinaia di milioni spariti: erano queste *le vittime della tiranni-de borbonica*, i detrattori ed i sistematici spargitori di calunnie contro i Borboni di Napoli! Calunnie che i gonzi ed i malintenzionati ripeteano a coro come incontrastabili verità, ed erano poi financo ripetute da varie persone oneste; per-chè, come ben disse il celebre Montesquieu: *I ly a des choses que tout le monde dit, parcequ'elles ont été dites une fois.* Nonpertanto, ad onta che si è conosciuta questa gran verità, e dopo tanto disinganno, non pochi, della generazione surta in questi 18 anni, o perchè ingannati o perchè malvagi, vogliono far credere, anche a noi che abbiamo fatto una sì triste esperienza, che gli attuali nostri padroni, insipienti scorticatori, sieno stati reputati sempre cime di sapienza, anche dagli stessi sovrani; e quindi vi asseriscono con gran sicumera, che i libe-rali han fatto tutto quel che ancor ci resta di bello e di buono in questo saccheg-giato Regno, e che i Borboni, ad altro non erano dedicati, che a spogliarci, abbrutirci, arrestare, deportare e fucilare gl'innocenti cittadini e gli uomini di sommo marito. Ad udir parlare taluni giovinastri, che citano il Colletta e le let-tere di Gladstone, vi sentite comprender di pietà; ma, quando saran padri di famiglia, siate sicuri che cambieranno linguaggio. Essi encomiano l'attuale ordi-ne di cose perchè vivono a spese altrui, perchè credono darsi il tono di liberali, e perchè veramente han la libertà d'imbestialire. Intanto anche per quest'altro male che ci è piombato addosso, bisogna convenire che fu per noi una orrenda sventura perdere la nostra secolare autonomia e cadere nell'unghie de' così detti patrioti, che miseramente ci rovinano gran parte della gioventù: sventura forse non immeritata, dappoichè non pochi o malvagi o illusi fecero eco alla setta rivoluzionaria, e la coadiuvarono... per essere poi spogliati, manomessi e disprez-zati: illusi, che io chiamo *le rane di Esopo!*

Affinchè i miei lettori non mi giudichino esagerato nel deplorare i mali che ci han recato i medesimi così detti patrioti, mi piace riportar qui quel che dice a questo proposito il Guerrazzi nel suo romanzo titolato: *La Figlia di Curzio Picchena* (pag. 9) " Quali pertanto doveano riuscire le opere loro? Doveano esse-re nozze e furono funerali; ci promettevano gloria, e ci saturarono di vergogna; sperammo alleviati i nostri mali, ed ormai cademmo nella disperazione; abbia-mo gustato il pane di libertà lievitato col vituperio e ci è parso di cenere. *Qui opprime un'aere grave, così che il cittadino teme aspirarlo per non putrefarsi il cuore*: noi vecchi patrioti di tratto in tratto ci chiudiamo le orecchie per tema di sen-tirci susurrare d'intorno: tornino gl'Italiani nel sepolcro; abbastanza hanno pro-vato che non sanno vivere; siccome furono per lo passato lo sieno in futuro le tombe l'unica onoranza d'Italia " – Si badi, che Guerrazzi scrisse quel romanzo prima de' tre ministeri riparatori; dopo quel tempo i nostri patrioti di sinistra han mietuto ben altri *immortali allori!*

Lettori! nel lasciarvi, con mio sommo rammarico, dovendo dar fine anche a questa *Conclusione, io non vi dico addio, ma a rivederci*; dappoichè, animato dalla vostra troppo benevola accoglienza, fatta a due mie povere operette, mi son deciso scriverne un'altra, con cui dimostrerò gl'immensi beni che abbiamo perduti e gl'innumerevoli mali che abbiamo sofferti in 18 anni di libertà settaria. Il novello mio lavoro sarà forse un romanzo storico, per unire l'utile al dilettevole, che pubblicherò man mano che lo vado scrivendo, e farà seguito all'altro: *Un Viaggio da Boccadifalco a Gaeta ecc.*, giungendo fino all'anno corrente 1878; lo stesso porterà per titolo: *Il Passato e il Presente*.

Otterrà la stessa vostra indulgenza?

Gli è questa lusinga che mi addoppierà le forze in iscriverlo.

FINE DEL TERZO ED ULTIMO VOLUME

INDICE

www.ingramcontent.com/pod-product-compliance
Lightning Source LLC
LaVergne TN
LVHW011232080426
835509LV00005B/454